人生大策略

中國不亡，是無天理！
胡適談「病入膏肓」的國家

胡適 著

論自由：只有民主的政治方能保證人民的基本自由。

論貞操：男子嫖妓與婦人偷漢，犯的是同等的罪惡。

論慈幼：中國小孩的長大全是靠天，全不是人事之功。

論反省：當一個民族不肯學人的時候，它的盛世已經過去了。

▶▶▶▶▶▶▶▶▶▶▶▶▶▶▶▶▶▶▶▶▶▶▶▶▶▶▶▶▶▶▶▶

推翻無能的滿清政府後，面對積弊已久的社會問題，
民族的意志該從何再次凝聚？改革的腳步不能停止⋯⋯

目 錄

目錄

鑄材成器之方

諸位畢業同學，你們現在要離開母校了，我沒有什麼禮物送給你們，只好送你們一句話吧。

這一句話是：「不要拋棄學問。」以前的功課也許有一大部分是為了這張畢業文憑，不得已而做的，從今以後，你們可以依自己的心願去自由研究了。趁現在年富力強的時候，努力做一種專門學問。少年是一去不復返的，等到精力衰時，要做學問也來不及了。即為吃飯計，學問絕不會辜負人的。吃飯而不求學問，三年五年之後，你們都要被後來少年淘汰掉的。到那時再想做點學問來補救，恐怕已太晚了。

有人說：「出去做事之後，生活問題急需解決，哪有工夫去讀書？即使要做學問，既沒有圖書館，又沒有實驗室，哪能做學問？」

我要對你們說：凡是要等到有了圖書館方才讀書的，有了圖書館也不肯讀書。凡是要等到有了實驗室方才做研究的，有了實驗室也不肯做研究。你有了決心要研究一個問題，自然會縮衣節食去買書，自然會想出法子來設置儀器。

至於時間，更不成問題。達爾文一生多病，不能多作工，每天只能做一點鐘的工作。你們看他的成績：每天花一點鐘看十頁有用的書，每年可看三千六百多頁書；三十年可讀十一萬頁書。

諸位，十一萬頁書可以使你成一個學者了。可是，每天看三種小報也得費你一點鐘的工夫；四圈麻將也得費你一點半鐘的光陰。看小報呢？還是打麻將呢？還是努力做一個學者呢？全靠你們自己的選擇！

易卜生說：「你的最大責任是把你這塊材料鑄造成器。」

學問便是鑄器的工具。拋棄了學問便是毀了你們自己。

再會了！你們的母校眼睜睜地要看你們十年之後成什麼器。

原題〈中國公學十八年級畢業贈言〉

跟著自己的興趣走

　　……目前很多學生選擇科系時，從師長的眼光看，都不免帶有短見，傾向於功利主義方面。天才比較高的都跑到醫工科去，而且只走實用方面，而又不選擇基本學科，譬如學醫的，內科、外科、產科、婦科，有很多人選，而基本學科譬如生物化學、病理學，很少青年人去選讀，這使我感到今日的青年不免短視，帶著近視眼鏡去看自己的前途與將來。我今天頭一項要講的，就是根據我們老一輩的對選科系的經驗，貢獻給各位。我講一段故事。

　　記得四十八年前，我考取了官費出洋，我的哥哥特地從東三省趕到上海為我送行，臨行時對我說，我們的家早已破壞中落了，你出國要學些有用之學，幫助復興家業，重振門楣，他要我學開礦或造鐵路，因為這是比較容易找到工作的，千萬不要學些沒用的文學、哲學之類沒飯吃的東西。我說好的，船就要開了，那時和我一起去美國的留學生共有七十人，分別進入各大學。在船上我就想，開礦沒興趣，造鐵路也不感興趣，於是只好採取調和折衷的辦法，要學有用之學，當時康奈爾大學有全美國最好的農學院，於是就決定進去學科學的農學，也許對國家社會有點貢獻吧！那時進康大的原因有二：一是康大有當時最好的農學院，且不收學費，而每個月又可獲得八十元的津貼；我剛才說過，我家破了產，母親待養，那時我還沒結婚，一切從命，所以可將部分的錢拿回養家。另一是我國有80%的人是農民，將來學會了科學的農業，也許可以有益於國家。

　　入校後頭一星期就突然接到農場實習部的信，叫我去報到。那時教授便問我：「你有什麼農場經驗？」我答：「沒有。」「難道一點都沒有嗎？」「要有嘛，我的外公和外婆，都是道地的農夫。」教授說：「這與你不相干。」

我又說：「就是因為沒有，才要來學呀！」後來他又問：「你洗過馬沒有？」我說：「沒有。」我就告訴他中國人種田是不用馬的。於是老師就先教我洗馬，他洗一面，我洗另一面。他又問我會套車嗎，我說也不會。於是他又教我套車，我套一邊，套好跳上去，兜一圈子。接著就到農場做選種的實習工作，手起了泡，但仍繼續的忍耐下去。農復會的沈宗瀚先生寫一本《克難苦學記》，要我和他作一篇序，我也就替他作一篇很長的序。我們那時學農的人很多，但只有沈宗瀚先生赤過腳下過田，是唯一確實有農場經驗的人。學了一年，成績還不錯，功課都在八十五分以上。第二年我就可以多選兩個學分，於是我選種果學，即種蘋果學。分上午講課與下午實習。上課倒沒有什麼，還甚感興趣，下午實驗，走入實習室，桌上有各色各樣的蘋果三十個，顏色有紅的、有黃的、有青的……形狀有圓的、有長的、有橢圓的、有四方的……。要照著一本手冊上的標準，去定每一蘋果的學名，蒂有多長？花是什麼顏色？肉是甜是酸？是軟是硬？弄了兩個小時一個都弄不了，滿頭大汗，真是冬天出大汗。抬頭一看，呀！不對頭，那些美國同學都做完跑光了，把蘋果拿回去吃了。他們不需剖開，因為他們比較熟悉，查查冊子後面的普通名詞就可以定學名，對他們是很簡單。我只弄了一半，一半又是錯的。回去就自己問自己學這個有什麼用？要是靠當時的活力與記性，用上一個晚上來強記，四百多個名字都可記下來應付考試。但試想有什麼用呢？那些蘋果在我國煙臺也沒有，青島也沒有，安徽也沒有……我認為科學的農學無用了，於是決定改行，那時正是民國元年，國內正在革命的時候，也許學別的東西更有好處。

那麼，轉系要以什麼為標準呢？依自己的興趣呢？還是看社會的需要？我年輕時候《留學日記》，有一首詩，現在我也背不出來了。我選課用什麼做標準？聽哥哥的話？看國家的需要？還是憑自己？只有兩個標準：一個是「我」；一個是「社會」，看看社會需要什麼？國家需要什麼？

中國現代需要什麼？但這個標準 —— 社會上三百六十行，行行都需要，現在可以說三千六百行，從諾貝爾得獎人到修理馬桶的，社會都需要，所以社會的標準並不重要。因此，在定主意的時候，便要依著自我的興趣了 —— 即性之所近，力之所能。我的興趣在什麼地方？與我性質相近的是什麼？問我能做什麼？對什麼感興趣？我便照著這個標準轉到文學院了。但又有一個困難，文科要繳費，而從康大中途退出，要賠出以前二年的學費，我也顧不得這些。經過四位朋友的幫忙，由八十元減到三十五元，終於達成願望。在文學院以哲學為主，經濟理論、英國文學為副科。到哥倫比亞大學後，仍以哲學為主，以政治理論、英國文學為副。我現在六十八歲了，人家問我學什麼？我自己也不知道學些什麼？我對文學也感興趣，白話文方面也曾經有過一點小貢獻。在北大，我曾做過哲學系主任，外國文學系主任、英國文學系主任，中國文學系也做過四年的系主任，在北大文學院六個學系中，五系全做過主任。現在我自己也不知道學些什麼，我剛才講過現在的青年大傾向於現實了，不憑性之所近，力之所能去選課。譬如一位有作詩天才的人，不進中文系學做詩，而偏要去醫學院學外科，那麼文學院便失去了一個一流的詩人，而國內卻添了一個三四流甚至五流的飯桶外科醫生，這是國家的損失，也是你們自己的損失。

在一個頭等第一流的大學，當初日本籌劃帝大的時候，真的計畫遠大，規模宏偉，單就醫學院就比當初日本總督府還要大。科學的書籍都是從第一號編起。基礎良好，我們接收已有十餘年了，總算沒有辜負當初的計畫。今日臺大可說是臺灣唯一最完善的大學，各位不要有成見，帶著近視眼鏡來看自己的前途，看自己的將來。聽說入學考試時有七十二個志願可填，這樣七十二變，變到最後不知變成了什麼，當初所填的志願，不要當做最後的決定，只當做暫時的方向。要在大學一、二年的時候，東摸摸西摸摸的瞎摸。不要有短見，十八九歲的青年仍沒有能力決定自己的前

途、職業。進入學後第一年到處去摸、去看，探險去，不知道的我偏要去學。如在中學時候的數學不好，現在我偏要去學，中學時不感興趣，也許是老師不好。現在去聽聽最好的教授的講課，也許會提起你的興趣。好的先生會指導你走上一個好的方向，第一、二年甚至於第三年還來得及，只要依著自己「性之所近，力之所能」的做去，這是清代大儒章學誠的話。

現在我再說一個故事，不是我自己的，而是近代科學的開山大師——伽利略（Galileo），他是義大利人，父親是一個有名的數學家，他的父親叫他不要學他這一行，學這一行是沒飯吃的，要他學醫。他奉命而去。當時義大利正是文藝復興的時候，他到大學以後曾被教授和同學捧譽為「天才的畫家」，他也很得意。父親要他學醫，他卻發現了美術的天才。他讀書的佛羅倫斯地方是一工業區，當地的工業界首領希望在這大學多造就些科學的人才，鼓勵學生研究幾何，於是在這大學裡特為官兒們開設了幾何學一科，聘請一位叫 Ricci 氏當教授。有一天，他打從那個地方過，偶然的定腳在聽講，有的官兒們在打瞌睡，而這位年輕的伽利略卻非常感興趣。不斷地一直繼續下去，趣味橫生，便改學數學，由於濃厚的興趣與天才，就決心去東摸摸西摸摸，摸出一條興趣之路，創造了新的天文學、新的物理學，終於成為一位近代科學的開山大師。

大學生選擇學科就是選擇職業。我現在六十八歲了，我也不知道所學的是什麼？希望各位不要學我這樣老不成器的人。勿以七十二志願中所填的一願就定了終身，還沒有的，就是大學二、三年也還沒定。各位在此完備的大學裡，目前更有這麼多好的教授人才來指導，趁此機會加以利用。社會上需要什麼，不要管它，家裡的爸爸、媽媽、哥哥、朋友等，要你做律師、做醫生，你也不要管他們，不要聽他們的話，只要跟著自己的興趣走。想起當初我哥哥要我學開礦、造鐵路，我也沒聽他的話，自己變來變去變成一個老不成器的人。後來我哥哥也沒說什麼。只管我自己，別

人不要管他。依著「性之所近，力之所能」學下去，其未來對國家的貢獻也許比現在盲目所選的或被動選擇的學科會大得多，將來前途也是無可限量的。

節選自胡適〈大學的生活〉

防身的錦囊

　　這一兩個星期裡，各地的大學都有畢業的班次，都有很多的畢業生離開學校去開始他們的成人事業。學生的生活是一種享有特殊優待的生活，不妨幼稚一點，不妨吵吵鬧鬧，社會都能縱容他們，不肯嚴格的要他們負行為的責任。現在他們要撐起自己的肩膀來挑他們自己的擔子了。在這個國難最緊急的年頭，他們的擔子真不輕！我們祝他們的成功，同時也不忍不依據我們自己的經驗，贈與他們幾句送行的贈言 —— 雖未必是救命毫毛，也許作個防身的錦囊吧！

　　你們畢業之後，可走的路不出這幾條：絕少數的人還可以在國內或國外的研究院繼續作學術研究，少數的人可以尋著相當的職業；此外還有做官，辦黨，革命三條路；此外就是在家享福或者失業閒居了。第一條繼續求學之路，我們可以不討論。走其餘幾條路的人，都不能沒有墮落的危險。墮落的方式很多，總括起來，約有這兩大類：第一是容易拋棄學生時代的求知識的欲望。你們到了實際社會裡，往往所用非所學，往往所學全無用處，往往可以完全用不著學問，而一樣可以胡亂混飯吃，混官做。在這種環境裡，即使向來抱有求知識學問的決心的人，也不免心灰意冷，把求知的欲望漸漸冷淡下去。況且學問是要有相當的設備的：書籍、試驗室、師友的切磋指導、閒暇的工夫，都不是一個平常要餬口養家的人所能容易辦到的，沒有做學問的環境，誰又能怪我們拋棄學問呢？

　　第二是容易拋棄學生時代的理想的人生的追求。少年人初次與冷酷的社會接觸，容易感覺理想與事實相去太遠，容易發生悲觀和失望。多年懷抱的人生理想，改造的熱誠，奮鬥的勇氣，到此時候，好像全不是那麼一回事，渺小的個人在那強烈的社會爐火裡，往往經不起長時期的烤煉就熔

化了，一點高尚的理想不久就幻滅了。抱著改造社會的夢想而來，往往是棄甲曳兵而走，或者做了惡勢力的俘虜。你在那俘虜牢獄裡，回想那少年氣壯時代的種種理想主義，好像都成了自誤誤人的迷夢！從此以後，你就甘心放棄理想的人生的追求，甘心做現成社會的順民了。

要防禦這兩方面的墮落，一面要保持我們求知識的欲望，一面要保持我們對於理想人生的追求，有什麼好法子呢？依我個人觀察和經驗，有三種防身的藥方是值得一試的。

第一個方子只有一句話：「總得時時尋一兩個值得研究的問題！」問題是知識學問的老祖宗；古往今來一切知識的產生與積聚，都是因為要解答問題，——要解答實用上的困難或理論上的疑難。所謂「為知識而求知識」，其實也只是一種好奇心追求某種問題的解答，不過因為那種問題的性質不必是直接應用的，人們就覺得這是「無所為」的求知識了。我們出學校之後，離開了做學問的環境，如果沒有一個兩個值得解答的疑難問題在腦子裡盤旋，就很難繼續保持追求學問的熱心。可是，如果你有了一個真有趣的問題天天逗你去想他，天天引誘你去解決它，天天對你挑釁笑你無可奈何它 —— 這時候，你就會同戀愛一個女子發了瘋一樣，坐也坐不下，睡也睡不安，沒工夫也得偷出工夫去陪她，沒錢也得縮衣節食去巴結她。沒有書，你自會變賣家當去買書；沒有儀器，你自會典押衣服去置辦儀器；沒有師友，你自會不遠千里去尋師訪友。你只要能時時有疑難問題來逼你用腦子，你自然會保持發展你對學問的興趣，即使在最貧乏的智識環境中，你也會慢慢的聚起一個小圖書館來，或者設置起一所小試驗室來。所以我說：第一要尋問題。腦子裡沒有問題之日，就是你的智識生活壽終正寢之時！古人說，「待文王而興者，凡民也。若夫豪傑之士，雖無文王猶興。」試想伽利略和牛頓（Newton）有多少藏書？有多少儀器？他們不過是有問題而已。有了問題而後，他們自會造出儀器來解答他們的問

題。沒有問題的人們，關在圖書館裡也不會用書，鎖在試驗室裡也不會有什麼發現。

第二個方子也只有一句話：「總得多發展一點非職業的興趣。」離開學校之後，大家總得尋個吃飯的職業。可是你尋得的職業未必就是你所學的，或者未必是你所心喜的，或者是你所學而實在和你的性情不相近的。在這種狀況之下，工作就往往成了苦工，就不感覺興趣了。為餬口而作那種非「性之所近而力之所能勉」的工作，就很難保持求知的興趣和生活的理想主義。最好的救濟方法只有多多發展職業以外的正當興趣與活動。一個人應該有他的職業，又應該有他的非職業的玩意兒，可以叫做業餘活動。凡一個人用他的閒暇來做的事業，都是他的業餘活動。往往他的業餘活動比他的職業還更重要，因為一個人的前程往往全靠他怎樣用他的閒暇時間。他用他的閒暇來打麻將，他就成個賭徒，你用你的閒暇來做社會服務，你也許成個社會改革者；或者你用你的閒暇去研究歷史，你也許成個史學家。你的閒暇往往定你的終身。英國十九世紀的兩個哲人，彌兒（John Mill）終身做東印度公司的祕書，然而他的業餘工作使他在哲學上，經濟學上，政治思想史上都占一個很高的位置；斯賓塞（Spencer）是一個測量工程師，然而他的業餘工作使他成為前世紀晚期世界思想界的一個重鎮。古來成大學問的人，幾乎沒有一個不是善用他的閒暇時間的。特別在這個組織不健全的中國社會，職業不容易適合我們性情，我們要想生活不苦痛或不墮落，只有多方發展業餘的興趣，使我們的精神有所寄託，使我們的剩餘精力有所施展。有了這種心愛的玩意兒，你就做六個鐘頭的抹桌子工夫也不會感覺煩悶了，因為你知道，抹了六點鐘的桌子之後，你可以回家去做你的化學研究，或畫完你的大幅山水，或寫你的小說戲曲，或繼續你的歷史考據，或做你的社會改革事業。你有了這種稱心如意的活動，生活就不枯寂了，精神也就不會煩悶了。

第三個方子也只有一句話：「你總得有一點信心。」我們生在這個不幸的時代，眼中所見，耳中所聞，無非是叫我們悲觀失望的。特別是在這個年頭畢業的你們，眼見自己的國家民族沉淪到這步田地，眼看世界只是強權的世界，望及天邊好像看不見一線的光明 —— 在這個年頭不發狂自殺，已算是萬幸了，怎麼還能夠希望保持一點內心的鎮定和理想的信任呢？我要對你們說：這時候正是我們要培養我們的信心的時候！只要我們有信心，我們還有救。古人說：「信心（Faith）可以移山。」又說：「只要工夫深，生鐵磨成繡花針。」你不信嗎？當拿破崙的軍隊征服普魯士占據柏林的時候，有一位窮教授叫做菲希特（Fichte）的，天天在講堂上勸他的國人要有信心，要信仰他們的民族是有世界的特殊使命的，是必定要復興的。菲希特死的時候（西元一八一四年），誰也不能預料德意志統一帝國何時可以實現。然而不滿五十年，新的統一的德意志帝國居然實現了。

一個國家的強弱盛衰，都不是偶然的，都不能逃出因果的鐵律的。我們今日所受的苦痛和恥辱，都只是過去種種惡因種下的惡果。我們要收將來的善果，必須努力種現在的新因。一粒一粒的種，必有滿倉滿屋的收，這是我們今日應該有的信心。

我們要深信：今日的失敗，都由於過去的不努力。

我們要深信：今日的努力，必定有將來的大收成。

佛典裡有一句話：「福不唐捐。」唐捐就是白白的丟了。我們也應該說：「功不唐捐！」沒有一點努力是會白白的丟了的。在我們看不見想不到的時候，在我們看不見想不到的方向，你瞧！你下的種子早已生根發葉開花結果了！

你不信嗎？法國被普魯士打敗之後，割了兩省地，賠了五十萬萬法郎的賠款。這時候有一位刻苦的科學家巴斯德（Pasteur）終日埋頭在他的試驗室裡做他的化學試驗和微菌學研究。他是一個最愛國的人，然而他深信

只有科學可以救國。他用一生的精力證明了三個科學問題：(一)每一種發酵作用都是由於一種微菌的發展；(二)每一種傳染病都是由於一種微菌在生物體中的發展；(三)傳染病的微菌，在特殊的培養之下，可以減輕毒力，使它從病菌變成防病的藥苗。── 這三個問題，在表面上似乎都和救國大事業沒有多大的關係。然而從第一個問題的證明，巴斯德定出做醋釀酒的新法，使全國的酒醋業每年減除極大的損失。從第二個問題的證明，巴斯德教全國的蠶絲業怎樣選種防病，教全國的畜牧農家怎樣防止牛羊瘟疫，又教全世界的醫學界怎樣注重消毒以減除外科手術的死亡率。從第三個問題的證明，巴斯德發明了牲畜的排熱瘟的治療藥苗，每年替法國農家減除了二千萬法郎的大損失；又發明了瘋狗咬毒的治療法，救濟了無數的生命。所以英國的科學家赫胥黎（Huxley）在皇家學會裡稱頌巴斯德的功績道：「法國給了德國五十萬萬法郎的賠款，巴斯德先生一個人研究科學的成績足夠還清這一筆賠款了。」

巴斯德對於科學有絕大的信心，所以他在國家蒙奇辱大難的時候，終不肯拋棄他的顯微鏡與試驗室。他絕不想他的顯微鏡底下能償還五十萬萬法郎的賠款，然而在他看不見想不到的時候，他已收穫了科學救國的奇蹟了。

朋友們，在你最悲觀最失望的時候，那正是你必須鼓起堅強的信心的時候。你要深信：天下沒有白費的努力。成功不必在我，而功力必不唐捐。

原題〈贈與今年的大學畢業生〉

從大海沉船上救出自己

當五月七日北京學生包圍章士釗宅，警察拘捕學生的事件發生以後，北京各學校的學生團體即有罷課的提議。有些學校的學生因為北大學生會不曾參加五七的事，竟在北大第一院前辱罵北大學生不愛國。北大學生也有很憤激的，有些人竟貼出布告攻擊北大代理校長蔣夢麟媚外。然而幾日之內，北大學生會舉行總投票表決罷課問題，共投一千一百多票。反對罷課者八百餘票，這件事真使一班留心教育問題的人心裡歡喜。可喜的不在罷課案的被否決，而在一、投票之多，二、手續的有秩序，三、學生態度的鎮靜。我的朋友高夢旦在上海讀了這段新聞，寫了一封長信給我，討論此事，說，這樣做去，便是在求學的範圍以內做救國的事業，可算是在近年學生運動史上開一個新紀元。—— 只可惜我還沒有回高先生的信，上海五卅的事件已發生了，前二十天的秩序與鎮靜都無法維持了。於是六月三日以後，全國學校遂都罷課了。

這也是很自然的。在這個時候，國事糟到這步田地，外間的刺激這麼強：上海的事件未了，漢口的事件又來了，接著廣州，南京的事件又來了，在這個時候，許多中年以上的人尚且忍耐不住，許多六十老翁尚且要出來慷慨激昂地主張宣戰，何況這無數的少年男女學生呢？

我們觀察這七年來的「學潮」，不能不算民國八年的五四事件與今年的五卅事件為最有價值。這兩次都不是有什麼作用，事前預備好然後發動的；這兩次都只是一般青年學生的愛國血誠，遇著國家的大恥辱，自然爆發，純然是爛漫的天真，不顧利害地幹下去，這種「無所為而為」的表示是真實的，可敬愛的。許多學生都是不願意犧牲求學的時間的；只因為臨時發生的問題太大了，刺激太強烈了，愛國的感情一時迸發，所以什麼都

顧不得了，功課也不顧了，秩序也不顧了，辛苦也不顧了。所以北大學生總投票表決不罷課之後，不到二十天，也就不能不罷課了。二十日前不罷課的表決可以表示學生不願意犧牲功課的誠意；二十日後毫無勉強地罷課參加救國運動，可以證明此次學生運動的犧牲的精神。這並非前後矛盾，有了前回的不願犧牲，方才更顯出後來的犧牲之難能而可貴。但豈北大一校如此？中國無數學校都有這樣的情形。

　　但群眾的運動總是不能持久的。這並非中國人的「虎頭蛇尾」、「五分鐘的熱度」。這是世界人類的通病。所謂「民氣」，所謂「群眾運動」，都只是一時的大問題刺激起來的一種感情上的反應。感情的衝動是沒有持久性的；無組織又無領袖的群眾行動是最容易鬆散的。我們不看見北京大街的牆上大書著「打倒英日，不要五分鐘的熱度嗎？」其實寫那些大字的人，寫成之後，自己看著很滿意，他的「熱度」早已消除大半了；他回到家裡，坐也坐得下了，睡也睡得著了。所謂「民氣」，無論在中國在歐美，都是這樣：突然而來，倏然而去。幾天一次的公民大會，幾天一次的示威遊行，雖然可以勉強多維持一會兒，然而那回天安門打架之後，國民大會也就不容易召集了。

　　我們要知道，凡關於外交的問題，民氣可以督促政府，政府可以利用民氣，民氣與政府相為聲援方才可以收效。沒有一個像樣的政府，雖有民氣，終不能單獨成功。因為外國政府絕不能直接和我們的群眾辦交涉；民眾運動的影響（無論是一時的示威或是較有組織的經濟抵制）終是間接的。一個健全的政府可以利用民氣作後盾，在外交上可以多得勝利，至少也可以少吃點虧。若沒有一個能運用民氣的政府，我們可以斷定民眾運動的犧牲的大部分是白白地糟蹋了的。

　　倘使外交部於六月二十四日同時送出滬案及修改條約兩照會之後即行負責交涉，那時民氣最盛，海員罷工的聲勢正大，滬案的交涉至少可以得

一個比較滿人意的結果。但這個政府太不像樣了，外交部不敢自當交涉之衝，卻要三個委員來代肩末梢；三個委員都是很聰明的人，也就樂得三揖三讓，延擱下去。他們不但不能用民氣，反懼怕民氣了！況且某方面的官僚想藉這風潮延長現政府的壽命；某方面的政客也想藉這問題延緩東北勢力的侵逼。他們不運用民氣來對付外人，只會利用民氣來便利他們自己的志氣！於是一誤，再誤，至於今日，滬案及其他關連之各案絲毫不曾解決，而民氣卻早已成了強弩之末了！

上海的罷工本是對英口的，現在卻是對郵政當局，商務印書館，中華書局了。北京的學生運動一變而為對付楊蔭榆，又變而為對付章士釗了。廣州對英的事件全未了結，而廣州城卻早已成為共產與反共產的血戰場了。三個月的「愛國運動」的變相竟致如此！

這時候有一件差強人意的事，就是全國學生總會議決秋季開學後各地學生應一律到校上課，上課後應努力於鞏固學生會的組織，為民眾運動的中心。北京學聯會也決議北京各校同學於開學前務必到校，一面上課，一面仍繼續進行。

這是很可喜的消息。全國學生總會的通告裡並且有「五卅運動並非短時間所可解決」的話。我們要為全國學生下一轉語：救國事業更非短時間所能解決，帝國主義不是赤手空拳打得倒的，「英日強盜」也不是幾千萬人的喊聲咒得死的。救國是一件頂大的事業，排隊遊街，高喊著「打倒英日強盜」，算不得救國事業；甚至於砍下手指寫血書，甚至於蹈海投江，殺身殉國，都算不得救國的事業。救國的事業須要有各色各樣的人才；真正的救國的預備在於把自己造成一個有用的人才。

易卜生說的好：「真正的個人主義在於把你自己這塊材料鑄造成個東西。」

他又說：「有時候我覺得這個世界就好像大海上翻了船，最要緊的是

救出我自己」。在這個高唱國家主義的時期，我們要很誠懇的指出，易卜生說的「真正的個人主義」正是到國家主義的推一大路。救國須從救出你自己下手！

學校固然不是造人才的唯一地方，但在學生時代的青年卻應該充分地利用學校的環境與設備來把自己鑄造成個東西。我們須要明白了解：

「救國千萬事，何一不當為？

而吾性所適，僅有一二宜。」

認清了你「性之所近，而力之所能勉」的方向，努力求發展，這便是你對國家應盡的責任，這便是你的救國事業的預備工夫。國家的紛擾，外間的刺激，只應該增加你求學的熱心與興趣，而不應該引誘你跟著大家去吶喊，吶喊救不了國家。即使吶喊也算是救國運動的一部分，你也不可忘記你的事業有比吶喊重要十倍百倍的。你的事業是要把你自己造成一個有眼光有能力的人才。

你忍不住嗎？你受不住外面的刺激嗎？你的同學都出去吶喊了，你受不了他們的引誘與譏笑嗎？你獨坐在圖書館裡覺得難為情嗎？你心裡不安嗎？── 這也是人之常情，我們不怪你，我們都有忍不住的時候。但我們可以告訴你一兩個故事，也許可以給你一點鼓舞：── 德國大文豪歌德（Goethe）在他的年譜裡〈英譯本頁一八九〉曾說，他每遇著國家政治上有大紛擾的時候，他便用心去研究一種絕不關心時局的學問，使他的心思不致受外界的擾亂。所以拿破崙的兵威逼迫德國最厲害的時期裡，歌德天天用功研究中國的文物。又當利俾瑟之戰的那一天歌德正關著門，做他的名著的「尾聲」。

德國大哲學家菲希特是近代國家主義的一個創始者。然而他當普魯士被拿破崙踐破之後的第二年（西元一八〇七年）回到柏林，便著手計劃

一個新的大學 —— 即今日之柏林大學。那時候，柏林還在敵國駐兵的掌握裡。菲希特在柏林繼續講學，在很危險的環境裡發表他的「告德意志民族」（Reden an die deutsche Nation）。往往在他講學的堂上聽得見敵人駐兵操演回來的聲。他這一套演講 ——「告德意志民族」—— 忠告德國人不要灰心喪志，不要驚慌失措；他說，德意志民族是不會亡國的；這個民族有一種天賦的使命，就是要在世間建立一個精神的文明 —— 德意志的「文明」，他說：這個民族的國家是不會亡的。

後來菲希特計劃的柏林大學變成了世界的二個最有名的學府；他那部「告德意志民族」不但變成了德意志帝國建國的一個動力，並且成了十九世紀全世界的國家主義的一種經典。

上邊的兩段故事是我願意介紹給全國的青年男女學生的。我們不期望人人都做歌德與菲希特。我們只希望大家知道，在一個擾攘紛亂的時期裡跟著人家亂跑亂喊，不能就算是盡了愛國的責任，此外還有更難更可貴的任務：在紛亂的喊聲裡，能立定腳跟，打定主意，救出你自己，努力把你這塊材料鑄造成個有用的東西！

原題〈愛國運動與求學〉

歷史科學的方法

　　地質學、古生物學皆屬於歷史科學，本人特在此提出西元一八八〇年赫胥黎關於研究古生物的一篇有名的講詞「柴狄的方法」的故事來談談。

　　赫氏所講故事裡的「柴狄」是法國一位大哲人伏爾泰（Votaire）作的小說裡的主角，在這書中柴狄是一位巴比倫的哲學家，他喜歡仔細觀察事物。有一天他在森林中散步，恰巧王后的小狗走失了，僕人正在找尋，問柴狄曾否看到。柴狄當時說那隻狗是一隻小母狗，剛生了小狗，並且一隻腳微跛。僕人以為那隻狗一定被他偷藏了，就要逮捕他，這時又有一群人來找尋國王失了的馬，柴狄又說出那馬是一匹頭等快跑的馬，身高五尺，尾長三尺半，馬蹄上帶著銀套，嘴銜勒上有二十三「開」金子的飾品。於是他就以偷竊王家的狗和馬的嫌疑被捕了。在法庭上柴狄為自己辯護，他指出，他根據沙上的痕跡就可以判斷那狗是剛生小狗的母狗，左後足是跛的；又根據路旁樹葉脫落的情形，可以判斷馬的高度，根據路的寬度和兩旁樹葉破碎的情形，可以判斷馬尾的長度；馬嘴曾碰石頭，那石頭上的劃痕，可以推知馬銜勒是二十三開金製成，根據馬的足跡，可以判斷這是一匹頭等快跑的馬。隨後狗和馬都在別處找到了，柴狄無罪被釋。赫胥黎說，古生物學的方法其實就是「柴狄的方法」。

　　歷史學家、考古學家、古生物學家、地質學家以及天文學家所用的研究方法，就是這種觀察推斷的方法，地質學和古生物學都是「歷史的科學」，同樣根據一些事實來推斷造成這些事實的原因。

　　歷史的科學和實驗的科學方法有什麼分別呢？實驗的科學可以由種種事實歸納出一個通則。歷史的科學如地質學等也可以說是同樣用這種方法。但是實驗科學歸納得通則之後，還可以用演繹法，依照那通則來做實

驗，看看某些原因具備之後是否一定發生某種預期的結果。實驗就是用人工造出某種原因來試驗是否可以發生某種結果。這是實驗科學和歷史科學最不同的一個要點。地質學和其他歷史的科學，雖然也都依據因果律，從某些結果推知當時產生這些結果的原因，但歷史科學的證據大部分是只能搜求，只能發現，而無法再造出來反覆實驗的。（天文學的歷史部分可以上推千萬年的日月食，也可以下推千萬年的日月食，也還可以推知某一個彗星大約在某年可以重出現。但那些可以推算出來的天文現象也不是用人工製造出來的。但我曾看見一位歐洲考古學家用兩塊石頭相劈，削成「原始石器」的形狀。）

正因為歷史科學上的證據絕大部分是不能再造出來做實驗的，所以我們做這幾門學問的人，全靠用最勤勞的工夫去搜求材料，用最精細的工夫去研究材料，用最嚴謹的方法去批評審查材料。

這種工夫，這種方法，赫胥黎在八十年前曾指出，還不過是「柴狄的方法」。柴狄的方法，其實就是我們人類用常識來判斷推測的方法。赫胥黎說：「遊牧的民族走到了一個地方，看見了折斷了的樹枝，踏碎了的樹葉，攪亂了的石子，不分明的腳印，從這些痕跡上，他們不但可以推斷有一隊人曾打這裡經過，還可以估計那一隊的人數有多少，有多少馬匹，從什麼方向來，從什麼方向去，過去了幾天了。」

歷史科學的方法不過是人類常識的方法，加上更嚴格的訓練，加上更嚴謹的紀律而已。

新生活

哪樣的生活可以叫做新生活呢？

我想來想去，只有一句話。新生活就是有意思的生活。

你聽了，必定要問我，有意思的生活又是什麼樣子的生活呢？

我且先說·兩件實在的事情做個樣子，你就明白我的意思了。

前天你沒有事做，閒的不耐煩了，你跑到街上一個小酒店裡，打了四兩白乾，喝完了，又要四兩，再添上四兩。喝的大醉了，同張大哥吵了一回嘴，幾乎打起架來。後來李四哥來把你拉開，你氣忿忿的又要了四兩白乾，喝的人事不知，幸虧李四哥把你扶回去睡了。昨兒早上，你酒醒了，大嫂子把前天的事告訴你，你懊悔的很，自己埋怨自己：「昨兒為什麼要喝那麼多酒呢？可不是糊塗嗎？」

你趕上張大哥家去，作了許多揖，賠了許多不是，自己怪自己糊塗，請張大哥大量包涵。正說時，李四哥也來了，王三哥也來了。他們三缺一，要你陪他們打牌。你坐下來，打了十二圈牌，輸了一百多弔錢。你回得家來，大嫂子怪你不該賭博，你又懊悔的很，自己怪自己道：「是呵，我為什麼要陪他們打牌呢？可不是糊塗嗎？」

諸位，像這樣子的生活，叫做糊塗生活，糊塗生活便是沒有意思的生活。你做完了這種生活，回頭一想，「我為什麼要這樣幹呢？」你自己也回不出究竟為什麼。

諸位，凡是自己說不出「為什麼這樣做」的事，都是沒有意思的生活。

反過來說，凡是自己說得出「為什麼這樣做」的事，都可以說是有意

思的生活。

生活的「為什麼」，就是生活的意思。

人同畜牲的分別，就在這個「為什麼」上。你到萬牲園裡去看那白熊一天到晚擺來擺去不肯歇，那就是沒有意思的生活。我們做了人，應該不要學那些畜牲的生活。畜牲的生活只是糊塗，只是胡混，只是不曉得自己為什麼如此做。一個人做的事應該件件事問得出一個「為什麼」。

我為什麼要幹這個？為什麼不幹那個？回答得出，方才可算是一個人的生活。

我們希望中國人都能做這種有意思的新生活。其實這種新生活並不十分難，只消時時刻刻問自己為什麼這樣做，為什麼不那樣做，就可以漸漸的做到我們所說的新生活了。

諸位，千萬不要說「為什麼」這三個字是很容易的小事。你打今天起，每做一件事，便問一個為什麼 —— 為什麼不把辮子剪了？為什麼不把大姑娘的小腳放了？為什麼大嫂子臉上搽那麼多的脂粉？為什麼出棺材要用那麼多叫化子？為什麼娶媳婦也要用那麼多叫化子？為什麼罵人要罵他的爹媽？為什麼這個？為什麼那個？ —— 你試辦一兩天，你就會覺得這三個字的趣味真是無窮無盡，這三個字的功用也無窮無盡。

諸位，我們恭恭敬敬的請你們來試試這種新生活。

不可躲進小樓

本篇有兩層意思：一是表示我不贊成現在一般有志青年所提倡，我所認為「個人主義的」新生活。一是提出我所主張的「非個人主義的」新生活，就是「社會的」新生活。

先說什麼叫做「個人主義」（Individualism）。一月二日夜（就是我在天津演講前一晚），杜威博士在天津青年會演講「真的與假的個人主義」，他說：

「個人主義有兩種：

▓ **假的個人主義 —— 就是為我主義**（Egoism）：他的性質是自私自利，只顧自己的利益，不管群眾的利益。

▓ **真的個人主義 —— 就是個性主義**（Individuality）：他的特性有兩種：一是獨立思想，不肯把別人的耳朵當耳朵，不肯把別人的眼睛當眼睛，不肯把別人的腦力當自己的腦力；二是個人對於自己思想信仰的結果要負完全責任，不怕權威，不怕監禁殺身，只認得真理，不認得個人的利害。」

杜威先生極力反對前一種假的個人主義，主張後一種真的個人主義。這是我們都贊成的。但是他反對的那種自私自利的個人主義的害處，是大家都明白的。因為人多明白這種主義的害處，故它的危險究竟不很大。例如東方現在實行這種極端為我主義的「財主督軍」，無論他們眼前怎樣橫行，究竟逃不了公論的怨恨，究竟不會受多數有志青年的崇拜。所以我們可以說這種主義的危險是很有限的。但是我覺得「個人主義」還有第二派，是很受人崇敬的，是特別危險的。這一派是：三、獨善的個人主義，

它的共同性質是：不滿意於現社會，卻又無可如何，只想跳出這個社會去尋一種超出現社會的理想生活。

這個定義含有兩部分：一、承認這個現社會是沒有法子挽救的了；二、要想在現社會之外另尋一種獨善的理想生活。自有人類以來，這種個人主義的表現也不知有多少次了。簡括說來，共有四種：

一、宗教家的極樂國如佛家的淨土，猶太人的伊甸園，別種宗教的天堂，天國，都屬於這一派。這種理想的緣起，都由於對現社會不滿意。因為厭惡現社會，故懸想那些無量壽，無量光的淨土，不識不知，完全天趣的伊甸園，只有快樂，毫無痛苦的天國。這種極樂國裡所沒有的，都是他們所厭恨的；有的，都是他們所夢想而不能得到的。

二、神仙的生活也是一種懸想的超出現社會的生活。人世有疾病痛苦，神仙無病長生；人世愚昧無知，神仙能知過去未來；人生不自由，神仙乘雲遨游，來去自由。

三、山林隱逸的生活前兩種是完全出世的，他們的理想生活是懸想的，渺茫的出世生活。山林隱逸的生活雖然不是完全出世的，也是不滿意於現社會的表示。他們不滿意於當時的社會政治，卻又無能為力，只得隱姓埋名，逃出這個惡濁社會去做他們自己理想中的生活。他們不能「得君行道」，敵對於功名利祿，表示藐視的態度。他們痛恨富貴的人驕奢淫逸，故說富貴如同天上的浮雲，如同腳下的破草鞋。他們痛恨社會上有許多不耕而食，不勞而得的「吃白階級」，故自己耕田鋤地，自食其力。他們厭惡這汙濁的社會，故實行他們理想中梅妻鶴子，漁蓑釣艇的潔淨生活。

四、近代的新村運動，如十九世紀法國、美國的理想農村，如現在日本日向的新村，照我的見解看起來，實在同山林隱逸的生活是根本相同的。那不同的地方，自然也有。山林隱逸是沒有組織的，新村是有組織

的：這是一種不同。隱逸的生活是同世事完全隔絕的，故有「不知有漢，
逞論魏晉」的理想；現在的新村的人能有賞玩的幸福，還能在村外著書出
報：這又是一種不同。但是這兩種不同都是時代造成的，是偶然的，不
是根本的區別。從根本性質上看來，新村的運動都是對於現社會不滿意
的表示。即如日向的新村，他們對於現在「少數人在多數人的不幸上，築
起自己的幸福」的社會制度，表示不滿意，自然是公認的事實。周作人
先生說日向新村裡有人把中國看作「最自然，最自在的國」（《新潮》二，
頁七五）。這是他們對於日本政治制度極不滿意的一種牢騷話，很可玩味
的。武者小路實篤先生一班人雖然極不滿意於現社會，卻又不贊成用「暴
力」的改革。他們都是「真心仰慕著平和」的人。他們於無可如何之中，
想出這個新村的計畫來。周作人先生說，「新村的理想，要將歷來非暴力
不能做到的事，用和平方法得來。」（《新青年》七，二，一三四。）這個
和平方法就是離開現社會，去做一種模範的生活。「只要萬人真希望這種
的世界，這世界便能實現。」（《新青年》同上）這句話不但是獨善主義的
精義，簡直全是淨土宗的口氣了！所以我把新村來比山林隱逸，不算冤枉
它；就是把它來比求淨土天國的宗教運動，也不算玷辱它。不過它們的
「淨土」是在日向，不在西天罷了。

我這篇文章要批評的「個人主義的新生活」，就是指這一種跳出現社
會的新村生活。這種生活，我認為是「獨善的個人主義」的一種。「獨善」
兩個字是從孟軻「窮則獨善其身」一句話上來的。有人說：「新村的根本主
張是要人人『盡了對於人類的義務，卻又完全發展自己個性』」。如此看
來，他們既承認「對於人類的義務」，如何還是獨善的個人主義呢？我說：
「這正是個人主義的證據。」試看古往今來主張個人主義的思想家，從希臘
的「狗派」以至十八九世紀的個人主義，哪一個不是一方面崇拜個人，一
方面崇拜那廣漠的「人類」的？主張個人主義的人，只是否認那些切近的

倫誼——或是家族，或是「社會」，或是國家，但是因為要一一推翻這些比較狹小逼人的倫誼，不得不捧出那廣漠不逼人的「人類」。所以凡是個人主義的思想家，沒有一個不承認這個雙重關係的。

新村的人主張「完全發展自己個性」，故是一種個人主義。他們要想跳出現社會去發展自己個性，故是一種獨善的個人主義。

這種新村的運動，因為恰合現在青年不滿意於現社會的心理，故近來中國也有許多人歡迎、讚嘆、崇拜。我也是敬仰武者先生一班人的，故也曾仔細考究這個問題。我考究的結果是不贊成這種運動，我以為中國的有志青年不應該仿行這種個人主義的新生活。

這種新村的運動有什麼可以反對的地方呢？

第一，因為這種生活是避世的，是避開現社會的。這就是讓步，這便不是奮鬥。我們自然不應該提倡「暴力」，但是非暴力的奮鬥是不可少的。我並不是說武者先生一班人沒有奮鬥的精神。他們在日本能提倡反對暴力的論調——如「一個青年的夢」——自然是有奮鬥精神的。但是他們的新村計畫想避開現社會裡「奮鬥的生活」，去尋那現社會外「生活的奮鬥」，這便是一大讓步。武者先生的「一個青年的夢」裡的主角最後有幾句話，很可玩味。他說：「……請寬恕我的無力。——寬恕我的話的無力。但我心裡所有的對於美麗的國的仰慕，卻要請諸君體察的……」（《新青年》七，二，一○二）我們對於日向的新村應該作如此觀察。

第二，在古代這種獨善主義還有存在的理由；在現代，我們就不該崇拜它了。古代的人不知道個人有多大的勢力，故孟軻說：「窮則獨善其身，達則兼善天下。」古人總想，改良社會是「達」了以後的事業——是得君行道以後的事業；——故承認個人——窮的個人——只能做獨善的事業，不配做兼善的事業。古人錯了，現在我們承認個人有許多事業可做。人人都是一個無冠的帝王，人人都可以做一些改良社會的事。去年的

五四運動和六三運動，何嘗是「得君行道」的人做出來的？知道個人可以做事，知道有組織的個人更可以做事，便可以知道這種個人主義的獨善生活是不值得模仿的了。

第三，他們所信仰的「泛勞動主義」是很不經濟的。他們主張：「一個人生存上必要的衣食住，論理應該用自己的力去得來，不該要別人代負這責任。」這話從消極一方面看 —— 從反對那「遊民貴族」的方面看 —— 自然是有理的。但是從他們的積極實行方面看，他們要「人人盡勞動的義務，製造這生活的資料」 —— 就是衣食住的資料，這便是「矯枉過正」了。人人要盡製造衣食住的資料的義務，就是人人要加入這生活的奮鬥。周作人先生再三說新村裡平和幸福的空氣，也許不承認「生活的奮鬥」的話，但是我說的，並不是人同人爭麵包米飯的奮鬥，乃是人在自然界謀生存的奮鬥；周先生說新村的農作物至今還不夠自用，便是一證。現在文化進步的趨勢，是要使人類漸漸減輕生活的奮鬥至最低度，使人類能多分一些精力出來，做增加生活意味的事業。新村的生活使人人都要盡「製造衣食住的資料」的義務，根本上否認分工進化的道理，增加生活的奮鬥，是很不經濟的。

第四，這種獨善的個人主義的根本觀念就是周先生說的「改造社會，還要從改造個人做起。」我對於這個觀念，根本上不能承認。這個觀念的根本錯誤在於把「改造個人」與「改造社會」分作兩截；在於把個人看作一個可以提到社會外去改造的東西。要知道個人是社會上種種勢力的結果。我們吃的飯，穿的衣服，說的話，呼吸的空氣，寫的字，有的思想，……沒有一件不是社會的。我曾有幾句詩，說：「……此身非吾有，一半屬父母，一半屬朋友。」當時我以為把一半的我歸功社會，總算很慷慨了。後來我才知道這點算學做錯了！父母給我真是極少的一部分。其餘各種極重要的部分，如思想，信仰，知識，技術，習慣，……等等，大都是社會給

我的。我穿線的法子是一個徽州同鄉教我的；我穿皮鞋打的結能不散開，是一個美國女朋友教我的。這兩件極細碎的例，很可以說明這個「我」是社會上無數勢力所造成的。社會上的「良好分子」並不是生成的，也不是個人修煉成的——都是因為造成他們的種種勢力裡面，良好的勢力比不良的勢力多些。反過來，不良的勢力比良好的勢力多，結果便是「惡劣分子」了。古代的社會哲學和政治哲學只為要妄想憑空改造個人，故主張正心，誠意，獨善其身的辦法。這種辦法其實是沒有辦法，因為沒有下手的地方。近代的人生哲學漸漸變了，漸漸打破了這種迷夢，漸漸覺悟，改造社會的下手方法在於改良那些造成社會的種種勢力——制度，習慣，思想，教育，……等等。那些勢力改良了，人也改良了。所以我覺得「改造社會要從改造個人做起」還是脫不了舊思想的影響。我們的根本觀念是：個人是社會上無數勢力造成的。

改造社會須從改造這些造成社會、造成個人的種種勢力做起。

改造社會即是改造個人。

新村的運動如果真是建築在「改造社會要從改造個人做起」一個觀念上，我覺得那是根本錯誤了。改造個人也是要一點一滴的改造那些造成個人的種種社會勢力。不站在這個社會裡來做這種一點一滴的社會改造，卻跳出這個社會去「完全發展自己個性」，這便是放棄現社會，認為不能改造；這便是獨善的個人主義。

以上說的是本篇的第一層意思。現在我且簡單說明我所主張的「非個人主義的」新生活是什麼。這種生活是一種「社會的新生活」；是站在這個現社會裡奮鬥的生活，是霸占住這個社會來改造這個社會的新生活。他的根本觀念有三條：

一、社會是種種勢力造成的，改造社會須要改造社會的種種勢力。這種改造一定是零碎的改造——一點一滴的改造，一尺一步的改造。無論

你的志願如何宏大，理想如何徹底，計劃如何偉大，你總不能籠統的改造，你總不能不做這種「得寸進寸，得尺進尺」的工夫。所以我說：「社會的改造是這種制度那種制度的改造，是這種思想那種思想的改造，是這個家庭那個家庭的改造，是這個學堂那個學堂的改造。」

[附注] 有人說：「社會的種種勢力是互相牽掣的，互相影響的。這種零碎的改造，是不中用的。因為你才動手改這一種制度，其餘的種種勢力便圍攏來牽掣你了。如此看來，改造還是該做籠統的改造。」我說不然，正因為社會的勢力是互相影響牽掣的，故一部分的改造自然會影響到別種勢力上去。這種影響是最切實的，最有力的。近年來的文字改革，自然是局部的改革，但是他所影響的別種勢力，竟有意想不到的多。這不是一個很明顯的例嗎？

二、因為要做一點一滴的改造，故有志做改造事業的人必須要時時刻刻存研究的態度，做切實的調查，下精細的考慮，提出大膽的假設，尋出實驗的證明。這種新生活是研究人的生活，是隨時隨地解決具體問題的生活。具體的問題多解決了一個，便是社會的改造進了那麼多一步。做這種生活的人要睜開眼睛，公開心胸；要手足靈敏，耳目聰明，心思活潑；要歡迎事實，要不怕事實；要愛問題，要不怕問題的逼人！

三、這種生活是要奮鬥的，那避世的獨善主義是與人無見，與世無爭的，故不必奮鬥。這種「淑世」的新生活，到處翻出不中聽的事實，到處提出不中聽的問題，自然是很討人厭的，是一定要招起反對的。反對就是興趣的表示，就是注意的表示。我們對於反對的舊勢力，應該作正當的奮鬥，不可退縮。我們的方針是：奮鬥的結果，要使社會的舊勢力不能不讓我們；切不可先就偃旗息鼓退出現社會去，把這個社會雙手讓給舊勢力。換句話說，應該使舊社會變成新社會，使舊村變為新村，使舊生活變為新生活。

　　我且舉一個實際的例。英美近二三十年來，有一種運動，叫做「貧民區域居留地」的運動（Social Settlements）。這種運動的大意是：一班青年的男女——大都是大學的畢業生——在本地選定一塊極齷齪，極不堪的貧民區域，買一塊地，造一所房屋，這一班人便終日在這裡面做事。這屋裡，凡是物質文明所賜的生活需要品——電燈，電話，熱氣，浴室，游水池，鋼琴，話匣等等——無一不有。他們把附近的小孩子——垢面的孩子，頑皮的孩子——都招攬來，教他們游水，教他們讀書，教他們打球，教他們演說辯論，組成音樂隊，組成演劇團，教他們演戲奏藝。還有女醫生和看護婦，天天出去訪問貧家，替他們醫病，幫他們接生和看護產婦。病重的，由「居留地」的人送入公家醫院。因為天下貧民都是最安本分的，他們眼見那高樓大屋的大醫院，心裡以為這定是為有錢人家造的，絕不是替貧民診病的；所以必須有人打破他們這種見解，教他們知道醫院不是專為富貴人家的。還有許多貧家的婦女每日早晨出門做工，家裡小孩子無人看管，所以「居留地」的人教他們把小孩子每天寄在「居留地」裡，有人替他們洗浴，換洗衣服，餵他們飲食，領他們遊戲。到了晚上，他們的母親回來了，各人把小孩領回去。這種小孩從小就在潔淨慈愛的環境裡長大，漸漸養成了良好習慣，回到家中，自然會把從前的種種汙穢的環境改了。家中的大人也因時時同這種新生活接觸，漸漸的改良了。我在紐約時，曾常常去看亨利街上的一所居留地，是華德女士（Lillian Wald）辦的。有一晚我去看那條街上的貧家子弟演戲，演的是貝里尼（Vincenzo Bellini）的名劇。我至今回想起來，他們演戲的程度比我們大學的新戲高得多咧！

　　這種生活是我所說的「非個人主義的新生活」！是我所說的「變舊社會為新社會，變舊村為新村」的生活！這也不是用「暴力」去得來的！我希望中國的青年要做這一類的新生活，不要去模仿那跳出現社會的獨善生

活。我們的新村就在我們自己的舊村裡！我們所要的新村是要我們自己的舊村變成的新村！

可愛的男女少年！我們的舊村裡我們可做的事業多得很咧！村上的鴉片煙燈還有多少？村上的嗎啡針害死了多少人？村上纏腳的女子還有多少？村上的學堂成個什麼樣子？村上的紳士今年賣選票得了多少錢？村上的神廟香火還是怎樣興旺？村上的醫生斷送了幾百條人命？村上的煤礦工人每日只拿到五個銅子，你知道嗎？村上多少女工被貧窮逼去賣淫，你知道嗎！村上的工廠沒有避火的鋁梯，咋天火起，燒死了一百多人，你知道嗎？村上的童養媳婦被婆婆打斷了一條腿，村上的紳士逼他的女兒餓死做烈女，你知道嗎？

有志求新生活的男女少年！我們有什麼權利，丟開這許多的事業去做那避世的新村生活！我們放著這個惡濁的舊村，有什麼面孔，有什麼良心，去尋那「和平幸福」的新村生活！

原題〈非個人主義的新生活〉

不可躲進小樓

在神道面前瞎說

紛紛歌舞賽蛇蟲，酒醴牲牢告潔豐。

果有神靈來護佑，天寒何故不臨工？

這是我父親在鄭州辦河工時（光緒十四年）做的十首《鄭工合龍紀事詩》的一首。他自己有注道：霜雪既降，凡俗所謂「大王」、「將軍」化身臨工者，皆絕跡不復見矣。

「大王」、「將軍」都是祀典裡的河神；河工區域內的水蛇蝦蟆往往被認為大王或將軍的化身，往往享受最隆重的祀祭禮拜。河工是何等大事，而國家的治河官吏不能不向水蛇蝦蟆磕頭乞憐，真是一個民族的最大恥辱。我父親這首詩不但公然指斥這種迷信，並且用了一個很淺近的證據，證明這種迷信的荒誕可笑。這一點最可表現我父親的思想的傾向。

我父親不曾受過近世自然科學的洗禮，但他很受了程頤、朱熹一系的理學的影響。理學家因襲了古代的自然主義的宇宙觀，用「氣」和「理」兩個基本觀念來解釋宇宙，敢說「天即理也」，「鬼神者，二氣（陰陽）之良能也」。這種思想，雖有不徹底的地方，很可以破除不少的迷信。況且程朱一系極力提倡「格物窮理」，教人「即物而窮其理」，這就是近世科學的態度。我父親做的「原學」，開端便說：「天地氤氳，萬物化生。」

這是採納了理學家的自然主義的宇宙觀。他作的《學為人詩》的結論是：「為人之道，非有他術。窮理致知，反躬踐實，黽勉於學，守道勿失。」這是接受了程朱一系格物窮理的治學態度。

這些話都是我四五歲時就念熟了的。先生怎樣講解，我記不得了；我當時大概完全不懂得這些話的意義。我父親死的太早，我離開他時，還只

是三歲小孩，所以我完全不曾受著他的思想的直接影響。他留給我的，大概有兩方面：一方面是遺傳，因為我是「我父親的兒子」。一方面是他留下了一點程朱理學的遺風；我小時跟著四叔念朱子的《小學》，就是理學的遺風；四叔家和我家的大門上都貼著「僧道無緣」的條子，也就是理學家庭的一個招牌。

我記得我家新屋大門上的「僧道無緣」條子，從大紅色褪到粉紅，又漸漸變成了淡白色，後來竟完全剝落了。我家中的女眷都是深信神佛的。我父親死後，四叔又上任做學官去了，家中的女眷就自由拜神佛了。女眷的宗教領袖是星五伯娘，她到了晚年，吃了長齋，拜佛念經，四叔和三哥（是她過繼的孫子）都不能勸阻她，後來又添上了二哥的丈母，也是吃長齋念佛的，她常來我家中住。這兩位老太婆做了好朋友，常勸誘家中的幾房女眷信佛。家中人有病痛，往往請她們念經、許願、還願。

二哥的丈母頗認得字，帶來了《玉曆鈔傳》、《妙莊王經》一類的善書，常給我們講說目蓮救母遊地府，妙莊王的公主（觀音）出家修行等等故事。我把她帶來的書都看了，又在戲臺上看了《觀音娘娘出家》全本連臺戲，所以腦子裡裝滿了地獄的慘酷景象。

後來三哥得了肺病，生了幾個孩子都不曾養大。星五伯娘常為二哥拜神佛，許願，甚至於召集和尚在家中放焰口超渡冤魂。三哥自己不肯參加行禮，伯娘常叫我去代替三哥跪拜行禮。我自己幼年身體也很虛弱，多病痛，所以我母親也常請伯娘帶我去燒香拜佛。依家鄉的風俗，我母親也曾把我許在觀音菩薩座下做弟子，還給我取了一個佛名，上一字是個「觀」字，下一字我忘了。我母親愛我心切，時時教我拜佛拜神總須誠心敬禮。每年她跟我上外婆家去，十里路上所過廟宇路亭，凡有神佛之處，她總叫我拜揖。有一年我害肚痛，眼睛裡又起病，她代我許願：「病好之後親自到古塘山觀音菩薩座前燒香還願。」後來我病好了，她親自跟伯娘帶了我

去朝拜古塘山。山路很難走,她的腳是終年疼的,但她為了兒子,步行朝山,上山時走幾步便須坐下歇息,卻總不說一聲苦痛。我這時候自然也是很誠心的跟著她們禮拜。

我母親盼望我讀書成名,所以常常叮囑我每天要拜孔夫子。禹臣先生學堂壁上掛著一幅朱印石刻的吳道子畫的孔子像,我們每晚放學時總得對他拜一個揖。我到大姊家去拜年,看見了外甥章硯香(比我大幾歲)供著一個孔夫子神龕,是用大紙匣子做的,用紅紙剪的神位,用火柴盒子做的祭桌,桌子上貼著金紙剪的香爐燭臺和供獻,神龕外邊貼著許多紅紙、金紙的聖廟匾額對聯,寫著「德配天地,道冠古今」一類的句子。我看了這神龕,心裡好生羨慕,回到家裡,也造了一座小聖廟。我在家中尋到了一隻燕窩匣子,做了聖廟大庭;又把匣子中間挖空一方塊,用一隻午時茶小匣子糊上去,做了聖廟的內堂,堂上也設了祭桌,神位,香爐,燭臺等等。我在兩廂又添設了顏淵、子路一班聖門弟子的神位,也都有小祭桌。我借得了一部《聯語類編》,抄出了許多聖廟聯匾句子,都用金銀、錫箔做成匾對,請近仁叔寫了貼上。這一座孔廟很費了我不少的心思。我母親見我這樣敬禮孔夫子,她十分高興,給我一張小桌子專供這神龕,並且給我一個銅香爐;每逢初一和十五,她總叫我焚香敬禮。

這座小聖廟,因為我母親的加意保存,到我二十七歲從外國回家時,還不曾毀壞。但我的宗教虔誠卻早已摧毀破壞了。我在十一二歲時便已變成了一個無神論者。

有一天,我正在溫習朱子的《小學》,念到了一段司馬溫公的家訓,其中有論地獄的話,說:「形既朽滅,神亦飄散,雖有燒舂磨,亦無所施。」

我重讀了這幾句話,忽然高興的直跳起來。《目蓮救母》、《玉曆鈔傳》等書裡的地獄慘狀,都呈現在我眼前,但我覺得都不怕了。放焰口的和尚

陳設在祭壇上的十殿閻王的畫像，和十八層地獄的種種牛頭馬面用鋼叉把罪人叉上刀山，叉下油鍋，拋下奈河橋下去餵餓狗毒蛇 —— 這種種慘狀也都呈現在我眼前，但我現在覺得都不怕了。我再三念這句話：「形既朽滅，神亦飄散，雖有燒舂磨，亦無所施。」我心裡很高興，真像地藏王菩薩把錫杖一指，打開地獄門了。

這件事我記不清在那一年了，大概在十一歲時。這時候我已能夠自己看古文書了。禹臣先生教我看《綱鑑易知錄》，後來又教我改看《御批通鑑輯覽》。《易知錄》有句讀，故我不覺吃力。《通鑑輯覽》須我自己用硃筆點讀，故讀的很遲緩。有一次二哥從上海回來，見我看《御批通鑑輯覽》，他不贊成；他對禹臣先生說，不如看《資治通鑑》。於是我就點讀《資治通鑑》了。這是我研究中國史的第一步。我不久便很喜歡這一類的歷史書，並且感覺朝代帝王年號的難記，就想編一部「歷代帝王年號歌訣」！近仁叔很鼓勵我做此事，我真動手編這部七字句的歷史歌訣了。此稿已遺失了，我已不記得這件野心工作編到了哪一朝代。但這也可算是我的「整理國故」的破土工作。可是誰也想不到司馬光的《資治通鑑》竟會大大的影響我的宗教信仰，竟會使我變成一個無神論者。

有一天，我讀到《資治通鑑》第一百三十六卷，中有一段記范縝（齊梁時代人，死時約在西漢五一〇年）反對佛教的故事，說：「范縝著〈神滅論〉，以為『形者神之質，神者形之用也。神之於形，猶利之於刀。未聞刀沒而利存，豈容形亡而神在哉？』此論出，朝野喧譁，難之，終不能屈。」

我先已讀司馬光論地獄的話了，所以我讀了這一段議論，覺得非常明白，非常有理。司馬光的話叫我不信地獄，范縝的話使我更進一步，就走上了無鬼神的路。范縝用了一個譬喻，說形和神的關係就像刀子和刀口的鋒利一樣；沒有刀子，便沒有刀子的「快」了；那麼，沒有形體，還能有

神魂嗎？這個譬喻是很淺顯的，恰恰合一個初開知識的小孩子的程度，所以我越想越覺得范縝說的有道理。司馬光引了這三十五個字的〈神滅論〉，居然把我腦子裡的無數鬼神都趕跑了。從此以後，我不知不覺的成了一個無鬼無神的人。

我那時並不知道范縝的〈神滅論〉全文載在《梁書》（卷四八）裡，也不知道當時許多人駁他的文章保存在《弘明集》裡。我只讀了這三十五個字，就換了一個人。大概司馬光也受了范縝的影響，所以有「形既朽滅，神亦飄散」的議論，大概他感謝范縝，故他編《通鑑》時，硬把〈神滅論〉，摘了最精采的一段，插入他的不朽的歷史裡。他絕想不到，八百年後這三十五個字竟感悟了一個十一二歲的小孩子，竟影響了他一生的思想。

《通鑑》又記述范縝和竟陵王蕭子良討論「因果」的事，這一段在我的思想上也發生了很大的影響。原文如下：「子良篤好釋氏，招致名僧，講論佛法。道俗之盛，江左未有。或親為眾僧賦食、行水，世頗以為失宰相體。」

范縝盛稱無佛。子良曰：「君不信因果，何得有富貴貧賤？」縝曰：「人生如樹花同發，隨風而散，或拂簾幌，墜茵蓆之上；或關高牆，落糞之中。墜茵蓆者，殿下是也。落糞者，下官是也。貴賤雖復殊途，因果竟在何處？」子良無以難。這一段議論也只是一個譬喻，但我當時讀了只覺得他說的明白有理，就熟讀了記在心裡。我當時實在還不能瞭解范縝的議論的哲學意義。他主張一種「偶然論」，用來破壞佛教的果報輪迴說。我小時聽慣了佛家果報輪迴的教訓，最怕來世變豬變狗，忽然看見了范縝不信因果的譬喻，我心裡非常高興，膽子就大的多了。他和司馬光的〈神滅論〉教我不怕地獄；他的無因果論教我不怕輪迴。我喜歡他們的話，因為他們教我不怕。我信服他們的話，因為他們教我不怕。

　　我的思想經過了這回解放之後，就不能虔誠拜神、拜佛了。但我在我母親面前，還不敢公然說出不信鬼神的議論。她叫我上祠裡去拜祖宗，或去燒香還願，我總不敢不去，滿心裡的不願意，我終不敢讓她知道。

　　我十三歲的正月裡，我到大姊家去拜年，住了幾天，到十五日早晨，才和外甥硯香同回我家去看燈。他家的一個長工挑著新年糕餅等物事，跟著我們走。

　　半路上到了中屯外婆家，我們進去歇腳，吃了點心，又繼續前進。中屯村口有個三門亭，供著幾個神像。我們走進亭子，我指著神像對硯香說，「這裡沒有人看見，我們來把這幾個爛泥菩薩拆下來拋到毛廁裡去，好嗎？」

　　這樣突然主張毀壞神像，把我的外甥嚇住了。他雖然聽我說過無鬼無神的話，卻不曾想到我會在這路亭裡提議實行搗毀神像。他的長工忙勸阻我道：「舅舅，菩薩是不好得罪的。」我聽了這話，更不高興，偏要拾石子去擲神像。恰好村子裡有人下來了，硯香和那長工就把我勸走了。

　　我們到了我家中，我母親煮麵給我們吃，我剛吃了幾筷子，聽見門外鑼鼓響，便放下麵，跑出去看舞獅子了。這一天來看燈的客多，家中人都忙著照料客人，誰也不來管我吃了多少麵。我陪著客人出去玩，也就忘了肚子餓了。

　　晚上陪客人吃飯，我也喝了一兩杯燒酒。酒到了餓肚子裡，有點作怪。晚飯後，我跑出大門外，被風一吹，我有點醉了，便喊道：「月亮，月亮，下來看燈！」別人家的孩子也跟著喊，「月亮，月亮，下來看燈！」

　　門外的喊聲被屋裡人聽見了，我母親叫人來喚我回去。我怕她責怪，就跑出去了。來人追上去，我跑的更快。有人對我母親說，我今晚上喝了燒酒，怕是醉了。我母親自己出來喚我，這時候我已被人追回來了。但跑

多了，我真有點醉了，就和他們抵抗，不肯回家。母親抱住我，我仍喊著要月亮下來看燈。許多人圍攏來看，我仗著人多，嘴裡仍舊亂喊。母親把我拖進房裡，一群人湧進房來看。

這時候，那位跟我們來的章家長工走到我母親身邊，低低的說：「外婆（他跟著我的外甥稱呼），舅舅今夜怕不是吃醉了吧？今天我們從中屯出來，路過三門亭，舅舅要把那幾個菩薩拖下來丟到毛廁裡去。他今夜嘴裡亂說話，怕是得罪了神道，神道怪下來了。」

這幾句話，他低低的說，我靠在母親懷裡，全聽見了。我心裡正怕喝醉了酒，母親要責罰我；現在我聽了長工的話，忽然想出了一條妙計。我想：「我胡鬧，母親要打我；菩薩胡鬧，她不會責怪菩薩。」於是我就鬧的更凶，說了許多瘋話，好像真有鬼神附在我身上一樣！

我母親著急了，叫硯香來問，硯香也說我口裡的確得罪了神道。母親就叫別人來抱住我，她自己去洗手焚香，向空中禱告三門亭的神道，說我年小無知，觸犯了神道，但求神道寬宏大量，不計較小孩子的罪過，寬恕了我。我們將來一定親到三門亭去燒香還願。

這時候，鄰舍都來看我，擠滿了一屋子的人，有些婦女還提著「火熜」（徽州人冬天用瓦裝炭火，外面用竹絲作籃子，可以隨身攜帶，名為火熜），房間裡悶熱的很。我熱的臉都紅了，真有點像醉人。

忽然門外有人來報信，說：「龍燈來了，龍燈來了！」男男女女都往外跑，都想趕到十字街口去等候看燈。一會兒，一屋子的人都散完了，只剩下我和母親兩個人。房裡的悶熱也消除了，我也疲倦了，就不知不覺的睡著了。

母親許的願好像是靈應了。第二天，她教訓了我一場，說我不應該瞎說，更不應該在神道面前瞎說，但她不曾責罰我，我心裡高興，萬想不到

我的責罰卻在一個月之後。

　　過了一個月，母親跟我上中屯外婆家去。她拿出錢來，在外婆家辦了豬頭供獻，備了香燭紙錢，她請我母舅領我到三門亭裡去謝神還願。我母舅是個虔誠的人，他恭恭敬敬的擺好供獻，點起香燭，陪著我跪拜謝神。我忍住笑，恭恭敬敬的行了禮 —— 心裡只怪我自己當日扯謊時不曾想到這樣比挨打還更難為情的責罰！

　　直到我二十七歲回家時，我才敢對母親說那一年元宵節附在我身上胡鬧的不是三門亭的神道，只是我自己。母親也笑了。

原題〈從拜神到無神〉

再造文明的藥方

■ 研究問題
■ 輸入學理
■ 整理國故
■ 再造文明

近來報紙上發表過幾篇解釋「新思潮」的文章。我讀了這幾篇文章，覺得他們所舉出的新思潮的性質，或太瑣碎，或太籠統，不能算作新思潮運動的真確解釋，也不能指出新思潮的將來趨勢。即如包世杰先生的「新思潮是什麼」一篇長文，列舉新思潮的內容，何嘗不詳細？但是他究竟不曾使我們明白那種種新思潮的共同意義是什麼。比較最簡單的解釋要算我的朋友陳獨秀先生所舉出的新青年兩大罪案——其實就是新思潮的兩大罪案——一是擁護德莫克拉西先生（民治主義），一是擁護賽因斯先生（科學）。陳先生說：「要擁護那德先生，便不得不反對孔教，禮法，貞節，舊倫理，舊政治。要擁護那賽先生，便不得不反對舊藝術，舊宗教。要擁護德先生，又要擁護賽先生，便不得不反對國粹和舊文學。」（《新青年》六卷一號頁一〇）

這話雖然很簡明，但是還嫌太籠統了一點。假使有人問：「何以要擁護德先生和賽先生便不能不反對國粹和舊文學呢？」答案自然是：「因為國粹和舊文學是同德賽兩位先生反對的。」又問：「何以凡同德賽兩位先生反對的東西都該反對呢？」

這個問題可就不是幾句籠統簡單的話所能回答的了。

據我個人的觀察，新思潮的根本意義只是一種新態度。這種新態度可

叫做「評判的態度」。

評判的態度，簡單說來，只是凡事要重新分別一個好與不好。仔細說來，評判的態度含有幾種特別的要求：

1. 對於習俗相傳下來的制度風俗，要想：「這種制度現在還有存在的價值嗎？」
2. 對於古代遺傳下來的聖賢教訓，要問：「這句話在今日還是不錯嗎？」
3. 對於社會上糊塗公認的行為與信仰，都要問：「大家公認的，就不會錯了嗎？人家這樣做，我也該這樣做嗎？難道沒有別樣做法比這個更好，更有理，更有益的嗎？」

尼采說現今時代是一個「重新估定一切價值」(Transvaluation of All Values) 的時代。「重新估定一切價值」八個字便是評判的態度的最好解釋。從前的人說婦女的腳越小越美，現在我們不但不認小腳為「美」，簡直說這是「慘無人道」了。

十年前，人家和店家都用鴉片煙敬客，現在鴉片煙變成犯禁品了。二十年前，康有為是洪水猛獸一般的維新黨，現在康有為變成老古董了。康有為並不曾變換，估價的人變了，故他的價值也跟著變了，這叫做「重新估定一切價值」。

我以為現在所謂「新思潮」，無論怎樣不一致，根本上同有這公共的一點：── 評判的態度。孔教的討論只是要重新估定孔教的價值。文學的評論只是要重新估定舊文學的價值。貞操的討論只是要重新估定貞操的道德在現代社會的價值。舊戲的評論只是要重新估定舊戲在今日文學上的價值。禮教的討論只是要重新估定古代的綱常禮教在今日還有什麼價值。女子的問題只是要重新估定女子在社會上的價值。

政府與無政府的討論，財產私有與公有的討論，也只是要重新估定政

府與財產等等制度在今日社會的價值。……我也不必往下數了，這些例很夠證明這種評判的態度是新思潮運動的共同精神。

這種評判的態度，在實際上表現時，有兩種趨勢，一方面是討論社會上，政治上，宗教上，文學上種種問題；一方面是介紹西洋的新思想，新學術，新文學，新信仰。前者是「研究問題」，後者是「輸入學理」，這兩項是新思潮的手段。

我們隨便翻開這兩三年以來的新雜誌與報紙，便可以看出這兩種的趨勢。在研究問題一方面，我們可以指出 (1) 孔教問題，(2) 文學改革問題，(3) 國語統一問題，(4) 女子解放問題，(5) 貞操問題，(6) 禮教問題，(7) 教育改良問題，(8) 婚姻問題，(9) 父子問題，(10) 戲劇改良問題，……等等。

在輸入學理一方面，我們可以指出《新青年》的「易卜生號」、「馬克思號」，《民擇》的「現代思潮號」，《新教育》的「杜威號」，《建設》的「全民政治」的學理，和北京《晨報國民公報》、《每週評論》，上海《星期評論》、《時事新報》、《解放與改造》，廣州《民風週刊》……等等雜誌報紙所介紹的種種西洋新學說。

為什麼要研究問題呢？因為我們的社會現在正當根本動搖的時候，有許多風俗制度，向來不發生問題的，現在因為不能適應時勢的需要，不能使人滿意，都漸漸的變成困難的問題，不能不徹底研究，不能不考問舊日的解決法是否錯誤；如果錯了，錯在什麼地方；錯誤尋出了，可有什麼更好的解決方法，有什麼方法可以適應現時的要求。例如孔教的問題，向來不成什麼問題；後來東方文化與西方文化接近，孔教的勢力漸漸衰微，於是有一班信仰孔教的人妄想要用政府法令的勢力來恢復孔教的尊嚴，卻不知道這種高壓的手段恰好挑起一種懷疑的反動。因此，民國四五年的時候，孔教會的活動最大，反對孔教的人也最多。孔教成為問題就在這個

時候。

現在大多數明白事理的人，已打破了孔教的迷夢，這個問題又漸漸的不成問題了，故安福部的議員透過孔教為修身大本的議案時，國內竟沒有人睬他們了！

又如文學革命的問題。向來教育是少數「讀書人」的特別權利，於大多數人是無關係的，文字的艱深不成問題。近來教育成為全國人的公共權利，人人知道普及教育是不可少的，但逐漸的有人知道文言在教育上實在不適用，於是文言白話就成為問題了。後來有人覺得單用白話做教科書是不中用的，因為世間絕沒有人情願學一種除了教科書以外便沒有用處的文字。這些人主張：古文不但不配做教育的工具，並且不配做文學的利器；若要提倡國語的教育，先須提倡國語的文學。文學革命的問題就是這樣發生的。現在全國教育聯合會已全體一致透過小學教科書改用國語的議案，況且用國語做文章的人也漸漸的多了，這個問題又漸漸的不成問題了。

為什麼要輸入學理呢？這個大概有幾層解釋。

一來呢，有些人深信中國不但缺乏砲彈、兵船、電報、鐵路，還缺乏新思想與新學術，故他們盡量的輸入西洋近世的學說。二來呢，有些人自己深信某種學說，要想它傳播發展，故盡力提倡。三來呢，有些人自己不能做具體的研究工夫，覺得翻譯現成的學說比較容易些，故樂得做這種事業。四來呢，研究具體的社會問題或政治問題，一方面做那破壞事業，一方面做對症下藥的工夫，不但不容易，並且很遭犯忌諱，很容易惹禍，故不如做介紹學說的事業，借「學理研究」的美名；既可以避「過激派」的罪名，又還可以種下一點革命的種子。五來呢，研究問題的人勢不能專就問題本身討論，不能不從那問題的意義上著想；但是問題引申到意義上去，便不能不靠許多學理做參考比較的材料，故學理的輸入往往可以幫助問題的研究。

這五種動機雖然不同，但是多少總含有一種「評判的態度」，總表示對於舊有學術思想的一種不滿意，和對於西方的精神文明的一種新覺悟。

但是這兩三年新思潮運動的歷史應該給我們一種很有益的教訓。什麼教訓呢？

就是：這兩三年來新思潮運動的最大成績差不多全是研究問題的結果。新文學的運動便是一個最明白的例。這個道理很容易解釋。凡社會上成為問題的問題，一定是與許多人有密切關係的。這許多人雖然不能提出什麼新解決，但是他們平時對於這個問題自然不能不注意。若有人能把這個問題的各方面都細細分析出來，加上評判的研究，指出不滿意的所在，提出新鮮的救濟方法，自然容易引起許多人的注意。

起初自然有許多人反對。但是反對便是注意的證據，便是興趣的表示。試看近日報紙上登的馬克思的盈餘價值論，可有反對的嗎？可有討論的嗎？沒有人討論，沒有人反對，便是不能引起人注意的證據。研究問題的文章所以能發生效果。正為所研究的問題一定是社會人生最切要的問題，最能使人注意，也最能使人覺悟。懸空介紹某種專家學說，如〈盈餘價值論〉之類，除了少數專門學者之外，絕不會發生什麼影響。但是我們可以在研究問題裡面做點輸入學理的事業，或用學理來解釋問題的意義，或從學理上尋求解決問題的方法。用這種方法來輸入學理，能使人於不知不覺之中感受學理的影響。不但如此，研究問題最能使讀者漸漸的養成一種批評的態度，研究的興趣，獨立思想的習慣。十部《純粹理性的評判》，不如一點評判的態度；十篇〈盈餘價值論〉，不如一點研究的興趣；十種「全民政治論」，不如一點獨立思想的習慣。

總起來說，研究問題所以能於短時期中發生很大的效力，正因為研究問題有這幾種好處：

1. 研究社會人生切要的問題最容易引起大家的注意；

2. 因為問題關切人生，故最容易引起反對，但反對是該歡迎的，因為反對便是興趣的表示，況且反對的討論不但給我們許多不要錢的廣告，還可使我們得討論的益處，使真理特別分明；

3. 因為問題是逼人的活問題，故容易使人覺悟，容易得人信從；

4. 因為從研究問題裡面輸入的學理，最容易消除平常人對於學理的抗拒力，最容易使人於不知不覺之中受學理的影響；

5. 因為研究問題可以不知不覺的養成一班研究的，評判的，獨立思想的革新人才。

這是這幾年新思潮運動的大教訓！我希望新思潮的領袖人物以後能了解這個教訓，能把全副精力貫注到研究問題上去；能把一切學理不看作天經地義，但看作研究問題的參考材料；能把一切學理應用到我們自己的種種切要問題上去；能在研究問題上面做輸入學理的工夫；能用研究問題的工夫來提倡研究問題的態度，來養成研究問題的人才。

這是我對於新思潮運動的解釋。這也是我對於新思潮將來的趨向的希望。

以上說新思潮的「評判的精神」在實際上的兩種表現。現在要問：「新思潮的運動對於中國舊有的學術思想，持什麼態度呢？」

我的答案是：「也是評判的態度。」

分開來說，我們對於舊有的學術思想有三種態度。第一，反對盲從；第二，反對調和；第三，主張整理國故。

盲從是評判的反面，我們既主張「重新估定一切價值」，自然要反對盲從。這是不消說的了。

為什麼要反對調和呢？因為評判的態度只認得一個是與不是，一個好與不好，一個適與不適——不認得什麼古今中外的調和。調和是社會的一種天然趨勢。人類社會有一種守舊的惰性，少數人只管趨向極端的革新，大多數人至多只能跟你走半程路，這就是調和。調和是人類懶病的天然趨勢，用不著我們來提倡。我們走了一百里路，大多數人也許勉強走三四十里。我們若先講調和，只走五十里，他們就一步都不走了。所以革新家的責任只是認定「是」的一個方向走去，不要回頭講調和。社會上自然有無數懶人懦夫出來調和。

我們對於舊有的學術思想，積極的只有一個主張——就是「整理國故」。整理就是從亂七八糟裡面尋出一個條理脈絡來；從無頭無腦裡面尋出一個前因後果來；從胡說謬解裡面尋出一個真意義來；從武斷迷信裡面尋出一個真價值來。為什麼要整理呢？因為古代的學術思想向來沒有條理，沒有頭緒，沒有系統，故第一步是條理系統的整理。因為前人研究古書，很少有歷史進化的眼光的，故從來不講究一種學術的淵源，一種思想的前因後果，所以第二步是要尋出每種學術思想怎樣發生，發生之後有什麼影響效果。因為前人讀古書，除極少數學者以外，大都是以訛傳訛的謬說——如太極圖，爻辰，先天圖，卦氣……之類——故第三步是要用科學的方法，作精確的考證，把古人的意義弄得明白清楚。因為前人對於古代的學術思想，有種種武斷的成見，有種種可笑的迷信——如罵楊朱、墨翟為禽獸，卻尊孔丘為德配天地、道冠古今！——故第四步是綜合前三步的研究，各家都還它一個本來真面目，各家都還它一個真價值。

這叫做「整理國故」。現在有許多人自己不懂得國粹是什麼東西，卻偏要高談「保存國粹」。林琴南先生做文章論古文之不當廢，他說，「吾知其理而不能言其所以然」！現在許多國粹黨，有幾個不是這樣糊塗懵懂的？這種人如何配談國粹？

若要知道什麼是國粹，什麼是國渣，先須要用評判的態度，科學的精神，去做一番整理國故的工夫。

新思潮的精神是一種評判的態度。

新思潮的手段是研究問題與輸入學理。

新思潮將來趨勢，依我個人的私見看來，應該是注重研究人生社會的切要問題，應該於研究問題之中做介紹學理的事業。

新思潮對於舊文化的態度，在消極一方面是反對盲從，是反對調和；在積極一方面，是用科學的方法來做整理的工夫。

新思潮唯一目的是什麼呢？是再造文明。

文明不是籠統造成的，是一點一滴的造成的進化，不是一晚上籠統進化的，是一點一滴的進化的。現今的人愛談「解放與改造」，須知解放不是籠統解放，改造也不是籠統改造。解放是這個那個制度的解放，這種那種思想的解放，這個那個人的解放，是一點一滴的解放。改造是這個那個制度的改造，這種那種思想的改造，這個那個人的改造，是一點一滴的改造。

再造文明的下手工夫，是這個那個問題的研究。再造文明的進行，是這個那個問題的解決。

原題〈新思潮的意義〉

科學的人生觀

今天講的題目，就是「科學的人生觀」，研究人是什麼東西？在宇宙中占據什麼地位？人生究竟有何意味？因為少年人近來覺得很煩悶，自殺、頹廢的都有，我比較至少多吃了幾斤鹽、幾石米，所以來計劃計劃，研究自身人的問題。至於人生觀，各人不同，都隨環境而改變，不可以一個人的人生觀去統理一切；因為公有公理，婆有婆理，我們至少要以科學的立場，去研究它，解決它。「科學的人生觀」有兩個意思：第一、拿科學做人生觀的基礎，第二、拿科學的態度、精神、方法，做我們生活的態度，生活的方法。

現在先講第一點，就是人生是什麼？人生是啥物事？拿科學的研究結果來講，我在民國十二年發表了十條，這十條就是武昌有一個主教，稱為新的《十誡》，說我是中華基督教的危險物的。十條內容如下：

(一) 要知道空間的大，拿天文，物理考察，得著宇宙之大；從前孫行者翻筋斗，一翻翻到南天門，一翻翻到下界，天的觀念，何等的小？現在從地球到銀河中間的最近的一個星，中間距離，照孫行者一秒鐘翻十萬八千里的速率計算，恐怕翻一萬萬年也翻不到，宇宙是何等的大？地球是宇宙間的滄海之一粟，九牛之一毛；我們人類，更是小，真是不成東西的東西！以前看得人的地位太重了，以為是萬物之靈、同大地並行，凡是政治不良，就有彗星、地震的徵象，這是錯的。從前王充很能見得到，說：「一個虱子不能改變那褲子裡的空氣，和那人類不能改變皇天一樣。」所以我們眼光要大。

(二) 時間是無窮的長，從地質學、生物學的研究，曉得時間是無窮的長，以前開口五千年、閉口五千年，以為目空一切，不料世界太陽

系的存在，有幾萬萬年的歷史，地球也有幾萬萬年；生物至少有幾千萬年，人類也有兩三百萬年，所以五千年占很小的地位。明白了時間之長，就可以看見各種進步的演變，不是上帝一刻可以造成的。

(三) 宇宙間自然的行動，根據了一切科學，知道宇宙萬物都有一定不變的自然行動。「自然自己，也是如此」，就是自己自然如此，各物自己如此的行動；並沒有一種背後的指示，或是一個主宰去規範他們。明白了這點，對於月食是月亮被天狗所吞的種種迷信，可以打破了。

(四) 物競天擇的原理，從生物學的知識，可以看到物競天擇的原理。鯽魚下卵有幾百萬個，但是變魚的只有幾個；否則就要變成「魚世界」了！大的吃小的，小的又吃更小的，人類都是如此。從此曉得人生不受安排，是自己如此的行動；否則要安排起來，為什麼不安排一個完善的世界呢？

(五) 人是什麼東西，從社會學、生理學、心理學方面去看，人是什麼東西？吳稚暉先生說：「人是兩手、一個大腦的動物，與其他的不同，只在程度上的區別罷了。」人類的手，與雞、鴨的掌差不多，實是他們的弟兄輩。

(六) 人類是演進的，根據了人種學來看，人類是演進的；因為要應付環境，所以要慢慢的變；不變不能生存，要滅亡了。所以從下等的動物，慢慢演進到高等的動物，現在還是演進。

(七) 心理受因果律的支配，根據心理學、生物學來講，心理現狀是有因果律的。思想、做夢，都受因果律的支配，是心理、生理的現象，和頭痛一般；所以說人的心理超過一切，是不對的。

(八) 道德、禮教的變遷，照生理學、社會學來講，人類道德、禮教也變遷的。以前以為腳小是美觀，但是現在腳小要裝大了。所以道德、

禮教的觀念，正在改進。以二十年、兩百年或兩千年以前的標準，來判斷二十年、兩百年、兩千年後的狀況，是格格不相入的。

（九）各物都有反應，照物理、化學來講，物質是活的原子分為電子，是動的。石頭倘然加了化學品，就有反應，像人打了一記，就有反動一樣。不同的，只在程度不同罷了。

（十）人的不朽，根據一切科學知識，人是要死的，物質上的腐敗，和貓死、狗死一般；但是個人不朽的工作，是功德，在立德、立功、立言。善惡都是不朽。一塊痰中，有微生物，這菌能散布到空間，使空氣都惡化了；人的言語，也是一樣。凡是功業、思想，都能傳之無窮；匹夫匹婦，都有其不朽的存在。

我們要看破人世間，時間之偉大，歷史的無窮。人是最小的動物，處處都在演進，要去掉那小我的主張；但是那小小的人類，居然現在對於制度、政治各種都有進步。

以前都是拿科學去答覆一切，現在要用什麼方法去解決人生，就是哪種生活？各人有各人的方法，但是，至少要有那科學的方法、精神、態度去做。分四點來講：

（一）懷疑，第一點是懷疑。三個不相信的態度，人生問題就很多。有了懷疑的態度，就不會上當。以前我們幼時的智識，都從阿金、阿狗、阿毛等黃包車夫、娘姨處學來；但是現在自己要反省，問問以前的知識是否靠得住？

（二）事實，我們要實事求是，現在像貼貼標語，什麼打倒田中義一等，都僅務虛名；像豆腐店裡生意不好，看看「對我生財」洩悶一樣。又像是以前的畫符，一畫符，病就好的思想。貼了打倒帝國主義，帝國主義就真個打倒了嗎？這不對，我們應做切實的工作，奮力的

做去。

(三) 證據，懷疑以後，相信總要相信，但是相信的條件，就是拿憑據來。有了這一句，論理學諸書，都可以不讀。赫胥黎的兒子死了以後，宗教家去勸他信教，但是他很堅決的說：「拿有上帝的證據來。」有了這種態度，就不會上當。

(四) 真理，朝夕的去求真理，不一定要成功，因為真理無窮、宇宙無窮；我們去尋求，是盡一點責任，希望在總分上，加上萬萬分之一。勝固是可喜，敗也不足憂。明知賽跑，只有一個人第一，我們還要跑去，不是為我、為私，是為大家。發明不是為發財，是為人類。英國有一個醫生，發明了一種治肺的藥；但是因為自祕，就被醫學會開除了。

所以科學家是為求真理。莊子雖有「吾生也有涯，而知也無涯，以有涯逐無涯，殆已」的話頭，但是我們還要向上做去，得一分就是一分、一寸就是一寸，可以有阿基米德氏發現浮力時叫 Eureka（意即我找到了）的快活。有了這種精神，做人就不會失望。所以人生的意味，全靠你自己的工作；你要它圓就圓、方就方，是有意味。因為真理無窮、趣味無窮，進步、快活也無窮盡。

本文是胡適一九三〇年在蘇州青年會的講演詞

大宇宙中談博愛

「博愛」就是愛一切人。這題目範圍很大。在未討論以前，讓我們先看一個問題：「我們的世界有多大？」

我的答覆是「很大！」我從前念《千字文》的時候，一開頭便已念到這樣的辭句：「天地玄黃，宇宙洪荒。」

宇宙是中國的字，和英文的意思差不多，都是抽象名詞。

宇是空間（Space），即東南西北；宙是時間（Time），即古今旦暮。

《淮南子》說宇是上下四方，宙是古往今來。

宇宙就是天地，宙宇就是 Time-Space，古人能得「Universe」的觀念實在不易，相當合於今日的科學。

但古人所見的空間很小、時間很短，現在的觀念已擴大了許多。考古學探討千萬年的事，地質學、古生物學、天文學等等不斷的發現，更將時間、空間的觀念擴大。

現在的看法：空間是無窮的大，時間是無窮的長。

古人只見到八大行星，二十年前只見九大行星。現在所謂的銀河，是古代所未能想像得到的。以前覺得太陽很遠，現在說起來算不得什麼，因為比太陽遠千萬倍的東西多得很。

科學就這樣地答覆了「宇宙究竟有多大？」這個問題。

現在談第二點：博愛。

在這個大世界裡談博愛，真是個大問題。

廣義的愛，是世界各大宗教的最終目的。墨子可謂中國歷史上最了不起的人，可說是宗教創立者（Founder of Religion），他提出「兼愛」為他的

理論中心。兼愛就是博愛，是愛無等差的愛。墨子理論和基督教教義有很多相合的地方，如「愛人如己」、「愛我們的仇敵」等。

佛教哲學本謂一切無常，我亦無常，「我」是「四大」（土、水、火、風）偶然結合而成的，是十分簡單的東西，因此無所謂愛與恨——根本不值得愛，也不值得恨。但早期佛教亦有愛的意念在：我既無常，可犧牲以為人。

和尚愛眾生，但是佛教不准自食其力，所以有人稱之為「叫化」（乞丐）宗教。自己的飯亦須取之於人，何能博愛？

古時很多人為了「愛」，每次蹲坑（大便）的時候便想、想、大想一番，想到愛人。有些人則以身餵蚊，或以刀割肉，以自身所受的痛苦來顯示他們對人的愛。這種愛的方法，只能做到犧牲自己，在現代的眼光看來，是可笑的。這種博愛給人的幫助十分有限，與現代的科學、工程、醫學……等所能給我們的「博愛」比起來，力量實在小得可憐。今日的科學增進了人類互助博愛的能力。就說最近義大利郵船遇難的事吧，短短的數小時內就救起千多人。近代交通、醫學……等的發達，減少了人類無數的痛苦。

我們要談博愛，一定要換一觀念。古時那種餵蚊割肉的博愛，等於開空頭支票，毫無價值。現在的科學才能放大我們的眼光，促進我們的同情心，增加我們助人的能力。我們需要一種以科學為基礎的博愛——一種實際的博愛。

孔子說：「修己以敬，修己以安人，修己以安百姓。」修己就是把自己弄好。我們應當先把自己弄好，然後幫助別人；獨善其身，然後能兼善天下。同學們，現在我們讀書的時候，不要空談高唱博愛；但應先努力學習，充實自己，到我們有充分能力的時候才談博愛，仍不算遲。

一個防身藥方的三味藥

畢業班的諸位同學，現在都得離開學校去開始你們自己的事業了，今天的典禮，我們叫做「畢業」，叫做「卒業」，在英文裡叫做「始業」（Commencement），你們的學校生活現在有一個結束，現在你們開始進入一段新的生活，開始撐起自己的肩膀來挑自己的擔子，所以叫做「始業」。

我今天承畢業班同學的好意，承閻校長的好意，要我來說幾句話，我進大學是在五十年前（一九一〇年），我畢業是在四十六年前（一九一四年），夠得上做你們的老大哥了，今天我用老大哥的資格，應該送你們一點小禮物，我要送你們的小禮物只是一個防身的藥方，給你們離開校門，進入大世界，作隨時防身救急之用的一個藥方。

這個防身藥方只有三味藥：

第一味藥叫做「問題丹」。

第二味藥叫做「興趣散」。

第三味藥叫做「信心湯」。

第一味藥，「問題丹」，就是說：每個人離開學校，總得帶一兩個麻煩而有趣味的問題在身邊作伴，這是你們入世的第一要緊的救命寶丹。

問題是一切知識學問的來源，活的學問、活的知識，都是為了解答實際上的困難，或理論上的困難而得來的。年輕入世的時候，總得有一個兩個不大容易解決的問題在腦子裡，時時向你挑戰，時時笑你不能對付它，不能奈何它，時時引誘你去想它。

只要你有問題跟著你，你就不會懶惰了，你就會繼續有知識上的長進了。

　　學堂裡的書，你帶不走；儀器，你帶不走；先生，他們不能跟你去，但是問題可以跟你走到天邊！有了問題，沒有書，你自會省吃省穿去買書；沒有儀器，你自會賣田賣地去買儀器！沒有好先生，你自會找好師友；沒有資料，你自會上天下地去找資料。

　　各位青年朋友，你今天離開學校，夾袋裡準備了幾個問題跟著你走？

　　第二味藥，叫做「興趣散」，這就是說：每個人進入社會，總得多發展一點專門職業以外的興趣 —— 「業餘」的興趣。

　　你們多數是學工程的，當然不愁找不到吃飯的職業，但四年前你們選擇的專門職業，真是你們自己的自由志願嗎？你們現在還感覺你們手裡的文憑真可以代表你們每個人終身的志願，終身的興趣嗎？ —— 換句話說，你們今天不懊悔嗎？明年今天還不會懊悔嗎？

　　你們在這四年裡，沒有發現什麼新的、業餘的興趣嗎？在這四年裡，沒有發現自己在本行以外的才能嗎？

　　總而言之，一個人應該有他的職業，又應該有他的非職業的玩意兒。不是為吃飯而是心裡喜歡做的，用閒暇時間做的 —— 這種非職業的玩意兒，可以使他的生活更有趣，更快樂，更有意思，有時候，一個人的業餘活動也許比他的職業還更重要。

　　英國十九世紀的兩個哲學家，一個是彌兒，他的職業是東印度公司的祕書，他的業餘工作使他在哲學上、經濟學上、政治思想史上，都有很大的貢獻。一個是斯賓塞，他是一個測量工程師，他的業餘工作使他成為一個很有勢力的思想家。

　　英國的大政治家邱吉爾，政治是他的終身職業，但他的業餘興趣很多，他在文學、歷史兩方面，都有大成就；他用餘力作油畫，成績也很好。

今天到自由中國的貴賓，美國大總統艾森豪威爾先生，他的終身職業是軍事，人都知道他最愛打高爾夫球，但我們知道他的油畫也很有工夫。

各位青年朋友，你們的專門職業是不用愁的了，你們的業餘興趣是什麼？你們能做的、愛做的業餘活動是什麼？

第三味藥，我叫他做「信心湯」，這就是說：你總得有一點信心。

我們生存在這個年頭，看見的、聽見的，往往都是可以叫我們悲觀、失望的 —— 有時候竟可以叫我們傷心，叫我們發瘋。

這個時代，正是我們要培養我們的信心的時候，沒有信心，我們真要發狂自殺了。

我們的信心只有一句話：「努力不會白費」，沒有一點努力是沒有結果的。

對你們學工程的青年人，我還用多舉例來說明這種信心嗎？工程師的人生哲學當然建築在「努力不白費」的定律的基石之上。

我只舉這短短幾十年裡大家都知道的兩個例子：一個是亨利福特（Henry Ford），這個人沒有受過大學教育，他小時半工半讀，只讀了幾年書，十六歲就在一小機器店裡作工，每週工錢兩塊半美金，晚上還得去幫別家做夜工。

五十七年前（一九〇三年）他三十九歲，他創立 Ford Motor Co.（福特汽車公司），原定資本十萬元，只招得兩萬八千元。

五年之後（一九〇八年），他造成了他的最出名的 model T 汽車，用全力製造這一種車子。

一九一三年 —— 我已在大學三年級了，福特先生創立他的第一副「裝配線」（Assembly line）。

一九一四年 —— 四十六年前 —— 他就能夠完全用「裝配線」的原理

來製造他的汽車了。同時（一九一四年）他宣布他的汽車工人每天只工作八點鐘，比別處工人少一點鐘 —— 而每天最低工錢五元美金，比別人多一倍。

他的汽車開始是九百五十元一部，他逐年減低賣價，從九百五十元直減到三百六十元 —— 第一次世界大戰之後，減到二百九十元一部。

他的公司，在創辦時（一九〇三年）只有兩萬八千元的資本 —— 到二十三年之後（一九二六年）已值得十億美金了！已成了全世界最大的汽車公司了。一九一五年，他造了一百萬部汽車，一九二八年，他造了一千五百萬部車。

他的「裝配線」的原則在二十年裡造成了全世界的「工業新革命」。

福特的汽車在五十年中征服全世界的歷史還不能叫我們發生「努力不白費」的信心嗎？

第二個例子是航空工程與航空工業的歷史。

也是五十七年前 —— 一九〇三年十二月十七日，正是我十二整歲的生日 —— 那一天，在北卡羅來納州的海邊 Kitty Hawk（基帝霍克）沙灘上，兩個修理腳踏車的匠人，兄弟兩人，用他們自己製造的一隻飛機，在沙灘上試起飛，弟弟叫 Orville Wright，他飛起了十二秒鐘。哥哥叫 Wilbur Wright，他飛起了五十九秒鐘。

那是人類製造飛機飛在空中的第一次成功 —— 現在那一天（十二月十七日）是全美國慶祝的「航空日」—— 但當時並沒有人注意到那兩個兄弟的試驗，但這兩個沒有受過大學教育的腳踏車修理匠人，他們並不失望，他們繼續試飛，繼續改良他們的飛機，一直到四年半之後（一九〇八年五月）才有重要的報紙來報導那兩個人的試飛，那時候，他們已能在空中飛三十八分鐘了！

這四十年中，航空工程的大發展，航空工業的大發展，這是你們學工程的人都知道的，航空工業在最近三十年裡已成了世界最大工業的一種。

我第一次看見飛機是在一九一二年。我第一次坐飛機是在一九三〇年（三十年前）。我第一次飛過太平洋是在二十三年前（一九三七年）；第一次飛過大西洋是在十五年前（一九四五年），當我第一次飛渡太平洋的時候，從香港到舊金山總共費了七天！去年我第一次坐噴射機（Jet），從舊金山到紐約，五個半鐘點飛了三千英里！下月初，我又得飛過太平洋，當天中午起飛，當天晚上就到美國西岸了！

五十七年前，Kitty Hawk 沙灘上兩個腳踏車修理匠人自造的一個飛機居然在空中飛起了十二秒鐘，那十二秒鐘的飛行就給人類打開了一個新的時代 —— 打開了人類的航空時代。

這不夠叫我們深信「努力不會白費」的人生觀嗎？

古人說：「信心可以移山」，又說：「功不唐捐」（唐是空的意思），又說：「只要工夫深，生鐵磨成繡花針。」

青年的朋友，你們有這種信心沒有？

一個防身藥方的三味藥

捶煮自然的靈物

究竟什麼算是工程師的哲學呢？什麼算是工程師的人生觀呢？因為時間很短，我當然不能把這個大的題目講得滿意，只是提出幾點意思，給現在的工程師同將來的工程師作個參考。法國從前有一位科學家柏格生（Bergson）說：「人是製器的動物。」過去有許多人說：「人是有效力的動物。」也有許多人說：「人是理智的動物。」而柏格生說：「人是能夠製造器具的動物。」這個初造器具的動物，是工程師的老祖宗。什麼叫做工程師呢？工程師的作用，在能夠找出自然界的利益，強迫自然世界把它的利益一個一個貢獻出來，就是改造自然、征服自然、控制自然，以減除人的痛苦，增加人的幸福。這是工程師哲學的簡單說法。

大家都承認：學作工程師的，每天在課堂裡面上應該上的課，在試驗室裡面作應該作的試驗，也許忽略了最大的目標，或者忽略了真正的基本 ── 工程師的人生觀。所以這個題目，是值得我們考慮的。

昨天在工學院教授座談會中，我說：「我到了六十二歲，還不知道我專門學的什麼。起初學農；以後弄弄文學，弄弄哲學，弄弄歷史；現在搞《水經注》，人家說我改弄地理。也許六十五歲以後、七十歲的時候，說不定要到工學院作學生；只怕工學院的先生們不願意收一個老學徒，說『老狗教不會新把戲』」。今天在工學院作學生不夠資格的人，要來談談現在的工程師同將來的工程師的人生觀，實屬狂妄，就是，有點大膽。不過我覺得我這個意思，值得提出來說說。人是能夠製造器具的動物，別的動物，也有能夠製造東西的，譬如：蜘蛛能夠製造網，蜜蜂能夠製造蜜糖，珊瑚蟲能夠製造珊瑚島。而我們人同這些動物之所以不同，就是蜘蛛製造網的絲，是從肚子裡出來的，牠肚子裡有無窮無盡的絲；蜜蜂採取百花，

經一番製造，作成的確比原料高明的蜜糖；這些動物，可算是工程師；但是牠的範圍，牠用的，只是牠自己的本能。珊瑚蟲能夠做成很大的珊瑚島，也是本能的。人，如果只靠他的本能，講起來也是很有限得很的！人與蜘蛛、蜜蜂、珊瑚蟲所以不同，是在他充分運用聰明才智，揭發自然的祕密，來改造自然，征服自然，控制自然。控制自然，為的是什麼呢？不是像蜘蛛織網，為的捕蟲子來吃；人的控制自然為的是要減輕人的勞苦，減除人的痛苦，增加人的幸福，使人類的生活特別的豐富，特別有意義。這是「科學與工業的文化」的哲學。我覺得柏格生這個「人」的定義，跟我們剛才簡單講的工程師的哲學，工程師的人生觀，工程師的目標，是值得我們隨時想想，隨時考慮的。

這個話同這個目標，不是外國來的東西，可以說是我們老祖宗在幾百年，甚至幾千年以前，就有了這種理想了。目前有些人提倡讀經，我倒很願意為工程師背幾句經書，來說明這個理想。

人如何能控制自然，製造器具呢？人控制自然這個觀念，無論東方的聖人、賢人，西方的聖人、賢人，都是同樣有的。我現在提出我們古人的幾句話，使大家知道工程師的哲學，並不是完全外來的洋貨。我常常喜歡把《易經‧繫辭》裡面幾句話翻成外國文給外國人看。這幾句話是：「見乃謂之象；形乃謂之器；制而用之謂之法；利用出入，民咸用之，謂之神。」看見一個意思，叫做象；把這個意象變成一種東西 —— 形，叫做器；大規模的製造出來，叫做法；老百姓用工程師製造出來的這些器具，都說好呀！好呀！但是不曉得這器具是從一種意象來的，所以看見工程師便叫做神。

希臘神話，說火是從天上偷來的；中國歷史上發明火的燧人氏被稱為古帝之一 —— 神。火，是一個大發明。發明火的人，是一個大工程師。我剛才所舉《易經‧繫辭》，從一個觀念 —— 意象 —— 造成器具，這個意

思，是了不得的。人類歷史上所謂文化的進步，完全在製造器具的進步。文化的時代，是照工程師的成績劃分的。人類第一發明是火；大體說來，火的發現是文化的開始。下去為石器時代，無論舊石器時代，新石器時代，都是人類用智慧把石頭造成器具的時候。再下去為青銅器時代。用銅製造器具，這是工程師最大的貢獻。再下去為鐵的時代，這是一個大的革命，後來把鐵煉成鋼。再下去發明蒸汽機，為蒸汽機時代。再下去運用電力，為電力的時代；現在為原子能時代，這都是製器的大進步。每一個大時代，都只是製器的原料與動力的大革命。從發明火以後，石器時代，銅器時代，鐵器時代，電力時代，原子能時代；這些文化的階段，都是依工程師所創造劃分的。

這種理想，中國歷史上，早就有了的。工學院水工試驗室要我寫字，我寫了兩句話。這兩句話，是《荀子‧天論篇》裡面的。〈天論篇〉，是中國古代了不得的哲學，也就是西方柏格生征服自然，以為人用的思想。〈天論篇〉說：「從天而頌之，孰與制天命而用之？大天而思之，孰與物蓄而制之？」這個文字，依照清代學者校勘，稍須改動；但意思沒有改動。「從天而頌之」，是說服從自然。「從天而頌之，孰與制天命而用之。」兩句話聯起來說，意思是：跟著自然走而歌頌，不如控制自然來用。「大天而思之」，是問自然是怎樣來的，「大天而思之，孰與物蓄而制之？」是說：問自然從哪裡來的，不如把自然看成一種東西，養它、制裁它，把自然控制來用，中國思想史上只有荀子才說得這樣徹底。從這兩句話，也可以看出中國在兩千兩三百年前，就有控制天命 —— 古人所謂天命，就是自然 —— 把天命看作一種東西來用的思想。

「窮理致知」四個字，是代表七八百年前 —— 十一世紀到十二世紀 —— 宋朝的思想的。宋代程子、朱子提倡格物 —— 窮理 —— 的哲學。什麼叫做「格物」呢？這有七十幾種說法。今天我們不去研究這些說

法。照程子、朱子的解釋,「格物」是「即物而窮其理。……即幾天下之物,莫不因其已知之理而益窮之,以求至乎其極。」這樣的格物致知,可以擴大人的智識。程子說,「今天格一物,明天格一物,習而久之,自然貫通。」有人以範圍問他,他說:「上自天地之高大,下至一草一木,都要格的。」這個範圍,就是科學的範圍,工程師的範圍。

兩千兩三百年前,荀子就有「制天命而用之」的思想;七八百年前,程子、朱子就有格物 —— 窮理 —— 的哲學。這是科學的哲學,可算是工程師的哲學。我們老祖宗有這樣的好思想、哲學,為什麼不能作到科學工業的文化呢?簡單一句話,我們不幸得很,兩千五百年以前的時候,已經走上了自然主義的哲學一條路了。像老子、莊子,以及更後的淮南子,都是代表自然主義思想的。這種自然主義的哲學發達的太早,而自然科學與工業發達的太遲,這是中國思想史的大缺點。

剛才講的,人是用智慧製造器具的動物。這樣,人就要天天同自然界接觸,天天動手動腳的,抓住實物,把實物來玩,或者打碎它、煮它、燒它。玩來玩去,就可以發現新的東西,走上科學工業的一條路。比方「豆腐」,就是把豆子磨細,用其他的東西來點、來試驗;一次,二次,……經過許多次的試驗,結果點成漿,做成功豆腐;做成功豆腐還不夠,還要做豆腐干,豆腐乳。豆腐的做成,很顯然的,是與自然界接觸,動手、動腳,多方試驗的結果,不是對自然界看看,想想,或作一首詩恭維自然界就行了的。

頂好一個例子,是格物哲學到了明朝的一個故事。明朝有一位大哲學家王陽明,他說:「照程子、朱子的說法,要做聖人,要『即物而窮其理』。『即物窮理』,你們沒有試驗過,我王陽明試驗過了。」有一天,他同一位姓錢的朋友研究格物,並由錢先生動手格竹子,拿一個凳子坐在竹子旁邊望,望了三天三夜,格不出來,病了。王陽明說:「你不夠做聖人,我來

格。」也端把椅子對著竹子望；望了一天一夜，兩天兩夜，……到了七天七夜，王陽明也格不出來，病了。於是王陽明說：「我們不配作聖人，不能格物。」從這個故事，可以看出傳統的不動手動腳，拿天然實物來玩的習慣。今天工學院植物系的學生格竹子，是要把竹子劈開，用顯微鏡來細細的看，再加上顏色的水，作各種的試驗，然後就可以判定竹子在工業上的地位。為什麼王陽明格不出來，今天的工程師可以格出來？因王陽明沒有動手動腳作器具的習慣，今天的工程師有動手動腳作器具的習慣。荀子「制天命而用之」的哲學，終敵不過老子，莊子「錯（措）人而思天」的哲學。故程、朱的格物窮理的思想，終不能應用到自然界的實物上去，至多只能在「讀書」上（文史的研究上）發生了一點功效。

今天送給各位工程師哲學的人生觀，又約略講一講我們老祖宗為什麼失敗；為什麼有了這樣好的征服天然的理想，窮理致知的哲學，而沒有造成功科學文化、工業文化。我們可以了解我們老祖宗讓西方人趕上去了。同時，從西方人後來實現了我們老祖宗的理想，我們亦就可以知道，只要振作，是可以迎頭趕上的。我們只要二十年、三十年的努力，就可以同世界上科學工業發達的國家站在一樣的地位。

二十年前，中國科學社要我作一個社歌，後來請趙元任先生作了樂譜。今天我把這個東西送給各位工程師。這個社歌，一共三段十二句。

我們不崇拜自然。它是一個刁鑽古怪；我們要捶它，煮它，要叫它聽我們的指派。

我們要它給我們推車；我們要它給我們送信。

我們要揭穿它的祕密，好叫它服事我們人。

我們唱天行有常，我們唱致知窮理。

明知道真理無窮，進一寸有一寸的歡喜。

捶煮自然的靈物

少年中國之精神

前番太炎先生，話裡面說現在青年的四種弱點，都是很可使我們反省的。他的意思是要我們少年人：一、不要把事情看得太容易了；二、不要妄想憑藉已成的勢力；三、不要虛慕文明；四、不要好高騖遠；這四條都是消極的忠告。我現在且從積極一方面提出幾個觀念，和各位同志商酌。

一、少年中國的邏輯，邏輯即是思想、辯論、辦事的方法。一般中國人現在最缺乏的就是一種正當的方法；因為方法缺乏，所以有下列的幾種現象：（一）靈異鬼怪的迷信，如上海的盛德壇及各地的各種迷信；（二）讒罵無理的議論；（三）用詩云子曰作根據的議論；（四）把西洋古人當作無上真理的議論；還有一種平常人不很注意的怪狀，我且稱他為「目的熱」，就是迷信一些空虛的大話，認為高尚的目的；全不問這種觀念的意義究竟如何；今天有人說：「我主張統一和平」，大家齊聲喝采，就請他做內閣總理；明天又有人說：「我主張和平統一」，大家又齊聲叫好，就舉他做大總統；此外還有什麼「愛國」哪，「護法」哪，「孔教」哪，「衛道」哪……許多空虛的名詞；意義不曾確定，也都有許多人隨聲附和，認為天經地義，這便是我所說的「目的熱」。以上所說各種現象都是缺乏方法的表示。我們既然自認為「少年中國」，不可不有一種新方法；這種新方法，應該是科學的方法；科學方法，不是我在這短促時間裡所能詳細討論的，我且略說科學方法的要點：

第一注重事實，科學方法是用事實作起點的，不要問孔子怎麼說，柏拉圖怎麼說，康德怎麼說；我們須要先從研究事實下手，凡遊歷調查統計等事都屬於此項。

第二注重假設，單研究事實，算不得科學方法。王陽明對著庭前的竹

子做了七天的「格物」工夫，格不出什麼道理來，反病倒了，這是笨伯的「格物」方法；科學家最重「假設」（Hypothesis）。觀察事物之後，自說有幾個假定的意思；我們應該把每一個假設所含的意義徹底想出，看那意義是否可以解釋所觀察的事實？是否可以解決所遇的疑難？所以要博學；正是因為博學方才可以有許多假設，學問只是供給我們種種假設的來源。

第三注重證實，許多假設之中，我們挑出一個，認為最合用的假設；但是這個假設是否真正合用？必須實地證明。有時候，證實是很容易的；有時候，必須用「試驗」方才可以證實；證實了的假設，方可說是「真」的，方才可用。一切古人今人的主張、東哲西哲的學說，若不曾經過這一層證實的工夫，只可作為待證的假設，不配認作真理。

少年的中國，中國的少年，不可不時時刻刻保存這種科學的方法，實驗的態度。

二、少年中國的人生觀，現在中國有幾種人生觀都是「少年中國」的仇敵：第一種是醉生夢死的無意識生活，固然不消說了；第二種是退縮的人生觀，如靜坐會的人，如坐禪學佛的人，都只是消極的縮頭主義；這些人沒有生活的膽子，不敢冒險，只求平安，所以變成一班退縮懦夫；第三種是野心的投機主義，這種人雖不退縮，但為完全自己的私利起見，所以他們不惜利用他人，作他們自己的器具，不惜犧牲別人的人格和自己的人格，來滿足自己的野心；到了緊要關頭，不惜作偽，不惜作惡，不顧社會的公共幸福，以求達他們自己的目的。這三種人生觀都是我們該反對的。少年中國的人生觀，依我個人看來，該有下列的幾種要素：第一須有批評的精神，一切習慣、風俗、制度的改良，都起於一點批評的眼光；個人的行為和社會的習俗，都最容易陷入機械的習慣，到了「機械的習慣」的時代，樣樣事都不知不覺的做去，全不理會何以要這樣做，只曉得人家都這樣做故我也這樣做；這樣的個人便成了無意識的兩腳機器，這樣的社會便

成了無生氣的守舊社會，我們如果發願要造成少年的中國，第一步便須有一種批評的精神；批評的精神不是別的，就是隨時隨地都要問我為什麼要這樣做？為什麼不那樣做？

第二須有冒險進取的精神，我們須要認定這個世界是很多危險的，定不太平的，是需要冒險的；世界的缺點很多，是要我們來補救的；世界的痛苦很多，是要我們來減少的；世界的危險很多，是要我們來冒險進取的。俗話說得好：「成人不自在，自在不成人。」我們要做一個人，豈可貪圖自在；我們要想造一個「少年的中國」，豈可不冒險；這個世界是給我們活動的大舞臺，我們既上了臺，便應該老著面皮，拚著頭皮，大著膽子，幹將起來；那些縮進後臺去靜坐的人都是懦夫，那些袖著雙手只會看戲的人，也都是懦夫；這個世界豈是給我們靜坐旁觀的嗎？那些厭惡這個世界，夢想超生別的世界的人，更是懦夫，不用說了。

第三須要有社會協進的觀念，上條所說的冒險進取，並不是野心的、自私自利的；我們既認定這個世界是給我們活動的，又須認定人類的生活全是社會的生活；社會是有機的組織，全體影響個人，個人影響全體；社會的活動是互助的，你靠他幫忙，他靠你幫忙，我又靠你同他幫忙，你同他又靠我幫忙；你少說了一句話，我或者不是我現在的樣子，我多盡了一分力，你或者也不是你現在這個樣子，我和你多盡了一分力，或少做了一點事，社會的全體也許不是現在這個樣子，這便是社會協進的觀念。有這個觀念，我們自然把人人都看作同力合作的伴侶，自然會尊重人人的人格了；有這個觀念，我們自然覺得我們的一舉一動都和社會有關，自然不肯為社會造惡因，自然要努力為社會種善果，自然不致變成自私自利的野心投機家了。

少年的中國，中國的少年，不可不時時刻刻保存這種批評的、冒險進取的、社會的人生觀。

三、少年中國的精神，少年中國的精神並不是別的，就是上文所說的邏輯和人生觀；我且說一件故事做我這番談話的結論：諸君讀過英國史的，一定知道英國前世紀有一種宗教革新的運動，歷史上稱為「牛津運動」（The Oxford Movement），這種運動的幾個領袖如客白爾（Keble）、紐曼（Newman）、福魯德（Froude）諸人，痛恨英國國教的腐敗，想大大的改革一番；這個運動未起事之先，這幾位領袖做了一些宗教性的詩歌寫在一個冊子上，紐曼摘了一句荷馬的詩題在冊子上，那句詩是「You shall see the difference now that we are back again!」翻譯出來即是「如今我們回來了，你們看便不同了！」

少年的中國，中國的少年，我們也該時時刻刻記著這句話：「如今我們回來了，你們看便不同了！」

這便是少年中國的精神。

領袖人才的來源

北京大學教授孟森先生前天寄了一篇文字來，題目是論「士大夫」（見《獨立》第十期）。他下的定義是：「士大夫」者，以自然人為國負責，行事有權，敗事有罪，無神聖之保障，為誅殛所可加者也。雖然孟先生說的「士大夫」，從狹義上說，好像是限於政治上負大責任的領袖；然而他又包括孟子說的「天民」一級不得位而有絕大影響的人物，所以我們可以說，若用現在的名詞，孟先生文中所謂「士大夫」應該可以叫做「領袖人物」，省稱為「領袖」。孟先生的文章是他和我的一席談話引出來的，我讀了忍不住想引用他的意思，討論這個領袖人才的問題。

孟先生此文的言外之意是嘆息近世居領袖地位的人缺乏真領袖的人格風度，既拋棄了古代「士大夫」的風範，又不知道外國的「士大夫」的流風遺韻，所以成了一種不足表率人群的領袖。他發願要蒐集中國古來的士大夫人格可以做後人模範的，做一部「士大夫集傳」；他又希望有人蒐集外國士大夫的精華，做一部「外國模範人物集傳」。這都是很應該做的工作，也許是很有效用的教育材料。我們知道《新約》裡的幾種耶穌傳記影響了無數人的人格；我們知道布魯達克（Plutarch）的英雄傳影響了後世許多的人物。歐洲的傳記文學發達的最完備，歷史上重要人物都有很詳細的傳記，往往有一篇傳記長至幾十萬言的，也往往有一個人的傳記多至幾十種的。這種傳記的翻譯，倘使有審慎的選擇和忠實明暢的譯筆，應該可以使我們多知道一點西洋的領袖人物的嘉言懿行，間接的可以使我們對於西方民族的生活方式得一點具體的瞭解。

中國的傳記文學太不發達了，所以中國的歷史人物往往只靠一些乾燥枯窘的碑版文字或史家列傳流傳下來；很少的傳記材料是可信的，可讀的

已很少了；至於可歌可泣的傳記，可說是絕對沒有。我們對於古代大人物的認識，往往只全靠一些很零碎的軼事瑣聞。然而我至今還記得我做小孩子時代讀的朱子《小學》裡面記載的幾個可愛的人物，如汲黯、陶淵明之流。朱子記陶淵明，只記他做縣令時送一個長工給他兒子，附去一封家信，說：「此亦人子也，可善遇之。」這寥寥九個字的家書，印在腦子裡，也頗有很深刻的效力，使我三十年來不敢輕用一句暴戾的辭氣對待那幫我做事的人。這一個小小例子可以使我承認模範人物的傳記，無論如何不詳細，只須剪裁的得當，描寫的生動，也未嘗不可以做少年人的良好教育材料，也未嘗不可介紹一點做人的風範。

但是傳記文學的貧乏與忽略，都不夠解釋為什麼近世中國的領袖人物這樣稀少而又不高明。領袖的人才絕不是光靠幾本「士大夫集傳」就能鑄造成功的。「士大夫」的稀少，只是因為「士大夫」在古代社會裡自成一個階級，而這個階級久已不存在了。在南北朝的晚期，顏之推說：「吾觀《禮經》，聖人之教，箕帚匕箸，咳唾唯諾，執燭沃盥，皆有節文，亦為至矣。但《禮經》既殘缺非復全書，其有所不載，及世事變改者，達君子自為節度，相承行之，故世號「士大夫風操」。而家門頗有不同，所見互稱長短，然其阡陌，亦自可知。」（《顏氏家訓·風操》第六）在那個時代，雖然經過了魏晉曠達風氣的解放，雖然經過了多少戰禍的摧毀，「士大夫」的階級還沒有完全毀滅，一些名門望族都竭力維持他們的門閥。帝王的威權，外族的壓迫，終不能完全消滅這門閥自衛的階級觀念。門閥的爭存不全靠聲勢的喧赫，子孫的貴盛。他們所倚靠的是那「士大夫風操」，即是那個士大夫階級所用來律己律人的生活典型。即如顏氏一家，遭遇亡國之禍，流徙異地，然而顏之推所最關心的還是「整齊門內，提撕子孫」，所以他著作家訓，留作他家子孫的典則。隋唐以後，門閥的自尊還能維持這「士大夫風操」至幾百年之久。我們看唐朝柳氏和宋朝呂氏、司馬氏的家

訓，還可以想見當日士大夫的風範的保存是全靠那種整齊嚴肅的士大夫階級的教育的。

然而這士大夫階級始終被科學制度和別種政治和經濟的勢力打破了。元、明以後，三家村的小兒只消讀幾部刻板書，念幾百篇科學時文，就可以有登科作官的機會；一朝得了科第，像「紅鸞禧」戲文裡的丐頭女婿，自然有送錢投靠的人來擁戴他去走馬上任。他從小學的是科學時文，從來沒有夢見過什麼古來門閥裡的「士大夫風操」的教育與訓練，我們如何能期望他居士大夫之位要維持士大夫的人品呢？

以上我說的話，並不是追悼那個士大夫階級的崩壞，更不是希冀那種門閥訓練的復活。我要指出的是一種歷史事實。凡成為領袖人物的，固然必須有過人的天資做底子，可是他們的知識見地，做人的風度，總得靠他們的教育訓練。一個時代有一個時代的「士大夫」，一個國家有一個國家的範型式的領袖人物。他們的高下優劣，總都逃不出他們所受的教育訓練的勢力。某種範型的訓育自然產生某種範型的領袖。

這種領袖人物的訓育的來源，在古代差不多全靠特殊階級（如中國古代的士大夫門閥，如日本的貴族門閥，如歐洲的貴族階級及教會）的特殊訓練。在近代的歐洲則差不多全靠那些訓練領袖人才的大學。歐洲之有今日的燦爛文化，差不多全是中古時代留下的幾十個大學的功勞。近代文明有四個基本源頭：（一）是文藝復興；（二）是十六七世紀的新科學；（三）是宗教革新；（四）是工業革命。這四個大運動的領袖人物，沒有一個不是大學的產兒。中古時代的大學誠然是幼稚的可憐，然而義大利有幾個大學都有一千年的歷史；巴黎、牛津、劍橋都有八九百年的歷史；歐洲的有名大學，多數是有幾百年的歷史的；最新的大學，如莫斯科大學也有一百八十多年了，柏林大學是一百二十歲了。有了這樣長期的存在，才有積聚的圖書設備，才有集中的人才，才有繼長增高的學問，才有那使人依

戀崇敬的「學風」。至於今日，西方國家的領袖人物，哪一個不是從大學出來的？即使偶有三五個例外，也沒有一個不是直接間接受大學教育的深刻影響的。

在我們這個不幸的國家，一千年來，差不多沒有一個訓練領袖人才的機關。貴族門閥是崩壞了，又沒有一個高等教育的書院是有持久性的，也沒有一種教育是訓練「有為有守」的人才的。五千年的古國，沒有一個三十年的大學！八股試帖是不能造領袖人才的，做書院課卷是不能造領袖人才的，當日最高的教育 —— 理學與經學考據 —— 也是不能造領袖人才的。現在這些東西都快成了歷史陳跡了，然而這些新起的「大學」，東抄西襲的課程，朝三暮四的學制，七零八落的設備，四成五成的經費，朝秦暮楚的校長，東家宿而西家餐的教員，十日一雨五日一風的學潮 —— 也都還沒有造就領袖人才的資格。

丁文江先生在〈中國政治的出路〉（《獨立》第十一期）裡曾指出「中國的軍事教育比任何其他的教育都要落後」，所以多數的軍人都「因為缺乏最低的近代知識和訓練，不足以擔任國家的艱巨」。其實他太恭維「任何其他的教育」了！茫茫的中國，何處是訓練大政治家的所在？何處是養成執法不阿的偉大法官的所在？何處是訓練財政經濟專家學者的所在？何處是訓練我們的思想大師或教育大師的所在？

領袖人物的資格在今日已不比古代的容易了。在古代還可以有劉邦、劉裕一流的梟雄出來平定天下，還可以像趙普那樣的人妄想用「半部《論語》治天下」。在今日的中國，領袖人物必須具備充分的現代見識，必須有充分的現代訓練，必須有足以引起多數人信仰的人格。這種資格的養成，在今日的社會，除了學校，別無他途。

我們到今日才感覺整頓教育的需要，真有點像「臨渴掘井」了。然而治七年之病，終須努力求三年之艾。國家與民族的生命是千萬年的。我們

在今日如果真感覺到全國無領袖的苦痛，如果真感覺到「盲人騎瞎馬」的危機，我們應當深刻的認清只有咬定牙根來徹底整頓教育，穩定教育，提高教育的一條狹路可走。如果這條路上的荊棘不掃除，虎狼不驅逐，奠基不穩固；如果我們還想讓這條路去長久埋沒在淤泥水潦之中 —— 那麼，我們這個國家也只好長久被一班無知識、無操守的渾人領導到沉淪的無底地獄裡去了。

自由主義

　　孫中山先生曾引一句外國成語：「社會主義有五十七種，不知哪一種是真的」。其實「自由主義」也可以有種種說法，人人都可以說他的說法是真的，今天我說的「自由主義」，當然只是我的看法，請大家指教。

　　自由主義最淺顯的意思是強調的尊重自由；現在有些人否認自由的價值，同時又自稱是自由主義者；自由主義裡沒有自由，那就好像長坂坡裡沒有趙子龍，空城計裡沒有諸葛亮，總有點叫不順口吧！據我的拙見，自由主義就是人類歷史上那個提倡自由，崇拜自由，爭取自由，充實並推廣自由的大運動。「自由」在中國古文裡的意思是：「由於自己」，就是不由於外力，是「自己作主」。在歐洲文字裡，「自由」含有「解放」之意，是從外力裁制之下解放出來，才能「自己作主」。在中國古代思想裡，「自由」就等於自然，「自然」是「自己如此」，「自由」是「由於自己」，都有不由於外力拘束的意思。陶淵明的詩：「久在樊籠裡，復得返自然」，這裡「自然」二字可以說是完全同「自由」一樣。王安石的詩：「風吹瓦墮屋，正打破我頭……我終不嗔渠，此瓦不自由。」這就是說，這片瓦的行動是被風吹動的，不是由於自己的力量，中國古人太看重「自由」，「自然」的「自」字，所以往往看輕外面的拘束力量，也許是故意看不起外面的壓迫，故意回向自己內心去求安慰，求自由。這種回向自己求內心的自由，有幾種方式，一種是隱遁的生活 —— 逃避外力的壓迫，一種是夢想神仙的生活 —— 行動自由，變化自由 —— 正如莊子說，列子御風而行，還是「有待」，「有待」還不是真自由，最高的生活是事人無待於外，道教的神仙，佛教的西天淨土，都含有由自己內心去尋求最高的自由的意義。我們現在講的「自由」，不是那種內心境界，我們現在說的「自由」，是不受外力拘束壓迫的

權利，是在某一方面的生活不受外力限制束縛的權利。

在宗教信仰方面不受外力限制，就是宗教信仰自由。在思想方面就是思想自由，在著作出版方面，就是言論自由，出版自由。這些自由都不是天生的，不是上帝賜給我們的，是一些先進民族用長期的奮鬥努力爭出來的。

人類歷史上那個自由主義大運動實在是一大串解放的努力。宗教信仰自由只是解除某個宗教威權的束縛，思想自由只是解除某派正統思想威權的束縛。在這些方面⋯⋯在信仰與思想的方面，東方歷史上也有很大膽的批評者與反抗者。從墨翟，楊朱，到桓譚，王充，從范縝，傅奕，韓愈，到李贄，顏元，李恭，都可以說是為信仰思想自由奮鬥的東方豪傑之士，很可以同他們的許多西方同志齊名媲美，我們中國歷史上雖然沒有抬出「爭自由」的大旗子來做宗教運動，思想運動，或政治運動，但中國思想史與社會政治史的每一個時代都可以說含有爭取某種解放的意義。

我們的思想史的第一個開山時代，就是春秋戰國時代 —— 就有爭取思想自由的意義。

古代思想的第一位大師老子，就是一位大膽批評政府的人。他說：「天下多忌諱，而民彌貧。」「法令滋彰，盜賊多有。」「民之饑，以其上食稅之多，是以饑。」「民之難治，以其上之有為，是以難治。」「民之輕死，以其求生之厚，是以輕死。」「天之道損有餘，而補不足。」「人之道則不然，損不足以奉有餘。」老子同時的鄧析是批評政府而被殺的。另一位更偉大的人就是孔子，他也是一位偏向左的「中間派」，他對於當時的宗教與政治，都有大膽的批評，他的最大膽的思想是在教育方面：有教無類，「類」是門類，是階級民族，「有教無類」，是說：「有了教育，就沒有階級民族了。」

從老子、孔子打開了自由思想的風氣，兩千多年的中國思想史，宗教

史，時時有爭自由的急先鋒，有時還有犧牲生命的殉道者。孟子的政治思想可以說是全世界的自由主義的最早一個倡導者。孟子提出的「大丈夫」是「貧賤不能移，富貴不能淫，威武不能屈」。這是中國經典裡自由主義的理想人物。在兩千多年歷史上，每到了宗教與思想走進了太黑暗的時代，總有大思想家起來奮鬥、批評、改革。

漢朝的儒教太黑暗了，就有桓譚、王充、張衡起來，作大膽的批評。後來佛教勢力太大了，就有齊梁之間的范縝，唐朝初年的傅奕，唐朝後期的韓愈出來，大膽的批評佛教，攻擊那在當時氣焰熏天的佛教。大家都還記得韓愈攻擊佛教的結果是：「一封朝奏九重天，夕貶潮洲路八千」。佛教衰落之後，在理學極盛時代，也曾有多少次批評正統思想或反抗正統思想的運動。王陽明的運動就是反抗朱子的正統思想的。李卓吾是為了反抗一切正宗而被拘捕下獄，他在監獄裡自殺的，他死在北京，葬在通州，這個七十六歲的殉道者的墳墓，至今存在，他的書經過多少次禁止，但至今還是很流行的。北方的顏李學派，也是反對正統的程朱思想的；當時，這個了不得的學派很受正統思想的壓迫，甚至於不能公開的傳授。這三百年的漢學運動，也是一種爭取宗教自由思想自由的運動。漢學是抬出漢朝的書做招牌，來掩護一個批評宋學的大運動。這就等於歐洲人抬出《聖經》來反對教會的權威。

但是東方自由主義運動始終沒有抓住政治自由的特殊重要性，所以始終沒有走上建設民主政治的路子。西方的自由主義絕大貢獻正在這一點，他們覺悟到只有民主的政治方才能夠保障人民的基本自由，所以自由主義的政治意義是強調的擁護民主。一個國家的統治權必須放在多數人民手裡，近代民主政治制度是安格羅撒克遜（Anglo-Saxons）民族的貢獻居多，代議制度是英國人的貢獻，成文而可以修改的憲法是英美人的創制，無記名投票是澳洲人的發明，這就是政治的自由主義應該包含的意義。我

們古代也曾有「天視自我民視，天聽自我民聽」，「民為邦本」，「民為貴，社稷次之，君為輕」的民主思想。我們也曾在兩千年前就廢除了封建制度，做到了大一統的國家，在這個大一統的帝國裡，我們也曾建立一種全世界最久的文官考試制度，使全國才智之士有參加政府的平等制度。但，我們始終沒有法可以解決君主專制的問題，始終沒有建立一個制度來限制君主的專制大權，世界只有安格羅撒克遜民族在七百年中逐漸發展出好幾種民主政治的方式與制度，這些制度可以用在小國，也可以用在大國。

1. 代議政治，起源很早，但史家指西元一二九五年為正式起始。

2. 成文憲，最早的一二一五年的大憲章，近代的是美國憲法（一七八九年）。

3. 無記名投票（政府預備選舉票，票上印各黨候選人的姓名，選民祕密填記）是一八五六年 South Australia 最早採用的。

自由主義在這兩百年的演進史上，還有一個特殊的、空前的政治意義，就是容忍反對黨，保障少數人的自由權利。向來政治鬥爭不是東風壓了西風，就是西風壓了東風，被壓的人是沒有好日子過的，但近代西方的民主政治卻漸漸養成了一種容忍異己的度量與風氣。因為政權是多數人民授予的，在朝執政權的黨一旦失去了多數人民的支持，就成了在野黨了，所以執政權的人都得準備下臺時坐冷板凳的生活，而個個少數黨都有逐漸變成多數黨的可能。甚至於極少數人的信仰與主張，「好像一粒芥子，在各種種子裡是頂小的，等到它生長起來，卻比各種菜蔬都大，竟成了小樹，空中的飛鳥可以來停在它的枝上。」（《新約馬太福音》十四章，聖地的芥菜可以高到十英尺。）人們能這樣想，就不能不存容忍別人的態度了，就不能不尊重少數人的基本自由了。在近代民主國家裡，容忍反對黨，保障少數人的權利，久已成了當然的政治作風，這是近代自由主義裡

最可愛慕而又最基本的一個方面。我做駐美大使的時期，有一天我到費城去看我的一個史學老師白爾教授，他平生最注意人類爭自由的歷史，這時候他已八十歲了。他對我說：「我年紀越大，越覺得容忍比自由還更重要。」這句話我至今不忘記。為什麼容忍比自由還更要緊呢？因為容忍就是自由的根源，沒有容忍，就沒有自由可說了。至少在現代，自由的保障全靠一種互相容忍的精神，無論是東風壓了西風，是西風壓了東風，都是不容忍，都是摧殘自由。多數人若不能容忍少數人的思想信仰，少數人當然不會有思想信仰的自由，反過來說，少數人也得容忍多數人的思想信仰，因為少數人要時常懷著「有朝一日權在手，殺盡異教方罷休」的心理，多數人也就不能不行「斬草除根」的算計了。最後我要指出，現代的自由主義，還含有「和平改革」的意思。

　　和平改革有兩個意義，第一就是和平的轉移政權，第二就是用立法的方法，一步一步的做具體改革，一點一滴的求進步。容忍反對黨，尊重少數人權利，正是和平的政治社會改革的唯一基礎。反對黨的對立，第一是為政府樹立最嚴格的批評監督機關，第二是使人民可以有選擇的機會，使國家可以用法定的和平方式來轉移政權，嚴格的批評監督，和平的改換政權，都是現代民主國家做到和平革新的大路。近代最重大的政治變遷，莫過於英國工黨的執掌政權，英國工黨在五十多年前，只能選擇出十幾個議員，三十年後，工黨兩次執政，但還站不長久，到了戰爭勝利之年（一九四五年），工黨得到了絕對多數的選舉票，故這次工黨的政權，是鞏固的，在五年之內，誰都不能推翻他們，他們可以放手改革英國的工商業，可以放手改革英國的經濟制度，這樣重大的變化 —— 從資本主義的英國變到社會主義的英國 —— 不用流一滴血，不用武裝革命，只靠一張無記名的選舉票，這種和平的革命基礎，只是那容忍反對黨的雅量，只是那保障少數人自由權利的政治制度，頂頂小的芥子不曾受摧殘，在五十

年後居然變成大樹了。自由主義在歷史上有解除束縛的作用，故有時不能避免流血的革命，但自由主義的運動，在最近百年中最大成績，例如英國自從一八三二年以來的政治革新，直到今日的工黨政府，都是不流血的和平革新，所以在許多人的心目中自由主義竟成了「和平改革主義」的別名，有些人反對自由主義，說它是「不革命主義」，也正是如此，我們承認現代的自由主義正應該有「和平改革」的含義，因為在民主政治已上了軌道的國家裡，自由與容忍鋪下了和平改革的大路，自由主義者也就不覺得有暴力革命的必要了。這最後一點，有許多沒有忍耐心的年青人也許聽了不滿意，他們要「徹底改革」，不要那一點一滴的立法，他們要暴力革命，不要和平演講。我要很誠懇的指出，近代一百六七十年的歷史，很清楚的指示我們，凡主張徹底改革的人，在政治上沒有一個不走上絕對專制的路，這是很自然的，只有絕對的專制政權可以剷除一切反對黨，消滅一切阻力，也只有絕對的專制政治可以不擇手段，不惜代價，用最殘酷的方法做到他們認為根本改革的目的。他們不承認他們的見解會有錯誤，他們也不能承認反對的人會有值得考慮的理由，所以他們絕對不能容忍異己，也絕對不能容許自由的思想與言論。所以我很坦白地說，自由主義為了尊重自由與容忍，當然反對暴力革命，與暴力革命必然引起來的暴力專制政治。

　　總結起來，自由主義的第一個意義是自由，第二個意義是民主，第三個意義是容忍 —— 容忍反對黨，第四個意義是和平的漸進的改革。

打破浪漫病

剛才主席說「材料不很重要，重要的在方法」，這話是很對的。有方法與無方法，自然不同。比如說，電燈壞了若有方法就可以把它修理好。材料一樣的，然而方法異樣的，所得結果便完全不同了。我今天要說的，就是材料很重要，方法不甚重要。用同等的方法，用在兩種異樣的材料上，所得結果便完全不同了。所以說材料是很要緊的。中國自西元一六〇〇至一九〇〇年當中，可謂是中國「科學時期」，亦可說是科學的治學時代。如清朝的戴東原先生在音韻學、校勘學上，都有嚴整的方法。西洋人不能不承認這三百年是中國「科學時代」。我們自然科學雖沒有怎樣高明，但方法很好，這是我們可以自己得意的。閩人陳第曾著《毛詩古音考》、《唐宋古音考》等些書。他的方法是很精密的，是顧炎武的老祖宗。顧亭林、閻百詩等些學者都開中國學術新紀元，他們是用科學方法探究學問的，顧氏是以科學方法研究音韻學，他的方法是用本證與旁證。比如研究《詩經》，從《詩經》本身來舉證，是謂本證；若是從《詩經》的外面舉證便謂旁證了。閻氏的科學方法是研究古文的真偽、文章的來源。

一六〇九年的哥白尼（Nicolaus Copernicus）聽說在波蘭國的北部一個眼鏡店做小夥計，一天偶然疊上幾片玻璃而發現在遠方的東西，哥白尼以為望遠鏡是可以做到的。他利用這儀器，他對於天文學上就有很大的發現。像哈代維（Hudvey）、牛頓，還有顯微鏡發明者像黎汶豪（Leeuwen-hoek），他們都有很大的發明。當哥白尼及諸大學者存在的時候，正是中國的顧炎武、閻百詩出世的時期。在這五六十年當中，東西文化，東西學說的歧異就在這裡。他們所謂方法就是「假說」與「求證」，牛頓就是大膽去假定，然後一步一步去證明。這是和我們不同的地方，我們的方法是科

學的，然而材料是書本文字。我們的校勘學是校勘古書、古字的正確的方法，如翻考《爾雅》、諸子百家；考據學是考據古文的真偽。這一大堆東西可以代表清朝三百年的成績。黎汶豪是以鑿鑽等做研究的工具；牛頓是以木、石、自然資料來研究天文學，像現在已經把太陽系都弄清楚了。前幾天報上宣傳英國天文臺要與火星通訊，像這樣的造就實在可怕的。十八、十九世紀時候，西方學者才開始研究校勘學，瑞典的加禮文他專攻校勘學，曾經編成《中國文字分析字典》。像他這個洋鬼子不過研究四五年，而竟達到中國有三百年歷史的校勘學成績。加禮文說道：「你們只在文字方面做工夫，不肯到漢口、廣東、高麗、日本等地方實際考查文字的土音以為證明；要找出各種的讀法應當要到北京、寧波，⋯⋯等地去。」這可證明探求學問方法完全是經驗的，要實地調查的。顧亭林費許多時間而所得到的很少，而結果走錯了路。

　　剛才楊教務長問我怎樣醫治「浪漫病」？我回答他說：「浪漫的病症在哪裡？我以為浪漫病或者就是『懶病』。你們都是青年的，都還不到壯年時期，而我們已是「老狗教不成新把戲」了。現在我們無論走那條路，都是要研究微積分、生物學、天文學、物理學。我們要多做些實驗工夫，要跟著西洋人走進實驗室去。至於考據方面就要讓我們老朽昏庸的人去做。黎汶豪的顯微鏡實在比妖怪還厲害，這是用無窮時間與時時刻刻找真理所得的結果。十九世紀時候，法國化學師柏士多（Pasteur）在顯微鏡下面發現很可怕的微生物。他並且感受瘋狗的厲害，便研究瘋狗起來。後來從狗嘴的涎沫裡及腦髓中去探究，方知道是細菌在作祟，神經系中有毒。他把狗骨髓取出風乾經過十三四天之久，就把它製成注射藥水，可以治好給瘋狗咬著的人。

　　但是當時沒有膽量就注射在人身上，只先在別的動物身上試驗看看。在那時候很湊巧一位老太婆的兒子給狗咬傷，去請醫生以活馬當作死馬醫

治，果然給他治好了。

　　還有一位俄人，他給狼咬著他，就發明打針方法。法國酒的病、蠶的病亦給顯微鏡找出來了；歐洲羊的病，德國庫舒（Koch）應用藥水力量把羊醫好。像蠶病、醋病與酒病治好後，實在每年給法國省下來幾千萬的法郎。普法戰爭後法國賠款有五十萬萬之巨額。然而英國哈維（Harvey）嘗說：「柏士多以一支玻璃管和一具顯微鏡，已把法國賠款都付清了。」懶的人實在沒有懂得學問的興趣。學問本來是乾燥東西，而正確方法是建築在正確材料上的，像酉方的牛頓那樣的正確。我們中國要研究有結果，最要緊的是要到自然界去，找自然材料。做文學的更要到民間去，到家庭裡去找活材料。我是喜歡談談，大家都是年富力強，應該要打破和消滅懶病。還要連帶說一說「六〇六」藥水，是德國醫生 Erlich 發明的，用以殺楊梅瘡的微菌，這位先生他用化學方法，經過八年，六百零六次的試驗研究而成功的。我們研究學問，要有材料和方法，要不懶、要堅韌不拔的努力；那麼，「浪漫病」就可以打破了。

研究社會問題的方法

研究社會，當然和研究社會學的方法有關係；但這兩種方法有不同的地方。就是社會學所研究的是社會狀況；社會問題是研究個人生活狀況。社會學是科學的，是普遍的；社會問題是地方的，是特別的。研究這兩樣的傾向既然不同，那研究的方法也該有區別。

再者，社會學的目的有兩樣：第一，要知道人類的共同生活究竟是什麼樣子。在社會裡頭，能不能把人類社會的普通道理找出來。第二，如果社會裡的風俗習慣發生病的狀態，應當用什麼方法去補救。研究這兩個問題，是社會學的目的。但我們研究社會問題，和它有一點不同。因為社會問題是特別的，是一國的，是地方的緣故。社會問題是怎樣發生的呢？我們知道要等到社會裡某種制度有了毛病，問題才能發生出來。如果沒有毛病，就不會發生什麼問題。好像走路、呼吸、飲食等等事體，平時不會發生問題，因為身體這時沒有病的緣故。到了飲食不消化或呼吸不順利的時候，那就是有病了。那就成為問題了。

中國有子孝婦順的禮教，行了幾千年，沒有什麼變遷。這是因為當時做兒子的和做媳婦的，對於孝順的制度沒有懷疑，所以不成問題。到現在的時候，做兒子的對於父母，做丈夫的對於妻子，做妻子的對於丈夫等等的禮法，都起了疑心。這一疑就是表明那些制度有點不適用，就是承認那些制度已經有了毛病。

要我們承認某種制度有了毛病，才能成為社會問題，才有研究的必要。我說研究社會問題，應當有四個目的，現在就用治病的方法來形容：第一，要知道病在什麼地方。第二，病是怎樣起的，它的原因在哪裡。第三，已經知道病在哪裡，就得開方給他，還要知某種藥材的性質，能治什

麼病。第四，怎樣用藥。若是那病人身體太弱，就要想個用藥的方法；是打針呢？是下補藥呢？若是下藥，是飯前呢？是飯後呢？是每天一次是每天兩次呢？醫生醫治病人，短不了這四步。研究社會問題的人，也是這樣。現在所用的比喻是醫生治病，所以說的都是醫術的名詞。各位可別誤會，在未入本題之前，我們須要避掉兩件事：

（一）須避掉偏僻的成見，我們研究一種問題，最要緊的就是把成見除掉。不然，就會受它的障礙。比方一個病人跑到醫生那裡，對醫生說：「我這病或者是昨天到火神廟裡去，在那裡中了邪，或是早晨吃了兩個生雞蛋，然後不舒服。」如果那個醫生是精明的，他必不聽這病人的話。他先要看看脈，試試溫度，驗大小便，分析血液，然後下個診斷。他的工夫是從事實上下手，他不管那病人所說中了什麼邪，或是吃了什麼東西，只是一味虛心地去檢驗。我們便做社會的醫生也是如此。

平常人對於種種事體，往往存著一種成見。比方娼妓問題和納妾問題，我們對於它們，都存著一種道德的或宗教的成見，所以得不著其中的真相。真相既不能得著，那解決的方法也就無從下手了。所以我們對於娼妓的生涯，是道德是不道德，先別管它；只要從事實上把它分析的明明白白，不要靠著成見。我們要研究它與社會的經濟，家庭的生計，工廠的組織等等現象，有什麼關係。比方研究北京的娼妓問題，就得知道北京有什麼工廠，工廠的組織是怎樣的；南北的娼妓從哪裡來，與生計問題有什麼關係，與南方的工廠有什麼關係；千萬不要當它做道德的問題，要把這種成見除掉，再從各種組織做入手研究的工夫。

（二）須除掉抽象的方法，我們研究一種問題，若是沒有具體的方法，就永遠沒有解決的日子。在醫書裡頭，有一部叫做《湯頭歌訣》，鄉下人把它背熟了，就可以掛起牌來做醫生；他只知道某湯頭是去暑的，某湯頭是補益的，某湯頭是溫，某湯頭是寒；病人的病理，他是一概不知道

的。這種背熟幾支歌訣來行醫的醫生，自然比那看脈、檢溫、驗便、查血的醫生忽略得多；要盼望他能夠得著同樣的效驗，是不可能的。

研究社會問題的人，有時也犯了背歌訣的毛病。我們再拿娼妓問題來說，有些人不去研究以上所說種種的關係，專去說什麼道德啦、婦女解放啦、社交公開啦、經濟獨立啦；要知道這些都和湯頭歌歌訣一樣，雖然天天把它們掛在嘴裡，於事實上是毫無補益的；不但毫無補益，且能叫我們把所有的事實忽略過去。所以我說，第二樣要把抽象的方法除掉。

已經知道避掉這兩件事情，我就要說到問題的身上，我已經把研究社會問題的方法分做四步，現在就照著次序講下去。

一、病在什麼地方

社會的組織非常複雜，必定要找一個下手研究的地方；不然，所研究的就沒有頭緒，也得不著什麼效果。所以我們在調查以前，應當做四步工夫，才能夠得著病的所在。

第一步分析問題，我們遇著一個問題，就要把它分析清楚，然後檢查它的毛病。比方納妾問題，分析出來，至少也有兩種：一種是獸慾的，基於這種動機而納妾的人，社會上稍有道德觀念的，都不承認他是對的。一種是承嗣的，這是因為要有後嗣才去納妾，自然和那獸慾的有分別。再從細裡分析，獸慾的納妾的原因，大概是在哪裡，他與財產制度、奢侈習慣、娼妓制度等等有什麼關係。研究第一種的納妾，在這些問題上，都要下工夫去研究，才能夠明白。說到第二種的納妾呢，我們就不能和以前一例的看。有許多道學先生，到了四十多歲還沒有兒子，那時候朋友勸他納妾，兄弟也勸他，甚至自己的妻子也勸他，若是妻子因為丈夫要納妾承嗣的話，就起來反對，人家必要說這做妻子的不賢慧。這樣看來，第二種的納妾是很堂皇的。我們對於這個問題，要研究中國的宗教；人為什麼一定

要有後，為什麼要男子才算是後，女子就不算數，要有男子才算有後；在道德上和宗教上有什麼根據，它的結果怎樣呢，它有什麼效果，是不是有存在的理由；這些問題，都和獸慾納妾問題不同，是研究的人所當注意的。

再舉一個例，娼妓制度，絕不是用四個字就可以把它概括起來的。我們亦把它的種類分析起來，就知有公娼、私娼的分別。公娼是納稅公開的，她們在警察廳權限底下，可以自由營業；私娼是不受警察廳保護的，她們要祕密地營業。從娼妓的內容說，還有高等和下等的分別；從最高等到最下等的娼妓，研究起來，還可以分析，這種分析非常有用，切不可忽略過去。從賣淫的心理考察，也可以分出好幾種，有一種是全由於獸慾的，她受了身體上或精神上的影響，所以去做賣淫的生活。但是從日本的娼妓研究下去，就知其中不全是如此。日本的娼妓，在他們的社會裡頭，早就成為一種特別的階級。她們的賣淫，並不根據於獸慾，是以這事為一種娛樂；獸慾與娛樂是兩樣事體，所以研究的方法也不能一樣。

第二步觀察和調查，分析的工夫若是做完，我們就可以從事於問題的觀察和調查。觀察和調查的方法很多，我可以舉出幾條來給各位參考。

我們知道社會問題不是獨立的。它有兩種性質：一種是社會的，是成法的，非個人的。比方納妾問題，絕不是一兩個人能夠做成，乃是根於社會制度或祖宗成法而來。一種是個人的，社會問題的發生，雖不在乎個人，然而社會是由個人組成的，它與個人自然有關係。因著這兩種性質，我就說研究社會問題有兩方面：一方面是內包，一方面是外延；我們要從這兩方面研究。所以調查的工夫，越精密越好。我們拿北京的車夫來說，他會發生問題，也許與上海、廣東有關係，也許與幾千年前聖賢的話有關係；你去問他們的境況，雖然是十分緊要，若是能夠更進一步，就得向各方面去調查。

西洋現行的觀察和調查的方法，總起來可以分做三樣：

（一）統計，統計的工夫，是國家的。它的方法，是派人分頭向各區去調查，凡出入款、生死率、教育狀況等等的事體，都要仔細地調查清楚，為的是可以比較。

（二）社會測量（Social Survey），研究社會問題的人測量社會，要像工程師測量土地一樣。我們要選定一個區域，其中各方面的事體，像人口、宗教、生計、道德、家庭、衛生、生死等等，都要測量過，然後將所得的結果，來做一個詳細的報告。

三十年前，英國有一位蒲斯（Booth）專做這種社會測量的工夫。他花了好些金錢，才把倫敦的社會狀況調查清楚。但三十年前的調查方法，不完全的地方很多，不必說的，此後有人把他工作繼續下去，很覺得有點進步；近來美國也仿行起來了。社會測量的方法，在中國也可以仿行。好像天津，好像唐山，都可以指定他們來做一個測量的區域。我們要明白在一區裡頭種種事體，才可以想法子去補救它。因為社會問題過於要緊，過於複雜，絕不能因著一家人的情形，就可以知道全體的。現在研究社會問題的人，大毛病就是把調查的工夫忽略了。要是忽略調查的工夫，整天空說「婦女解放」、「財產廢除」、「教育平等」，到底有什麼用處，有什麼效果。

（三）綜合用統計學的方法。把所得的材料，綜合起來做統計書，或把它們畫在圖表上頭。統計的好處，是在指明地方和時間，教我們能夠下比較的工夫。他不但將所有的事實畫在格裡，還在底下解釋它們的關係和結果。我們打開圖表一看，就知道某兩線是常在一處的，某線常比其他的線高，某線常比其他的線低，我們將沒有關係的線，先擱在一邊，專研究那有關係的，常在一處的。到我們得著解釋的時候，那病的地方就不難知道啦。

　　我前次到山西去，看見學校行一種「自省」的制度。督軍每日裡派人到各學校去，監察學生自省和誦讀聖書。我覺得奇怪，就向人打聽一下，原來這制度是從前在軍營裡行的。軍營裡因為有了這自省的方法，就把花柳病減少到60％。督軍看見這個結果好，就把它用到學校去。我說這事有點錯誤，因為只靠花柳病減少的事實，就歸功在自省上頭，這樣的判斷是不準的。我們要看一看山西的教育在這幾年的進行如何，太原的生活程度是不是高了，醫術是不是進步了。這幾方面，都應當用工夫去研究一下，看它們和軍人的行為有什麼關係，有什麼影響。要是不明白種種的關係，只說是自省的功夫，恐怕這種判斷有些不對。而且宜於軍人的，未必宜於學生，若冒昧了，一定很危險。據傳說食指動就有東西吃，食指動和有東西吃，本來沒有關係，因為食指動是沒有意識的，若在食指動以後，果然有東西吃，就把這兩件事聯起來做一個因果，那是不對的。我們對於原因結果的判斷，一定要用邏輯的方法，要合乎邏輯的判斷；那事實的真原因，才能夠得著。所以我們研究社會問題，要用邏輯的方法，才能夠知道病的確在什麼地方，和生病的原因在哪裡。不然，所做的工夫，不但無功，而且很危險，這是應當注意的。

二、病怎樣起

　　我們把病的地方查出來以後，就要做第二步的工夫，就是要考察那病的來源。社會的病的來源，可以分做兩面看：一方面是縱的，一方面是橫的；可以說一方面是歷史的，一方面是地理的；一方面是時間的，一方面是空間的。社會上各種制度，不是和時間有關係，就是和空間有關係，或是對於兩方面都有關係。所以研究社會問題，最要緊的是不要把這兩面忽略過去。

　　先從空間的關係說吧，我們拿北京的娼妓來研究，就知道它和中國各

處都有關係。我們要用第一步的方法,研究那些娼妓的來路,和那地方所以供給娼妓的緣故。還有本地的娼妓,多半是旗人當的。我們對於這事,就要研究北京的旗人,她們受了什麼影響,致使一部分的人墮落。又要研究她們多半當私娼的,由男子方面說,他們為什麼專下南方去販女人上來,為什麼不上別處去,他們為什麼要在這裡開娼寮?這些問題是時空的關係,我們都應當研究的。我再具體舉一個例來,說南妓從前多半由蘇州來,現在就從上海來,這是什麼緣故呢?我們應當考究上海和蘇州的光景怎樣變遷,上海女工的境遇如何,她們在紗廠裡做工,一天賺幾十個銅元,若是女孩子,還賺不上十個。因為這個緣故,就有些人寧願把女兒賣給人或是典給人,也不教她們到工廠裡去做工。從北京這方面說,在旗人的社會裡,一部分的人會墮落到一個賣淫的地步,也許是她們的生活狀況變遷,也許北京現有的職業不合她們做,這兩個例就是橫的、地理的、空間的關係,要把它們看清楚才好。

社會問題,在時間上的關係,也是很重要的。時間的關係是什麼呢?比方承嗣的納妾問題,就是一種縱的、歷史的、時間的關係。古代的貴族很重嫡子,因為基業相傳的關係,無論如何,嫡子一脈是不能斷的,大宗是不能斷的。但事實上不能個個嫡子都有後,所以要想法子把他接續下去。有人想,若是沒有宗子的時候,有了庶子,也比無後強得多,這就是納妾制度的起因。到後來貴族的階級消滅,一般人對於後嗣的觀念仍然存在。如果沒有兒子,就得納妾,為的是不讓支脈斷絕了。所以我說為有後而納妾,是歷史的關係。知道這個,才可以研究。孔子說得好:「臣弒其君,子弒其父,非一朝一夕之故,其所由來者漸矣。」這幾句話,就是指明凡事都有一種歷史的原因。所以對於問題,不要把它的歷史的、縱的、時間的關係,忽略過去。

我再舉一個例,辦喪事的糜費,大概各位都承認是不對的。從前我住

在竹竿巷的時候，在我們鄰近有一所洗衣服的人家，也曾給我們洗衣服，所賺的錢是很少很少的；但是到他辦喪事的時候，也免不了靡費。中國人辦喪事要靡費，因為那是一種大禮。所以要從喪禮的歷史去研究，才能得著其中的真相。

原來古代的喪服制度，有好幾等，有行禮的，有不行禮的。第一等的人，可以哭好幾天，不必做什麼事；因為所有的事情，都有人替他辦理，所以他整天躺著，哀至就哭，哭到要用人扶才站起來。所謂「百官備，百物具，不言而事行者，扶而起」就是說這一等的喪禮，要行這樣禮，不是皇帝諸侯就不能辦得到。次一等的呢？有好些事體都要差人去辦，所以自己要出主意，哭的時間也就少了，起來的時候，只用杖就可以，再不必用人去扶。所謂「言而後事行者，杖而起」，就是指著這一類說的。古代的大夫、士，都是行這樣的禮。下等的人，所有的事都要自己去做，可以不必行禮，只要不洗臉就夠了。所以說「身自執事而後行者，面垢而已。」這幾等的制度，都是為古代的人而設的，所謂「禮不下庶人，刑不上大夫」。就是表明古禮盡為「士」以上的人而作，小百姓不必講究。後來貴族階級打破了，這種守禮的觀念還留住，並且行到小百姓身上去。

現在中國一般人所行的喪禮，都是隨著「四民之首」的「士」。他們守禮，本來沒有「扶而後能起，扶而後能行」的光景，為行禮就存著一個形式，走路走得很穩，還要用杖。古時的喪服，本來不縫，現在的人，只在底下衩開一點，這都是表明從前的帝王、諸侯、大夫、士所行的真禮，一到小百姓用的時候，就變成假的。所以我們從歷史方面去研究喪禮，就知道某禮節從前可以行，現在可以不必行，從前行了有意思，現在就沒有意思。我們從這方面研究，將來要改良它，就可以減少許多阻力。

以上說的是第二步工夫。我們要知道病的起源，一部分是空間的關係，一部分是時間的關係，因為明白這兩種的關係，才能夠診斷那病是怎

樣發生的。以下我就要說開方和用藥的方法。

三、怎樣用藥

　　要是我們不知道病在什麼地方，不知道病從何而來，縱使用了好些藥，也是沒有功效的。已經知道病在哪裡，已經知道病的起因，還要明白藥性和用藥的方法。我在這裡可以舉出兩個法子來：第一是調查。我們把問題各種特別的情形調查清楚，然後想法子去補救，這是我已經說過的，現在可以不必講。第二是參考。我曾說用湯頭來治病是不對的，因為有些地方要得著參考材料，才可以規定用藥的方法。檢查溫度，試驗大小便，分析血液，這些事體要醫生才知道。若是給我做也做不來。這是什麼緣故？因為我不是醫生，沒有拿什麼大小便血液來比較或參考過的緣故。若是我們對於一個問題，不能多得參考的材料，雖然調查得很清楚，也是無用。

　　我們所用參考的材料，除用社會學、經濟學、歷史和其他的參考書以外，還要參考人家研究的結果。比方對於娼妓制度，要看人家怎樣對付，結果又是怎樣。禁酒問題，人家怎樣立法，怎樣教育，怎樣鼓吹，結果都是什麼。我不是說要用人所得的結果來做模範，因為那很容易陷到盲從的地步。我們只要知道在同一的問題裡頭，哪一部分和人相同，哪一部分和人不同。將各部分詳細的比較，詳細的參考，然後定補救的方法。

　　有人從美國回來，看見人家禁酒有了成效，就想摹仿人家。孰不知美國的酒害與中國的酒害很不相同，哪裡能夠把他們的法子全然應用呢！美國的酒鬼，常常在街上打人，或是在家裡打老婆；中國的醉翁，和他們是很不相同的。情形既然不同，就不能像人家用演講或登報的方法來鼓吹。譬如要去北京的酒害，就得調查飲酒的人，看他們的酒癖和精神生計等等，有什麼關係。何以酒害對於上等人不發生關係，專在下等人中間顯露

出來。我們拿這些事實來比較，又將別人所得的結果來參考，然後斷定那用藥的方法。我們能夠聚集許多參考材料，把它們畫成一張圖表，為的是容易比較，所以參考材料不怕多，越多越好比較。

四、用藥的功效

這裡所謂功效，和社會學家的說法不同。社會學家不過把用藥以後的社會現象記出來，此外可以不計較。社會改良家，一說就要自己動手去做，他所說的方法，一定要合乎實用才成。天下有許多好事，給好人弄壞了，這緣故是因為他有好良心，卻沒有好方法，所以常常償事。社會改良家的失敗，也是由於不去研究補救的方法而來。現在西洋所用的方法很多，我就將幾樣可以供我們參考的舉出來：

（一）公開事業，有許多問題，一到公開的時候，那問題已是解決一大半了。公開的意思，就是把那問題的真相公布出來，教大家都能了解。社會改良家的職分，就是要把社會的祕密，社會的黑幕揭開。中國現在有許多黑幕書籍，他說是黑幕，其實裡頭一點真事也沒有。不過是一班壞人，用些枝枝節節的方法，鼓吹人去做壞事罷了。這裡所說的公開，自然不是和那黑幕書一樣。比方北京娼妓的情形，這裡的人到南方去買女子，或是用幾十塊錢去典回來；到北京以後，所有的雜費、器具、房屋都不能自己預備。做妓女的到這時候就要借錢，但一借就是四分利息，縱使個個月都賺錢，也不夠還利息的。娼妓因為經濟給這班人拿住，就不能掙脫。只有俯首下心去幹那醜生活。久而久之，也就不覺得痛苦了。遇著這種情形，若是調查社會的人把它發表出來，教人人明白黑幕裡的勾當。以後有機會，再加上政治的權力把那黑幕除掉，那問題就完全解決了。

（二）模範生活，現在有許多人主張大學移殖事業。這種事業，英文叫做

(Social settlement)，翻出來就是「社會的殖民地」。但我以為翻做「貧民區域居留地」更好。移殖事業是怎樣的呢？比方這裡有許多大學的學生，暑假的時候，不上西山去，不到北戴河去，結幾個同志到城市中極貧窮的區域去住，在那裡教一般的貧民念書、遊戲和等等日用的常識。貧民得著大學生和他們住在一塊，就漸漸地受感化，因此可以減掉許多困難的問題。我們做學生的一定要犧牲一點工夫，去做這模範生活，因為我們對於這事，不但要宣傳，而且要盡力去實行。

（三）社會的立法，就是用社會的權力，教政府立一種好的法度。這事我們還不配講，因為有些地方，不能由下面做上來，還要由上面做下去。我們在唐山看見一種包工制度，一個工人的工錢，本來是一元，但是工頭都包去招些七毛的，得七毛的也不做工，包給六毛的，得六毛的就去招一班人來，住在一個「烏窰」裡頭。他們的工錢，都給那得六毛的、得七毛的，得一元的工頭分散了。他們一天的生活，只靠著五個銅子，要教他們出來組織工黨，是不成功的。歐美各國的工人，都能要求政府立法，因為好些事是他們自己的能力所辦不到的，好像身體損傷保險，生命保險，子女的保護和工作時間的規定，都是要靠社會的立法才能辦得到的。上海的女子在工廠裡做工，只能賺九個銅子，教她們自己去要求以上那些事，自然辦不到。所以要靠著社會替他們設法，我們由歷史方面看，國家是一種最有用的工具。用的好就可以替社會造福，社會改良家一定要利用它，因為它可以幫助我們做好些事。

以上三種方法，不過是略略地舉一些例。此外還有許多方法，因為不大合我們的採用，所以我不講。

結論

　　我已經把研究社會問題四層的工夫講完了。總結起來，可以分做兩面：一面是研究的人，自己應當動手去做，不要整天住在家裡，只會空口說白話。第二面是要多得參考的材料。從前就是因為沒有參考材料，所以不發生問題。現在可就不然，所以我很盼望各位一面要做研究的學者，一面要做改良社會的實行家。

思想起於疑難

　　杜威（John Dewey）先生的哲學的基本觀念是：「經驗即是生活，生活即是應付環境」；但是應付環境有高下的程度不同。許多蛆在糞窖裡滾去滾來，滾上滾下，滾到牆壁，也會轉彎子，這也是對付環境。一個蜜蜂飛進屋裡打幾個迴旋，嗤的一聲直飛向玻璃窗上，頭碰玻璃，跌倒在地，牠掙扎起來，還向玻璃窗上飛，這一回小心了，不致碰破頭；牠飛到玻璃上，爬來爬去，想尋一條出路，牠的「指南針」只是光線，牠不懂這光明的玻璃何以不同那光明的空氣一樣，何以飛不出去！這也是應付環境。一個人出去探險，走進一個無邊無際的大樹林裡，迷了路，走不出來了。他爬上樹頂，用千里鏡四面觀望，也看不出一條出路。他坐下來仔細一想，忽聽得遠遠的有流水的聲音；他忽然想起水流必定出山，人跟著水走，必定可以走出去。主意已定，他先尋到水邊，跟著水走，果然走出了危險，這也是應付環境。以上三種應付環境，所以高下不同，正為智識的程度不同。蛆的應付環境，完全是無意識的作用；蜜蜂能用光線的指導去尋出路，已可算是有意識的作用了，但牠不懂得光線有時未必就是出路的記號，所以牠碰著玻璃就受窘了；人是有智識、能思想的動物，所以他迷路時，不慌不忙的爬上樹頂，取出千里鏡。或是尋著溪流，跟著水路出去。人的生活所以尊貴，正為人有這種高等的應付環境的思想能力。故杜威的哲學基本觀念是：「知識思想是人生應付環境的工具。」知識思想是一種人生日用必不可少的工具，並不是哲學家的玩意兒和奢侈品。

　　總括一句話，杜威哲學的最大目的，只是怎樣能使人類養成那種「創造的智慧」（Creative Intelligence），使人應付種種環境充分滿意。換句話說，杜威的哲學的最大目的是怎樣能使人有創造的思想力。

　　因為思想在杜威的哲學系統裡占如此重要的地位，所以我現在介紹杜威的思想論。

　　思想究竟是什麼呢？第一，戲臺上說的「思想起來，好不傷慘人也」，那個「思想」是回想，是追想，不是杜威所說的「思想」。第二，平常人說的「你不要胡思亂想」，那種「思想」是「妄想」，也不是杜威所說的「思想」。杜威說的思想是用已知的事物作根據，由此推測出別種事物或真理的作用。這種作用，在論理學書上叫做「推論的作用」（Inference）。推論的作用只是從已知的物事推到未知的物事，有前者作根據，使人對於後者發生信用。這種作用，是有根據有條理的思想作用。這才是杜威所指的「思想」。這種思想有兩大特性。（一）須先有一種疑惑困難的情境做起點。（二）須有尋思搜尋的作用，要尋出新事物或新知識來解決這種疑惑困難。譬如上文所舉那個在樹林中迷了路的人，他在樹林裡東行西走，迷了方向尋不出路子，這便是一種疑惑困難的情境；這是第一個條件。那迷路的人爬上樹頂遠望，或取出千里鏡四望，或尋到流水，跟水出山，這都是尋思搜尋的作用；這是第二個條件。這兩個條件都很重要。人都知「尋思搜尋」是很重要的，但是很少人知道疑難的境地也是一個不可少的條件。因為我們平常的動作，如吃飯呼吸之類，多是不用思想的動作；有時偶有思想，也不過是東鱗西爪的胡思亂想。直到疑難發生時，方才發生思想推考的作用。有了疑難的問題，便定了思想的目的；這個目的便是如何解決這個困難，有了這個目的，此時的尋思搜尋便都向著這個目的上去，便不是無目的的胡思亂想了。所以杜威說：「疑難的問題，定思想的目的；思想的目的，定思想的進行。」

　　杜威論思想，分作五步說：（一）疑難的境地；（二）指定疑難之點究竟在什麼地方；（三）假定種種解決疑難的方法；（四）把每種假定所涵的結果，一一想出來，看哪一個假定能夠解決這個困難；（五）證實這種解決

使人信用；或證明這種解決的謬誤，使人不信用。

（一）思想的起點是一種疑難的境地。──上文說過，杜威一派的學者認定思想為人類應付環境的工具。人類的生活若是處處沒有障礙，時時方便如意，那就用不著思想了。但是人生的環境，常有更換，常有不測的變遷。到了新奇的局面，遇著不曾經慣的物事，從前那種習慣的生活方法都不中用了。譬如看中國白話小說的人，看到正高興的時候，忽然碰著一段極難懂的話，自然發生一種疑難。又譬如上文那個迷了路的人，走來走去，走不出去，平時的走路本事，都不中用了。到了這種境地，我們便尋思：「這句書怎麼解呢？」「這個大樹林的出路怎麼尋得出呢？」「這件事怎麼辦呢？」「這便如何是好呢？」這些疑問，便是思想的起點。一切有用的思想，都起於一個疑問符號。一切科學的發明，都起於實際上或思想界裡的疑惑困難。宋朝的程顥說，「學源於思。」這話固然不錯，但是懸空講「思」，是沒有用的。他應該說「學源於思，思起於疑。」疑難是思想的第一步。

（二）指定疑難之點究竟在何處。──有些疑難是很容易指定的，例如上文那個人迷了路，他的問題是怎麼尋一條出險的路子，這是很容易指定的。但是有許多疑難，我們雖然覺得是疑難，但一時不容易指定究竟哪一點是疑難的真問題。我且舉一個例。《墨子‧小取篇》有一句話：「辟（譬）也者，舉也物而以明之也。」初讀的時候，我們覺得「舉也物」三個字不可解，是一種疑難。畢沅注《墨子》逕說這個「也」字是衍文，刪了便是了。王念孫讀到這裡，覺得畢沅看錯疑難的所在了。因為這句話裡的真疑難不在一個「也」字的多少，乃在研究這個地方既然跑出一個「也」字來，究竟這個字可以有解說沒有解說。如果先斷定這個「也」字是衍文，那就近於武斷，不是科學的思想了。這一步的工夫，平常人往往忽略過去，以為可以不必特別提出。（看《新潮》雜誌第一卷第四號汪敬熙

君的〈什麼是思想〉）杜威以為這一步是很重要的。這一步就同醫生的「脈案」，西醫的「診斷」，一般重要。你請一個醫生來看病，你先告訴他，說你有點頭痛，發熱，肚痛，……你昨天吃了兩隻螃蟹，又喝了一杯冰淇淋，大概是傷了食。這是你胡亂猜想的話，不大靠得住。那位醫生如果是一位好醫生，他一定不睬你說的什麼。他先看你的舌苔，把你的脈，看你的氣色，問你肚子哪一塊作痛，大便如何，看你的熱度如何，……然後下一個「診斷」，斷定你的病究竟在什麼地方。若不如此，他便是犯了武斷不細心的大毛病了。

（三）提出種種假定的解決方法。—— 既經認定疑難在什麼地方了，稍有經驗的人，自然會從所有的經驗、知識、學問裡面，提出種種的解決方法。例如上文那個迷路的人要有一條出路，他的經驗告訴他爬上樹頂去望望看，這是第一個解決法。這個法子不行，他又取出千里鏡來，四面遠望，這是第二個解決法。這個法子又不行，他的經驗告訴他遠遠的嘩啦嘩啦的聲音是流水的聲音；他的學問又告訴他說，水流必有出路，人跟著水行必定可以尋一條出路，這是第三個解決法。這都是假定的解決。又如上文所說《墨子》：「辟也者，舉也物而以明之也」一句。畢沅說「也物」的也字是衍文，這是第一個解決。王念孫說，「也」字當作「他」字解，「舉也物」即是「舉他物」，這是第二個解決。—— 這些假定的解決，是思想的最要緊的一部分，可以算是思想的骨幹。我們說某人能思想，其實只是說某人能隨時提出種種假定的意思來解決所遇著的困難。但是我們不可忘記，這些假設的解決，都是從經驗學問上生出來的。沒有經驗學問，絕沒有這些假設的解決。有了學問，若不能隨時發生解決疑難的假設，那便成了吃飯的書櫥，有學問等於無學問。經驗學問所以可貴，正為它們可以供給這些假設的解決的材料。

（四）決定哪一種假設是適用的解決。—— 有時候，一個疑難的問題

能引起好幾個假設的解決法。即如上文迷路的例，有三種假設；一句《墨子》有兩種解法。思想的人，遇著幾種解決法發生時，應該把每種假設所涵的意義，一一的演出來，如果用這一種假設，應該有什麼結果？這種結果是否能解決所遇的疑難？如果某種假設，比較起來最能解決困難，我們便可採用這種解決。例如《墨子》的「舉也物」一句，畢沅的假設是刪去「也」字，如果用這個假設有兩層結果：第一，刪去這個字，成了「舉物而以明之也」，雖可以勉強講得通，但是牽強得很；第二，校勘學的方法，最忌「無故衍字」，凡衍一字必須問當初寫書的人，何以多寫了一個字；我們雖可以說抄《墨子》的人因上下文都有「也」字，所以無心中多寫了一個「也」字，但是這個「也」字是一個煞尾的字，何以在句中多出這個字來？如此看來，畢沅的假設雖可勉強解說，但是總不能充分滿意。再看王念孫的解說，把「也」字當作「他」字，這也有兩層結果：第一，「舉他物而以明之也」，舉他物來說明此物，正是「譬」字的意義；第二，他字本作它，古寫像也字，故容易互混，既可互混，古書中當不止這一處；再看《墨子》書中，如〈備城門篇〉，如〈小取篇〉的「無也故焉」，「也者同也」，都是他字寫作也字。如此看來，這個假定解決的涵義果然能解決本文的疑難，所以應該採用這個假設。

（五）證明。—— 第四步所採用的解決法，還只是假定的，究竟是否真實可靠，還不能十分確定，必須有實地的證明，方才可以使人信仰；若不能證實，便不能使人信用，至多不過是一個假定罷了。已證實的假設，能使人信用，便成了「真理」。例如上文所舉《墨子》書中「舉也物」一句，王念孫能尋出「無也故焉」和許多同類的例，來證明《墨子》書中「他」字常寫作「也」字，這個假設的解決便成了可信的真理了。又如那個迷路的人，跟著水流，果然出了險，他那個假設便成了真正適用的解決法了。這種證明比較是很容易的。有時候，一種假設的意思，不容易證明，

因為這種假設的證明所需要的情形平常不容易遇著，必須特地造出這種情形，方才可以試驗那種假設的是非。凡科學上的證明，大概都是這一種，我們叫做「實驗」。譬如科學家伽利略觀察抽氣筒能使水升高至三十四英尺，但是不能再上去了，他心想這個大概是因為空氣有重量，有壓力，所以水不能上去了。這是一個假設，不曾證實。他的弟子托里切利 (Torricelli) 心想如果水的升至三十四英尺是空氣壓力所致，那麼，水銀比水重十三又十分之六倍，只能升高到三十英寸，他試驗起來，果然不錯；那時伽利略已死了。後來又有一位哲學家柏斯嘉 (Pascal) 心想如果托里切利的氣壓說不錯，那麼，山頂上的空氣比山腳下的空氣稀得多，拿了水銀管子上山，水銀應該下降。所以他叫他的親戚拿了一管水銀走上山，水銀果然逐漸低下，到山頂時水銀比平地要低三寸。於是從前的假設，真成了科學的真理了。思想的結果，到了這個地步，不但可以解決面前的疑難，簡直是發明真理，供以後的人大家受用，功用更大了。

以上說杜威分析思想的五步。這種說法，有幾點很可特別注意。

(一) 思想的起點是實際上的困難，因為要解決這種困難，所以要思想；思想的結果，疑難解決了，實際上的活動照常進行；有了這一番思想作用，經驗更豐富一些，以後應付疑難境地的本領就更增長一些。思想起於應用，終於應用；思想是運用從前的經驗，來幫助現在的生活，更預備將來的生活。

(二) 思想的作用，不單是演繹法，也不單是歸納法；不單是從普通的定理裡面演出個體的斷案，也不單是從個體的事物裡面抽出一個普遍的通則。看這五步，從第一步到第三步，是偏向歸納法的，是先考察眼前的特別事實和情形，然後發生一些假定的通則；但是從第三步到第五步，是偏向演繹法的。是先有了通則，再把這些通則所涵的意義一一演出來，有了某種前提，必然要有某種結果，更用直接

或間接的方法，證明某種前提是否真能發生某種效果。懂得這個道理，便知道兩千年來西洋的「法式的論理學」單教人牢記 AEIO 等等法式和求同求異等等細則，都不是訓練思想力的正當方法。思想的真正訓練，是要使人有真切的經驗來作假設的來源；使人有批評判斷種種假設的能力；使人能造出方法來證明假設的是非真假。

杜威一系的哲學家論思想的作用，最注意「假設」。試看上文所說的五步之中，最重要的就是第三步。第一步和第二步的工夫只是要引起這第三步的種種假設；以下第四、第五兩步只是把第三步的假設演繹出來，加上評判，加上證驗，以定那種假設是否適用的解決法。這第三步的假設是承上起下的關鍵，是歸納法和演繹法的開頭。我們研究這第三步，應該知道這一步在臨時思想的時候是不可強求的，是自然湧上來，如潮水一樣，壓制不住的，它若不來時，隨你怎樣搔頭抓耳，挖盡心血，都不中用。假使你在大樹林裡迷了路，你腦子裡熟讀的一部《穆勒名學》或《陳文名學講義》，都無濟於事，都不能供給你「尋著流水，跟著水走出去」的一個假設的解決。所以思想訓練的著手工夫在於使人有許多活的學問知識，活的學問知識的最大來源在於人生有意識的活動。使活動事業得來的經驗，是真實可靠的學問知識。這種有意識的活動，不但能增加我們假設意思的來源，還可訓練我們時時刻刻拿當前的問題來限制假設的範圍，不至於上天下地的胡思亂想。還有一層，人生實際的事業，處處是實用的，處處用效果來證實理論，可以養成我們用效果來評判假設的能力，可以養成我們的實驗的態度。養成了實驗的習慣，每起一個假設，自然會推想到它所涵的效果，自然會來用這種推想出來的效果來評判原有的假設的價值。這才是思想訓練的效果，這才是思想能力的養成。

節選自〈實驗主義〉

思想起於疑難

行為道德種種

　　杜威論人生的行為道德，也極力反對從前哲學家所固執的種種無謂的區別。

一、主內和主外的區別

　　主內的偏重行為的動機，偏重人的品性。主外的偏重行為的效果，偏重人的動作。其實這都是一偏之見，動機也不是完全在內的，因為動機都是針對一樁外面的境地起來的。品性也不是完全在內的，因為品性往往都是行為的結果，行為成了習慣，便是品行。主外的也不對，行為的結果也不是完全在外的，因為有意識的行為都有一種目的，目的就是先已見到的效果，若沒有存心，行為的善惡都不成道德的問題，譬如我無心中掉了十塊錢，有人拾去，救了他一命。

　　結果雖好，算不得是道德。至於行為動作有外有內，更顯而易見了。杜威論道德，不認古人所定的這些區別。他說，平常的行為，本沒有道德和不道德的區別。遇著疑難的境地，可以這樣做，也可以那樣做；但是這樣做便有這等效果，那樣做又有那種結果，究竟還是這樣做呢？還該那樣做呢？到了這個選擇去取的時候，方才有一個道德的境地，方才有道德和不道德的問題。這種行為，自始至終，只是一件貫穿的活動，沒有什麼內外的區別。最初估量抉擇的時候，雖是有些遲疑，究竟疑慮也是活動，決定之後，去彼取此，決心做去，那更是很明顯的活動了。這種行為，和平常的行為並無根本的區別。這裡面主持的思想，即是平常猜謎演算術的思想，並沒有一個特別的良知。這裡面所用的參考資料和應用工具，也即是經驗和觀念之類，並無特別神祕的性質。總而言之，杜威論道德，根本上

不承認主內和主外的分別，知也是外，行也是內；動機也是活動，疑慮也是活動，做出來的結果也是活動。

　　若把行為的一部分認作「內」，一部分認作「外」，那就是把一件整個的活動分作兩截，那就是養成知行不一致的習慣，必致於向活動之外另尋道德的教育。活動之外的道德教育，如我們中國的讀經修身之類，絕不能有良好的效果的。

二、責任心和興趣的分別

　　西洋論道德的，還有一個很嚴的區別，就是責任心和興趣的區別。偏重責任心的人說，你「應該」如此做。不管你是否願意，你總得如此做。中國的董仲舒和德國的康德都是這一類。還有一班人偏重興趣一方面，說：「我高興這樣做，我愛這樣做。」孔子說的「知之者不如好之者，好之者不如樂之者」，便是這個意思。有許多哲學家把「興趣」看錯了，以為興趣即是自私自利的表示，若跟著「興趣」做去，必致於偏向自私自利的行為。這派哲學家因此便把興趣和責任心看作兩件絕對相反的東西。所以學校中的道德教育只是要學生腦子裡記得許多「應該」做的事，或是用種種外面的獎賞、刑罰之類，去監督學生的行為。

　　這種方法，杜威極不贊成。杜威以為責任和興趣並不是反對的。興趣並不是自私自利，不過是把我自己和所作的事看作一件事；換句話說，興趣即是把所做的事認作我自己的活動的一部分。譬如一個醫生，當鼠疫盛行的時候，他不顧傳染的危險，親自天天到疫區去醫病救人。我們一定說他很有責任心，其實他只不過覺得這種事業是他自己的活動的一部分，所以冒險做去。他若沒有這種興趣，若不能在這種冒險救人的事業裡面尋出興趣，那就隨書上怎麼把責任心說得天花亂墜，他絕不肯去做。如此看來，真正責任心只是一種興趣。杜威說，「責任」（Duty）古義本是「職

務」(Office)，只是「執事者各司其事」。興趣即是把所要做的事認作自己的事。仔細看來，興趣不但和責任心沒有衝突，並且可以補助責任心。沒有興趣的責任，如囚犯作苦工，絕不能真有責任心。況且責任是死的，興趣是活的。興趣的發生，即是新能力發生的表示，即是新活動的起點。即如上文所說的醫生，他初行醫的時候，他的責任只在替人醫病，並不會想到鼠疫的事。後來鼠疫發生了，他若是覺得他的興趣只在平常的醫病，他絕不會去冒險做疫區救濟的事。他所以肯冒傳染的危險，正為他此時發生一種新興趣，把疫區的治療認作他的事業的一部分，故疫區的危險都不怕了。學校中的德育也是如此。學生對於所做的功課毫無興趣，怪不得要出去打牌吃酒去了。若是學校的生活能使學生天天發生新興趣，他自然不想做不道德的事了，這才是真正的道德教育。社會上的道德教育，也是如此。商店的夥計，工廠的工人，一天做十五六點鐘的苦工，做的頭昏腦悶，毫無興趣，他們自然要想出去幹點不正當的娛樂。聖人的教訓，宗教的戒律，到此全歸無用。所以現在西洋的新實業家，一方面減少工作的時間，增加工作的報酬，一方面在工廠裡或公司裡設立種種正當的遊戲，使做工的人都覺得所做的事是有趣味的事。有了這種興趣，不但做事更肯盡職，並且不要去尋那不正當的娛樂了。所以真正的道德教育在於使人對於正當的生活發生興趣，在於養成對於所做的事發生興趣的習慣。

多反省少陶醉

這一期（《獨立》一〇三期）裡有壽生先生的一篇文章，題為「我們要有信心」。在這文裡，他提出一個大問題：中華民族真不行嗎？他自己的答案是：我們是還有生存權的。

我很高興我們的青年在這種惡劣空氣裡還能保持他們對於國家民族前途的絕大信心。這種信心是一個民族生存的基礎，我們當然是完全同情的。

可是我們要補充一點：這種信心本身要建築在穩固的基礎之上，不可站在散沙之上，如果信仰的根據不穩固，一朝根基動搖了，信仰也就完了。

壽生先生不贊成那些舊人「拿什麼五千年的古國喲，精神文明喲，地大物博喲，來遮醜。」這是不錯的。然而他自己提出的民族信心的根據，依我看來，文字上雖然和他們不同，實質上還是和他們同樣的站在散沙之上，同樣的擋不住風吹雨打。例如他說：「我們今日之改進不如日本之速者，就是因為我們的固有文化太豐富了。富於創造性的人，個性必強，接受性就較緩。」

這種思想在實質上和那五千年古國精神文明的迷夢是同樣的無稽的誇大。第一，他的原則「富於創造性的人，個性必強，接受性就較緩」，這個大前提就是完全無稽之談，就是懶惰的中國士大夫捏造出來替自己遮醜的胡說。事實上恰是相反的，凡富於創造性的人必敏於模仿，凡不善模仿的人絕不能創造。創造是一個最誤人的名詞，其實創造只是模仿到十足時的一點點新花樣。古人說的最好：「太陽之下，沒有新的東西。」一切所謂創造都從模仿出來。我們不要被新名詞騙了。新名詞的模仿就是舊名詞

119

的「學」字,「學之為言效也」是一句不磨的老話。例如學琴,必須先模仿琴師彈琴;學畫必須先模仿畫師作畫,就是畫自然界的景物,也是模仿。模仿熟了,就是學會了,工具用的熟了,方法練的細密了,有天才的人自然會「熟能生巧」,這一點功夫到時的奇巧新花樣就叫做創造。凡不肯模仿,就是不肯學人的長處。不肯學如何能創造?伽利略聽說荷蘭有個磨鏡匠人做成了一座望遠鏡,他就依他聽說的造法,自己製造了一座望遠鏡。這就是模仿,也就是創造。從十七世紀初年到如今,望遠鏡和顯微鏡都年年有進步,可是這三百年的進步,步步是模仿,也步步是創造。一切進步都是如此,沒有一件創造不是先從模仿下手的。孔子說的好,三人行,必有我師焉;擇其善者而從之,其不善者而改之。

這就是一個聖人的模仿。懶人不肯模仿,所以絕不會創造。一個民族也和個人一樣,最肯學人的時代就是那個民族最偉大的時代;等到它不肯學人的時候,它的盛世已過去了,它已走上衰老僵化的時期了,我們中國民族最偉大的時代,正是我們最肯模仿四鄰的時代,從漢到唐宋,一切建築、繪畫、雕刻、音樂、宗教、思想、算學、天文、工藝,哪一件裡沒有模仿外國的重要成分?佛教和它帶來的美術建築,不用說了。從漢朝到今日,我們的曆法改革,無一次不是採用外國的新法;最近三百年的曆法是完全學西洋的,更不用說了。到了我們不肯學人家的好處的時候,我們的文化也就不進步了。我們到了民族中衰的時代,只有懶勁學印度人的吸食鴉片,卻沒有精力學滿洲人的不纏腳,那就是我們自殺的法門了。

第二,我們不可輕視日本人的模仿。壽生先生也犯了一般人輕視日本的惡習慣,抹殺日本人善於模仿的絕大長處。日本的成功,正可以證明我在上文說的「一切創造都從模仿出來」的原則。壽生說:「從唐以至日本明治維新,千數百年間,日本有一件事足為中國取鏡者嗎?中國的學術思想在它手裡去發展改進過嗎?我們實無法說有。」

這又是無稽的誣告了。三百年前，朱舜水到日本，他居留久了，能了解那個島國民族的優點，所以他寫信給中國的朋友說，日本的政治雖不能上比唐虞，可以說比得上三代盛世。這是一個中國大學者在長期寄居之後下的考語，是值得我們的注意的。日本民族的長處全在他們肯一心一意的學別人的好處，他們學了中國的無數好處，但始終不曾學我們的小腳、八股文、鴉片煙。這不夠「為中國取鏡」嗎？他們學別國的文化，無論在那一方面，凡是學到家的，都能有造的貢獻。這是必然的道理。淺見的人都說日本的山水人物畫是模仿中國的，其實日本畫自有它的特點，在人物方面的成績遠勝過中國畫，在山水方面也沒有走上四王的笨路；在文學方面，他們也有很大的創造，近年已有人賞識日本的小詩了。我且舉一個大家不甚留意的例子，文學史家往往說日本的《源氏物語》等作品是模仿中國唐人的小說《遊仙窟》等書的。現今《遊仙窟》已從日本翻印回中國來了，《源氏物語》也有了英國人衛來先生（Arthur Waley）的五巨冊的譯本。我們若比較這兩部書，就不能不驚嘆日本人創造力的偉大。如果「源氏」真是從模仿《遊仙窟》出來的，那真是徒弟勝過師傅千萬倍了！壽生先生原文裡批評日本的工商業，也是中了成見的毒。日本今日工商業的長腳發展，雖然也受了生活程度比人低和貨幣低落的恩惠，但它的根基實在是全靠科學與工商業的進步。今日大阪與蘭肯歇的競爭，骨子裡還是新式工業與舊式工業的競爭。日本今日自造的紡織器是世界各國公認為最新、最良的。今日英國紡織業也不能不購買日本的新機器了。這是從模仿到創造的最好的例子。不然，我們工人的工資比日本更低，貨幣平常也比日本錢更賤，為什麼我們不能「與他國資本家搶商場」呢？我們到了今日，若還要抹煞事實、笑人模仿，而自居於「富於創造性者」的不屑模仿，那真是盲目的誇大狂了。

　　第三，再看看「我們的固有文化」是不是真的「太豐富了」。壽生和其

他誇大本國固有文化的人們，如果真肯平心想想，必然也會明白這句話也是無根的亂談。這個問題太大，不是這篇短文裡所能詳細討論的，我只能指出幾個比較重要之點。使人明白我們的固有文化實在是很貧乏的，談不到「太豐富」的夢話。近代的科學文化、工業文化，我們可以撇開不談，因為在那些方面，我們的貧乏未免太丟人了。我們且談談老遠的過去時代吧。我們的周秦時代當然可以和希臘羅馬相提並論，然而我們如果平心研究希臘羅馬的文學、雕刻、科學、政治，單是這四項，就不能不使我們感覺我們的文化的貧乏了。尤其是造形美術與算學的兩方面，我們真不能不低頭愧汗。我們試想想，《幾何原本》的作者歐幾里得正和孟子先後同時；在那麼早的時代，在兩千多年前，我們在科學上早已太落後了！（少年愛國的人何不試拿《墨子‧經上篇》裡的三、五條幾何學界說來比較《幾何原本》？）從此以後，我們所有的，歐洲也都有；我們所沒有的，人家所獨有的，人家都比我們強。試舉一個例子，歐洲有三個一千年的大學，有許多個五百年以上的大學，至今繼續存在、繼續發展，我們有沒有？至於我們所獨有的寶貝、駢文、律詩、八股、小腳、太監、姨太太、五世同居的大家庭、貞節牌坊、地獄活現的監獄、廷杖、板子夾棍的法庭，……雖然「豐富」、雖然「在這世界無不足以單獨成一系統」，究竟都是使我們抬不起頭來的文物制度。即如壽生先生指出的「那更光輝萬丈」的宋明理學，說起來也真正可憐！講了七八百年的理學，沒有一個理學聖賢缺指出裹小腳是不人道的野蠻行為，只見大家崇信「餓死事極小，失節事極大」的吃人禮教：請問那萬丈光輝究竟照耀到哪裡去了？

以上說的，都只是略略指出壽生先生代表的民族信心是建築在散沙上面，經不起風吹草動，就會倒塌下來的。信心是我們需要的，但無根據的信心是沒有力量的。

可靠的民族信心，必須建築在一個堅固的基礎之上，祖宗的光榮自是

祖宗之光榮，不能救我們的痛苦羞辱。何況祖宗所建的基業不全是光榮呢？我們要指出，我們的民族信心必須站在「反省」的唯一基礎之上。反省就是要閉門思過，要誠心誠意的想，我們祖宗的罪孽深重，我們自己的罪孽深重；要認清了罪孽所在，然後我們可以用全副精力去消災滅罪。壽生先生引了一句「中國不亡，是無天理」的悲嘆詞句，他也許不知道這句傷心的話是我十三四年前在中央公園後面柏樹下對孫伏園先生說的，第二天被他記在《晨報》上，就流傳至今。我說出那句話的目的，不是要人消極，是要人反省；不是要人灰心，是要人起信心，發下大弘誓來懺悔，來替祖宗懺悔、替我們自己懺悔；要發願、造新因來替代舊日種下的惡因。

今日的大患在於全國人不知恥。所以不知恥者，只是因為不曾反省。一個國家兵力不如人，被人打敗了、被人搶奪了一大塊土地去，這不算是最大的恥辱。一個國家在今日還容許整個的省分遍種鴉片煙，一個政府在今日還要依靠鴉片煙的稅收 ── 公賣稅，吸戶稅，煙苗稅，過境稅 ── 來做政府的收入的一部分，這是最大的恥辱。一個現代民族在今日還容許他們的最高官吏，公然提倡什麼「時輪金剛法會」、「息災利民法會」，這是最大的恥辱。一個國家有五千年的歷史，而沒有一個四十年的大學，甚至於沒有一個真正完備的大學，這是最大的恥辱。一個國家能養三百萬不能捍衛國家的兵，而至今不肯計劃任何區域的國民義務教育，這是最大的恥辱。

真誠的反省自然發生真誠的愧恥。孟子說的好：「不恥不若人，何若人有？」真誠的愧恥自然引起向上的努力，要發弘願努力學人家的好處，剷除自家的罪惡。經過這種反省與懺悔之後，然後可以起新的信心，要信仰我們自己正是撥亂反正的人，這個擔子必須我們自己來挑起。三四十年的天足運動已經差不多完全剷除了小腳的風氣，從前大腳的女人要裝小腳，現在小腳的女人要裝大腳了。風氣轉移的這樣快，這不夠堅定我們的

自信心嗎？

歷史的反省自然使我們明瞭今日的失敗都因為過去的不努力，同時也可以使我們特別明瞭「種瓜得瓜，種豆得豆」的因果鐵律。剷除過去的罪孽只是割斷已往種下的果。我們要收新果，必須努力造新因。祖宗生在過去的時代，他們沒有我們今日的新工具，也居然能給我們留下了不少的遺產。我們今日有了祖宗不曾夢見的種種新工具，當然應該有比祖宗高明千百倍的成績，才對得起這個新鮮的世界。日本一個小島國，那麼貧瘠的土地、那麼少的人民，只因為伊藤博文、大久保利通、西鄉隆盛等幾十個人的努力，只因為他們肯拚命的學人家，肯拚命的用這個世界的新工具，居然在半個世紀之內一躍而為世界三五大強國之一。這不夠鼓舞我們的信心嗎？

反省的結果應該使我們明白那五千年的精神文明、那「光輝萬丈」的宋明理學、那並不太豐富的固有文化，都是無濟於事的銀樣蠟槍頭。我們的前途在我們自己的手裡；我們的信心應該望在我們的將來；我們的將來全靠我們下什麼種、出多少力。「播了種一定會有收穫，用了力絕不至於白費。」這是翁文灝先生要我們有的信心。

原題〈信心與反省〉

國粹與西化

在《獨立》第一〇三期，我寫了一篇「信心與反省」，指出我們對國家民族的信心不能建築在歌頌過去上，只可以建築在「反省」的唯一基礎之上。在那篇討論裡，我曾指出我們的固有文化是很貧乏的，絕不能說是「太豐富了」的；我們的文化，比起歐洲一系的文化來，「我們所有的，人家也都有；我們所沒有的，人家所獨有的，人家都比我們強。至於我們所獨有的寶貝、駢文、律詩、八股、小腳、……又都是使我們抬不起頭來的文物制度。」所以我們應該反省，認清了我們的祖宗和我們自己的罪孽深重，然後肯用全力去消災滅罪；認清了自己百事不如人，然後肯死心塌地的去學人家的長處。

我知道這種論調在今日是很不合時宜的，是觸犯忌諱的，是至少要引起嚴厲的抗議的。可是我心裡要說的話，不能因為人不愛聽就不說了，正因為人不愛聽，所以我更覺得有不能不說的責任。

果然，那篇文章引起了一位讀者子團先生的悲憤，害他終夜不能睡眠，害他半夜起來寫他的抗議，直寫到天明。他的文章，〈怎樣才能建立起民族的信心〉是一篇很誠懇的、很沉痛的反省。我很尊敬他的悲憤，所以我很願意討論他提出的論點，很誠懇的指出他那「一半不同」，正是全部不同。

子團先生的主要論點是：我們民族這七八十年以來，與歐美文化接觸，許多新奇的現象炫盲了我們的眼睛，在這炫盲當中，我們一方面沒出息地丟了我們固有的維繫並且引導我們向上的文化，另一方面我們又沒有能夠抓住外來文化之中，那種能夠幫助我們民族更為強盛的一部分。結果我們走入迷途，墮落下去！

　　忠孝、仁愛、信義、和平是維繫並且引導我們民族向上的固有文化，科學是外來文化中能夠幫助我們民族更為強盛的一部分。子團先生的論調，其實還是三四十年前的老輩的論調。他們認得了富強的需要，所以不反對西方的科學工業；但他們心裡很堅決的相信一切倫紀道德，是我們所固有而不須外求的。老輩之中，一位最偉大的孫中山先生，在他的通俗演講裡，也不免要敷衍一般誇大狂的中國人，說：「中國先前的忠孝、仁愛、信義種種的舊道德」都是『駕乎外國人』之上。」中山先生這種議論在今日往往被一般人利用來做復古運動的典故，所以有些人就說，中國本來是一個由美德築成的「黃金世界」了（這是民國十八年葉楚傖先生的名言）！

　　子團先生也特別提出孫中山先生的偉大，特別頌揚他能「在當時一班知識階級盲目崇拜歐美文化的狂流中，巍然不動地指示我們，救國必須恢復我們固有文化，同時學習歐美科學」。但他如果留心細讀中山先生的演講，就可以看出他當時說那話時是很費力的、很不容易自圓其說的。例如講「修身」，中山先生很明白的說，但是從修身一方面來看，我們中國人對於這些功夫是很缺乏的。中國人一舉一動都欠撿點，只要和中國人來往過一次，便看得很清楚。（《三民主義》六）

　　他還對我們說：「所以今天講到修身，諸位新青年，便應該學外國人的新文化。」（《三民主義》六）

　　可是他一會兒又回過去頌揚固有的舊道德了。本來有保守性的讀者只記得中山先生頌揚舊道德的話，卻不曾細想他所頌揚的舊道德，都只是幾個人類共有的理想，並不是我們這個民族實行最力的道德。例如他說的「忠孝、仁愛、信義、和平」，哪一件不是東西哲人共同提倡的理想？除了割股治病，臥冰求鯉，一類不近人情的行動之外，哪一件不是世界文明人類公有的理想？孫中山先生也曾說過：「照這樣實行，一方面講起來，仁愛的好道德，中國人現在似乎遠不如外國。……但是仁愛還是中國的舊道

德。我們要學外國，只要學他們那樣實行，把仁愛恢復起來，再去發揚光大，便是中國固有的精神。」（同上書）

在這短短一段話裡，我們可以看出中山先生未嘗不明白在仁愛的「實行」上，我們實在遠不如人。所謂「仁愛還是中國的舊道德」者，只是那個道德的名稱罷了。中山先生很明白的教人，修身應該學外國人的新文化，仁愛也「要學外國」；但這些話中的話都是一般人不注意的。

在這些方面，吳稚暉先生比孫中山先生徹底多了。吳先生在他的〈一個新信仰的宇宙觀及人生觀〉裡，很大膽的說中國民族的「總和道德是低淺的」；同時他又指出西洋民族：什麼仁義道德、孝悌忠信、吃飯睡覺，無一不較上二族（阿拉伯，印度，中國）的人較有作法、較有熱心。……講他們的總和道德叫做高明。

這是很公允的評判。忠孝、信義、仁愛、和平，都是有文化的民族共有的理想；在文字理論上，猶太人、印度人、阿拉伯人、希臘人，以至近世各文明民族，都講的頭頭是道。所不同者，全在吳先生說的「有作法、有熱心」兩點。若沒有切實的辦法，沒有真摯的熱心，雖然有整千萬冊的理學書，終無救於道德的低淺。宋明的理學聖賢，談性談心，談居敬，談致良知，終因為沒有作法，只能走上「終日端坐，如泥塑人」的死路上去。

我所以要特別提出子團先生的論點，只因為他的悲憤是可敬的，而他的解決方案還是無補於他的悲憤。他的方案，一面學科學，一面恢復我們固有的文化，還只是張之洞一輩人說的「中學為體，西學為用」的方案。老實說，這條路是走不通的。如果過去的文化是值得恢復的，我們今天不至糟到這步田地了；況且沒有那科學工業的現代文化基礎，是無法發揚什麼文化的「偉大精神」的。忠孝、仁愛、信義、和平是永遠存在書本子裡的；但是因為我們的祖宗只會把這些好聽的名詞都寫作八股文章，畫作太

極圖，編作理學語錄，所以那些好聽的名詞都不能變成有作法、有熱心的事實。西洋人跳出了經院時代之後，努力做征服自然的事業，征服了海洋，征服了大地，征服了空氣、電氣，征服了不少的原質，征服了不少的微生物——這都不是什麼「保存國粹」、「發揚固有文化」的口號所能包括的工作，然而科學與工業發達的自然結果是提高了人民的生活，提高了人類的幸福，提高了各個參加國家的文化。結果就是吳稚暉先生說的「總和道德叫做高明」。

世間講「仁愛」的書，莫過於《華嚴經》的〈淨行品〉，那一篇妙文教人時時刻刻不可忘了人類的痛苦與缺陷，甚至於大便、小便時都要發願不忘眾生：

左右便利，當願眾生，白除汙穢，無淫怒痴。

已而就水，當願眾生，向無上道，得出世法。

以水滌穢，當願眾生，具足淨忍，畢竟無垢。

以水盥掌，當願眾生，得上妙手，受持佛法。

但是一個和尚的弘願，究竟能做到多少實際的「仁愛」？回頭看看那一心想征服自然的科學救世者，他們發現了一種病菌，製成了一種血清，可以救活無量數的人類，其為「仁愛」，豈不是千萬倍的偉大？

以上的討論，好像全不曾顧到「民族的信心」的一個原來問題。這是因為子團先生的來論，剝除了一些動了感情的話，實在只說了一個「中學為體，西學為用」的老方案，所以我要指出這個方案的「一半」是行不通的，忠孝、仁愛、信義、和平等等並不是「維繫並且引導我們民族向上的固有文化」，它們不過是人類共有的幾個理想，如果沒有作法、沒有熱力，只是一些空名詞而已。這些好名詞的存在並不曾挽救或阻止「八股、小腳、太監、姨太太、貞節牌坊、地獄的監牢、夾棍板子的法庭」……

等等的存在。「固有文化」的崩潰，也全不是程顥、朱熹、顧亭林、戴東原……等等聖賢的功績，乃是與「歐美文化」接觸之後，那科學工業造成的新文化，叫我們相形之下太難堪了，這些東方文明的罪孽方才逐漸崩潰的。我要指出，我們民族這七八十年來與歐美文化接觸的結果，雖然還不曾學到那個整個的科學工業的文明（可憐丁文江、翁文灝、顏任光諸位先生都還是四十多歲的少年，他們的工作剛開始哩！），究竟已替我們的祖宗消除了無數的罪孽，打倒了「小腳、八股、太監、五世同居的大家庭、貞節牌坊、地獄活現的監獄、夾棍板子的法庭」的一大部分或一小部分。這都是我們的「數不清的聖賢天才」從來不曾指摘譏彈的；這都是「忠孝、仁愛、信義、和平」的固有文化，從來不曾「引導向上」的。這些祖宗罪孽的崩潰，固然大部分是歐美文明的恩賜，同時也可以表示我們在這七八十年中至少也還做到了這些消極的進步。子圓先生說我們在這七八十年中「走入迷途，墮落下去」，這真是無稽的誣告！中國民族在這七八十年中何嘗「墮落」？在幾十年之中，廢除了三千年的太監，一千年的小腳，六百年的八股，五千年的酷刑，這是「向上」，不是墮落！

不過我們的「向上」還不夠，努力還不夠。八股廢止至今不過三十年，八股的訓練還存在大多數老而不死的人的心靈裡，還間接直接的傳授到我們的無數的青年人的腦筋裡。今日還是一個大家做八股的中國，雖然題目換了，小腳逐漸絕跡了，夾棍板子、砍頭、碎剮廢止了，但裹小腳的殘酷心理，上夾棍、打屁股的野蠻心理，都還存在無數老、少人們的心靈裡。今日還是一個殘忍野蠻的中國，所以始終還不曾走上法治的路，更談不到仁愛和平了。

所以我十分誠摯的對全國人說，我們今日還要反省，還要閉門思過，還要認清祖宗和我們自己的罪孽深重，絕不是這樣淺薄的「與歐美文化接觸」就可以脫胎換骨的。我們要認清那個容忍、擁戴「小腳、八股、太

監、姨太太、駢文、律詩、五世同居的大家庭、貞節牌坊、地獄的監牢、夾棍板子的法庭」到幾千、幾百年之久的固有文化，是不足迷戀的，是不能引我們向上的。那裡面浮沉著的幾個聖賢豪傑，其中當然有值得我們崇敬的人，但那幾十顆星兒終究照不亮那滿天的黑暗。我們的光榮的文化不在過去，是在將來，是在那掃清了祖宗的罪孽之後，重新改造出來的文化。替祖國消除罪孽，替子孫建立文明，這是我們人人的責任。古代哲人曾參說的最好：「士不可以不弘毅，任重而道遠」。先明白了「任重而道遠」的艱難，自然不輕易灰心、失望了。凡是輕易灰心、失望的人，都只是不曾認清他挑的是一個百斤的重擔，走的是一條萬里的長路。今天挑不動，努力磨練了，總有挑得起的一天；今天走不完，走得一里，前途就縮短了一里。「播了種一定會有收穫，用了力絕不至於白費」，這是我們最可靠的信心。

原題〈再論信心與反省〉

不要遮羞

自從《獨立》第一〇三號發表了那篇「信心與反省」之後，我收到了不少的討論，其中有幾篇已在《獨立》（第一〇五，一〇六，及一〇七號）登出了。我們讀了這些和還有一些未發表的討論，忍不住還要提出幾個值得反覆申明的論點來補充幾句話。

第一個論點是：我們對於我們的「固有文化」，究竟應該採取什麼態度？吳其玉先生（《獨立》一〇六）怪我「把中國文化壓得太低了」；壽生先生也怪我把中國文化「抑」的太過火了。他們都怕我把中國看的太低了，會造成「民族自暴自棄的心理，造成他對於其他民族屈服卑鄙的心理」。吳其玉先生說：「我們應該優劣並提。不可只看人家的長，我們的短；更應當知道我們的長，人家的短。這樣我們才能有努力的勇氣」。

這些責備的話，含有一種共同的心理，就是不願意揭穿固有文化的短處，更不願意接受「祖宗罪孽深重」的控訴。一聽見有人指出「駢文、律詩、八股、小腳、太監、姨太太、貞節牌坊、地獄的監牢、板子夾棍的法庭」等等，一般自命為愛國的人們總覺得心裡怪不舒服，總要想出法子來證明這些「未必特別羞辱我們」，因為這些都是「不可免的現象」，「無論古今中外是一樣的」（吳其玉先生的話）。所以吳其玉先生指出日本的「下女、男女同浴、自殺、暗殺、娼妓的風行、賄賂、強盜式的國際行為」；所以壽生先生也指出歐洲中古武士的「初夜權」、「貞操鎖」。所以子團先生也要問：「歐洲可有一個文化系統過去沒有類似小腳、太監、姨太太、駢文、律詩、八股、地獄活現的監獄、廷杖、板子夾棍的法庭一類的醜處呢？」（《獨立》一〇五號），本期（《獨立》一〇七號）有周作人先生來信，指出這又是「西洋也有臭蟲」的老調。這種心理實在不是健全的心

理，只是「遮羞」的一個老法門而已。從前笑話書上說：「甲乙兩人同坐，甲摸著身上一個虱子，有點難為情，把牠拋在地上，說：『我道是個虱子，原來不是的。』乙偏不識竅，彎身下去，把虱子拾起來，說：『我道不是個虱子，原來是個虱子！』」甲的做法，其實不是除虱的好法子。乙的做法，雖然可惱，至少有「實事求是」的長處。虱子終是虱子，臭蟲終是臭蟲，何必諱呢？何必問別人家有沒有呢？

況且我原來舉出的「我們所獨有的寶貝」：駢文、律詩、八股、小腳、太監、姨太太、五世同居的大家庭、貞節牌坊、地獄的監牢、廷杖、板子夾棍的法庭，這十一項，除姨太太外，差不多全是「我們所獨有的」，「在這世界無不足以單獨成一系統的」。高跟鞋與木屐何足以媲美小腳？「貞操鎖」，我在巴黎的克呂尼博物院（Musée de Cluny）看見過，並且帶有照片回來，這不過是幾個色情狂的私人的特製，萬不配上比那普及全國至一千多年之久，詩人頌為香鉤，文人尊為金蓮的小腳。我們走遍世界，研究過初民社會，沒有看見過一個文明的或野蠻的民族把他們的女人的腳裹小到三四寸，裹到骨節斷折殘廢，而一千年公認為「美」的！也沒有看見過一個文明的民族的智識階級，有話不肯老實的說，必須湊成對子，做成駢文、律詩、律賦、八股，歷一千幾百年之久，公認為「美」的！無論我們如何愛護祖宗，這十項的「國粹」是洋鬼子家裡搜不出來的。

況且西洋的「臭蟲」是裝在玻璃盒裡任人研究的，所以我們能在巴黎的克呂尼博物院縱觀高跟鞋的古今沿革，縱觀「貞操鎖」的製法，並且可以在博物院中購買精製的「貞操鎖」的照片寄回來讓國中人士用作「西洋也有臭蟲」的實例。我們呢？我們至今可有一個歷史博物館敢於蒐集小腳鞋樣、模型、圖畫、或鴉片煙燈、煙槍、煙膏、或廷杖、板子、閘床、夾棍等等極重要的文化史料，用歷史演變的原理排列展覽，供全國人的研究與警醒的嗎？因為大家都要以為滅跡就可以遮羞，所以青年一輩人全不明

白祖宗造的罪孽如何深重，所以他們不能明白國家民族何以墮落到今日的地步，也不能明白這三四十年的解放與改革的絕大成績。不明白過去的黑暗，所以他們不認得今日的光明；不懂得祖宗罪孽的深重，所以他們不能知道這三四十年革新運動的努力並非全無效果。我們今日所以還要鄭重指出八股、小腳、板子、夾棍等等罪孽，豈是僅僅要宣揚家醜？我們的用意只是要大家明白我們的脊梁上馱著那兩三千年的罪孽重擔，所以幾十年的不十分自覺的努力，還不能夠叫我們海底翻身。同時我們也可以從這種歷史的知識上得著一種堅強的信心：三四十年的一點點努力，已可以廢除三千年的人監，一千年的小腳，六百年的八股，四五百年的男娼，五千年的酷刑，這不夠使我們更決心向前努力嗎！西洋人把高跟鞋、細腰模型、貞操鎖都裝置在博物院裡，任人觀看，叫人明白那個「美德造成的黃金世界」原來不在過去，而在那遼遠的將來。這正是鼓勵人們向前努力的好方法，是我們青年人不可不知道的。

固然，博物院裡同時也應該陳列先民的優美成績，談固有文化的也應該如吳其玉先生說的「優劣並提」。這雖然不是我們現在討論的本題，（本題是「我們的固有文化真是太豐富了嗎？」）我們也可以在此談談，我們的固有文化究竟有什麼「優」「長」之處呢？我是研究歷史的人，也是個有血氣的中國人，當然也時常想尋出我們這個民族的固有文化的優長之處；但我尋出來的長處實在不多，說出來一定叫許多青年人失望。依我的愚見，我們的固有文化有三點是可以在世界上占數一數二的地位的：第一是我們的語言的「文法」是全世界最容易、最合理的；第二是我們的社會組織，因為脫離封建時代最早，所以比較的是很平等的、很平民化的；第三是我們的先民，在印度宗教輸入以前，他們的宗教比較的是最簡單的、最近人情的；就在印度宗教勢力盛行之後，還能勉力從中古宗教之下爬出來，勉強建立一個人世的文化，這樣的宗教迷信的比較薄弱，也可算是世

界稀有的。然而這三項都夾雜著不少的有害的成分，都不是純粹的長處。文法是最合理的、簡易的，可是文字的形體太繁難，太不合理了。社會組織是平民化了，同時也因為沒有中堅的主力，所以缺乏領袖，又不容易組織，弄成一個一盤散沙的國家；又因為社會沒有重心，所以一切風氣都起於最下層，而不出於最優秀的分子，所以小腳起於舞女，鴉片起於遊民，一切賭博皆出於民間，小說戲曲也皆起於街頭彈唱的小民。至於宗教，因為古代的宗教太簡單了，所以中間全國投降了印度宗教，造成了一個長期的黑暗迷信的時代，至今還留下了不少的非人生活的遺痕。 ── 然而這三項究竟還是我們在這個世界上最特異的三點：最簡易合理的文法、平民化的社會構造、薄弱的宗教心。此外，我想了二十年，實在想不出什麼別的優長之點了，如有別位學者能夠指出其他的長處來，我當然很願意考慮的（這個問題當然不是一段短文所能討論的，我在這裡不過提出一個綱要而已）。

所以，我不能不被逼上「固有文化實在太不豐富」之結論了。我以為我們對於固有的文化，應該採取歷史學者的態度，就是「實事求是」的態度。一部文化史平鋪放著，我們可以平心細看，如果真是豐富，我們又何苦自諱其豐富？如果真是貧乏，我們也不必自諱其貧乏；如果真是罪孽深重，我們也不必自諱其罪孽深重。「實事求是」，才是最可靠的反省。自認貧乏，方才肯死心塌地的學；自認罪孽深重，方才肯下決心去消除罪孽。如果因為發現了自家不如人，就自暴自棄了，那只是不肖的紈絝子弟的行徑，不是我們的有志青年應該有的態度。

話說長了，其他的論點不能詳細討論了，姑且討論第二個論點，那就是模仿與創造的問題。吳其玉先生說文化進步發展的方式有四種：（一）模仿；（二）改進；（三）發明；（四）創作。這樣分法，初看似乎有理，細看是不能成立的。吳先生承認「發明」之中「很多都由模仿來的。」「但也

有許多與舊有的東西毫無關係的。」其實沒有一件發明不是由模仿來的；吳先生舉了兩個例：一是瓦特的蒸汽機，一是印字術。他若翻開任何可靠的歷史書，就可以知道這兩件也是從模仿舊東西出來的；印字術是模仿抄寫，這是最明顯的事，從抄寫到刻印章，從刻印章到刻印板畫，從刻印板畫到刻印符咒、短文，逐漸進到刻印大部書，又由刻板進到活字排印，歷史具在，哪一個階段不是模仿前一個階段而添上的一點新花樣？瓦特的蒸汽機，也是從模仿來的。瓦特生於西元一七三六年，他用的是牛可門（Thomas Newcomen）的蒸汽機，不過加上第二個凝冷器及其他修改而已。牛可門生於一六六三年，他用了同時薩維里（Thomas Savery）的蒸汽機。牛、薩兩人又都是根據法國人巴平（Denis Papin）的蒸汽唧筒。巴平又是模仿他的老師，荷蘭人胡根斯（Huygens）的空氣唧筒的。吳先生舉的兩個「發明」的例子，其實都是我所說的「模仿到十足時的一點新花樣」。吳先生又說：「創作也須靠模仿為入手，但只模仿是不夠的。」這和我的說法有何區別？他把「創作」歸到「精神文明」方面，如美術、音樂、哲學等。這幾項都是「模仿以外，還須有極高的開闢天才和獨立的精神」。我的說法並不曾否認天才的重要。我說的是，模仿熟了，就是學會了；工具用的熟了，方法練的細密了，有天才的人自然會「熟能生巧」，這一點功夫到時的奇巧新花樣就叫做創造。（〈信心與反省〉頁四八）

吳先生說：「創造須由模仿入手」；我說：「一切所謂創造都從模仿出來」，我看不出有一絲一毫的分別。

如此看來，吳先生列舉的四個方式，其實只有一個方式：一切發明創作都從模仿出來。沒有天才的人只能死板的模仿；天才高的人，功夫到時，自然會改善一點；改變的稍多一點，新花樣添的多了，就好像是一件發明或創作了，其實還只是模仿功夫深時添上的一點新花樣。

這樣的說法，比較現時一切時髦的創造論，似乎要減少一點弊竇。今

日青年人的大毛病是誤信「天才」、「靈感」等等最荒謬的觀念，而不知天才沒有功力只能蹉跎自誤，一無所成。世界大發明家愛迪生說的最好：「天才（Genius）是一分神來，九十九分汗下。」他所謂「神來（Inspiration）」，即是玄學鬼所謂「靈感」。用血汗苦功到了九十九分時，也許有一分的靈巧新花樣出來，那就是創作了。頹廢懶惰的人，痴待「靈感」之來，是終無所成的。壽生先生引孔子的話：「吾嘗終日不食，終夜不寢，以思，無益，不如學也。」這一位最富於常識的聖人的話是值得我們大家想想的。

原題〈再論信心與反省〉

歷史留下的思考

……把中國古代政治思想的幾種觀念……威權與自由衝突的觀念 —— 特別提出四點（也可說是四件大事）來講。

第一、是無政府的抗議，以老子為代表。這是對於太多的政府，太多的忌諱，太多的管理，太多的統治的一種抗議。這種中國古代的政治思想，能在世界上占有一個很獨立的、比較有創見的地位。這一次強迫我花了四十多天時間，來預備一個二十五分鐘的演講；經我仔細地加以研究，感到中國政治思想在世界上有一個最大的、最有創見的貢獻，恐怕就是我們的第一位政治思想家 —— 老子 —— 的主張無政府主義。他對政府抗議，認為政府應該學「天道」。「天道」是什麼呢？「天道」就是無為而無不為。這可說是一個很重要的觀念。他認為用不著政府；如其有政府，最好是無為、放任、不干涉，這是一種無政府主義的政治理想：有政府等於沒有政府；如果非要有政府不可，就是無為而治。所以第一件大事，就是中國政治思想史上第一個放大砲的 —— 老子 —— 的無政府主義。他的哲學學說，可說是無政府的抗議。

第二件大事，是孔子、孟子一班人提倡的一種自由主義的教育哲學。孔子與孟子首先揭櫫這種運動。後世所謂「道家」（其實中國古代並沒有道家的名詞；此是後話，不在此論例），也可以說是這個自由主義運動的一部分。後來的莊子、楊朱，都是承襲這種學說的。這種所謂個人主義、自由主義的教育哲學和個人主義的起來，是由於他們把個人看得特別重，認為個人有個人的尊嚴。《論語》中的「不降其志，不辱其身」，就是這個道理。個人主義、自由主義的教育哲學，教育人參加政治，參加社會；這種人要有一種人格的尊嚴，要自己感覺到自己有一種使命，不能隨便忽略

他自己。這個個人主義、自由主義的教育哲學，是第二件值得我們紀念的大事。

第三件大事，可算是中國古代極權政治的起來，也就是集體主義（極權主義）的起來。在這個期間，墨子「上同」的思想（這個「上」字，平常是用高尚的「尚」字，其實是上下的「上」字）。就是下面一切要上同，所謂「上同而不下比者」——就是一種極權主義。以現在的新名詞說，就叫「民主集權」。墨子的這種理論，影響到紀元前四世紀出來了一個怪人——商鞅。他在西方的秦國，實行這種「極權政治」；後來商鞅被清算死了，但這種極權制度還是存在，而且在一百年之內，把當時所謂天下居然打平，用武力來統一中國，建立所謂「秦帝國」。帝國成立以後，極權制度仍繼續存在，焚書坑儒，毀滅文獻，禁止私家教育。這就是第三件大事。所謂極權主義的哲學思想：極權國家不但起來了，而且是大成功。

第四件大事是，這個極權國家的打倒，無為政治的試行。秦王政統一天下之後，稱他自己為秦始皇，以後他的兒子為二世，孫子為三世，以至於十世、百世、千世、萬世、無窮世。殊不知非特沒有到萬世、千世、百世，所謂「秦帝國」，只到了二世就完了。這一個以最可怕的武力打成功的極權國家，不到十五年就倒下去了。第一個「秦帝國」沒有安定，第二個帝國的漢朝卻安定了。什麼力量使它安定的呢？在我個人的看法，就要回到我說的第一件大事。我以為這是那個無政府主義、無為的政治哲學思想來使它安定的。秦始皇的帝國只有十五年；漢朝的帝國有四百二十年，為什麼那個帝國站不住而這個帝國能安定呢？最大的原因，就是漢朝的開國領袖能運用幾百年以前老子的無為的政治哲學。漢朝頭上七十年工夫，就是採用了這種無為而治的哲學。秦是以有為極權而亡；而漢朝以有意的、自覺的實行無為政治，大漢帝國居然能安定四百二十年之久。不但安定了四百二十年，可說兩千年來到現在。今天我們自己稱「漢人」，這

個「漢」字就是漢朝統治四百二十年後留給我們的。在漢朝以前，只稱齊人、楚人、衛人，沒有「中國人」這個名詞。漢朝的四百二十年，可說是規定了以後兩千多年政治的規模，就是無為而治這個觀念。這可說是兩千多年前祖先留下來的無窮恩惠。這個大帝國，沒有軍備，沒有治安警察，也沒有特務，租稅很輕。（講到這裡，使我想起我在小時，曾從安徽南部經過浙江到上海。到了杭州，第一天才看到警察；以前走了七天七夜並沒有看到一個警察或士兵，路上一樣很太平。）所以第四件大事，可說是打倒極權帝國而建立一個比較安定的國家；拿以前提倡了而沒有實行的，無為而治的政治哲學，來安定四百二十年大漢帝國，安定幾千年來中國的政治。

現在我就這四點來姑妄言之，諸位姑妄聽之。

第一件大事是老子的無為主義。最近幾十年來，我的許多朋友，從梁任公先生到錢穆、顧頡剛、馮友蘭諸先生，都說老子這個人恐怕靠不住，《老子》這部書也恐怕靠不住。他們主張要把《老子》這部書挪後兩三百年。關於這個問題，我也發表過一篇文章，批評這幾位先生考定老子年代的方法。我指出他們提出來的證據都站不住。（現在臺灣版《胡適文存》第四集第二篇，就是討論考證老子這個人的年代，和《老子》這本書的年代的。）但這二三十年來中國學者的提倡，居然影響到外國學者，外國學者也在對老子年代發生懷疑。你看西洋最近出版的幾種書，差不多老子的名字都不提了。在我個人的看法，這個問題很複雜，如果將來有機會，可再和各位詳細的討論。今天簡單的說，我覺得老子這個人的年代和《老子》這本書的年代，照現在的材料與根據來說，還是不必更動。老子這個人恐怕要比孔子大二三十歲；他是孔子的先生。所謂「孔子問禮於老聃」是大家所不否認的；同時在《禮記‧曾子問》中有明白的記載。那時孔子做老子的學徒，在我那篇很長的文章〈說儒〉裡，老子是「儒」，孔子也是

「儒」。「儒」的職業是替人家主持喪禮、葬禮、祭禮的。有人認為「儒」是到孔子時才有的，這是錯誤的觀念。我為了一個「儒」字，寫了五萬多字的文章；我的看法，凡是「儒」，根據〈檀弓〉裡所說，就是替人家主持婚喪祭祀的贊禮的。現在大家似乎都看不起這種贊禮。其實你要是看看基督教和回教，如基督教的牧師，回教的阿洪，他們也是替人家主持婚喪祭祀的。在古代兩千五百年時，「儒」也是一種職業。在《禮記・曾子問》中都講到孔子的大弟子和孔子的老師都是替人家「相」喪的。《禮記・曾子問》中記：孔子自說有一天跟隨著老子替人家主持喪禮，出喪到半路上，遇到日食；老子就發命令，要大家把棺材停在路旁，等到日食過去後再往前抬。下面老子又解釋為什麼送喪時遇到日食，應該等到太陽恢復後再往前抬。各位先生想一想：送喪碰到日食，這是很少見的事；而孔子跟著老子為人家主持喪禮，在路上遇見日食，也是一件很少見的事，記載的人把這話記載下來，我相信這是不至於會假的。從前閻百詩考據老子到周去問禮到底是哪一年，就是根據這段史實來斷定的。同時〈檀弓〉並不是一本侮蔑孔子的書；這是一本儒家的書。孔子的學生如曾子等，都是替人家送喪的。替人家送喪是當時的一種吃飯工具，是一種正當的職業。至於《老子》這部書，約有五千字左右，裡邊有四五個真正有創造的基本思想；後來也沒有人能有這樣透闢的觀念。這部只有五千字左右的書，在我個人看起來，從文字上來看，我們也沒有理由把它放得太晚。在思想上他的好幾個觀念，可說是影響了孔子。譬如老子說「無為」，孔子受其影響甚大。如《論語》中的「無為而治的，其舜也歟！」「為政以德，譬如北辰，居其所而眾星拱之！」這些話都是受了老子「無為而治」的影響的。還有孔子說，我話說得太多，我要「無言」。這也是老子的思想。孔子說：「天何言哉？四時行焉；百物生焉；天何言哉？」這就是自然主義的哲學。我們考證一部書的真假。從一個人的著作中考據另一個人，並不是我一個人的辦

法。譬如希臘古代在哲學方面有許多著作，後來的人考據哪幾部著作是真的，哪幾部著作是假的，用什麼標準呢？文字當然是一種標準；但是重要的，就是如果要辨別柏拉圖著作的真偽，須看柏拉圖的學生亞利斯多德是否曾經引過他老師的話，或者看亞利斯多德是否曾提到柏拉圖某一部書裡的話。這是考據的一種方法。我們再看孔子說的「以德報怨」。這完全是根據老子所說的「報怨以德」。諸如此類的話多得很；如「以能問於不能，以多問於寡，有若無，實若虛，犯而不校」等都可以說是老了的基本觀念；尤其「犯而不校」，就是老子提倡的一個很基本的觀念，所謂「不爭主義」，小即是「不抵抗主義」。（我就是犯了這個毛病，說不考據，現在又談考據了。不過我現在說這些話，只是替老子伸伸冤而已。）

老子的主張，所謂無政府的抗議，是中國政治思想史上第一件大事。他的抗議很多。大家總以為老子是一位扶起手來不說話的好好先生，絕對不像個革命黨、無政府黨，我們不能太汙衊他。你只要看他的書，就知道老子不是好好先生。他在那裡抗議，對於當時的政治和社會抗議。他說：「民之飢，以其上食稅之多，是以飢。民之難治，以其上之有為，是以難治。民之輕死，以其求生之厚，是以輕死。」「民不畏死，奈何以死懼之。」「天下多忌諱，而民彌貧。民多利器，國家滋昏。人多伎巧，奇物滋起。法令滋彰，盜賊多有。」這就是提倡無政府主義的老祖宗，對於當時政治和社會管制太多、統治太多、政府太多的一個抗議。所以大家不要以為老子是一位什麼事都不管的好好先生、太上老君；他是一位對於政治和社會不滿，而要提出抗議的革命黨。而且他僅僅抗議還不夠，他還提出一種政治基本哲學。就是說，在世界政治思想史上，自由中國在兩千五百年以前產生了一種放任主義的政治哲學，無為而治的政治哲學，不干涉主義的政治哲學。在西方恐怕因為直接、間接的受了中國這種政治思想的影響，到了十八世紀才有不於涉政治思想哲學的起來。

　　近代的民主政治，最初的一炮都是對於政府的一個抗議，不要政府，要把政府的力量減輕到最低，最好做到無為而治。我想全世界人士不會否認，在全世界的政治思想史上，中國提出無為而治的思想、不干涉主義，這個政治哲學，比任何一個國家要早兩千三百年，這是很重要的一件大事。

　　老子說：「我們不要自己靠自己的聰明；我們要學學天，學學大自然。」「自然」這兩個字怎樣解釋呢？「然」是如此，「自然」就是自己如此。天地間的萬物，都不是人造出來的，也不是由玉皇大帝造一個男的，再造一個女的，而都是無為，都是自己如此。一切的花，不管紅黃藍白，各種顏色的花，絕不是一個萬能的上帝塗上了各種顏色才這樣的，都是自己如此。也就是老子的所謂「天道」，孔子所謂「天何言哉？四時行焉，百物生焉，天何言哉？」「天道」就是無為，無為而無不為。老子說：「故聖人云：『我無為而民自化；我好靜而民自正；我無事而民自富；我無欲而民自樸。』」這就是無為的政治。而老子最有名的一句話，就是「太上，下知有之。」就是說，最高的政府，使下面的人僅僅知道這個政府。另外一個本子把這句話多加了一個字，作「太上下不知有之」。就是說，上面有個政府，下面的人民還不知道有政府的存在。下面又說：「其次，親之譽之；其次，畏之；其次，侮之。」就是，比較次一等的政府，人民親近它，稱譽它；第三等政府，人民畏懼它；第四等政府，人民看不起它。所以第一句「太上，下知有之」六個字是很了不得的，是人類政治思想史上最早有這個觀念。這種政治思想，比世界上任何一個有思想、文化的民族都還要早；同時，由這個觀念而影響到我們後來的思想。所以我們中國在政治思想上捨不得把《老子》這部書抹煞掉，我們歷史上第一個政治思想家，就是提倡無政府主義、不干涉主義的老子。同時，我頗疑心十八世紀的歐洲哲學家已經有老子的書的拉丁文翻譯本，因為那時他們似乎已經受到老子學說的影響。

第二件大事是孔子以下的自由思想、個人主義。孔子與老子不同。孔子是教育家，而老子反對文化，認為五音、五色、五味的文化是太複雜了，最好連車、船等機器都不用，文字也不必要。這種反文化的觀念，在歐洲十八世紀時的盧梭，十九世紀時的托爾斯泰也曾提出；而老子的反文化觀念要比任何世界上有文化的民族為早。老子不但反文化，而且反教育，認為文明是代表人民的墮落。而孔子恰恰相反，他是一個教育家、歷史家。雖然做老子的學生，受無為思想的影響。孔子在政治思想上的成就比較平凡，並沒有什麼創造的見解。但是孔子是一個了不得的教育家，他提出的教育哲學可以說是民主自由的教育哲學，將人看作是平等的。《論語》中有「性相近也，習相遠也，唯上智與下愚不移。」就是說，除了絕頂聰明與絕頂笨的人沒有法教育以外，其他都是平等的，可教育的能力一樣。孔子提出四個字，可以說是中國的民主主義教育哲學，就是：「有教無類。」「類」是種類，是階級。若是看了墨子講的「類」和荀子講的「類」，然後再來解釋孔子的「有教無類」，可以知道此處的「類」就是種類，就是階級。有了教育就沒有種類，就沒有階級。後世的考試制度，可以說是根據這種教育哲學為背景的。

　　孔子的教育哲學是「有教無類」，但他的教育「教」什麼呢？孔子提出一個很重要的字，就是「仁」字。孔子的著重「仁」字，可以說前無古人後無來者，這是了不得的地方。這個「仁」就是人的人格，人的人性，人的尊嚴。孔子說：「修己以敬。」孔子的學生問：「這就夠了嗎？」孔子又說：「修己以安人。」孔子的學生又問：「這就夠了嗎？」孔子又說：「修己以安百姓。」這句話就是說教育並不是要你去做和尚，去打坐念經那一套。「修己」是做教育自己的工作；但是還有一個社會目標，就是「安人」。「安人」是給人類以和平、快樂，這一個教育觀念是新的。教育並不是為自己，不是為使自己成為菩薩、羅漢、神仙。修己是為了教育自己，為的

社會目標。所以後來儒家的書《大學》裡的「格物、致知、誠意、正心、修身」，是修身的工作，而後面的「齊家、治國、平天下」，都是社會的目標。所以孔子時代的這種「修己以安人」、「修己以安百姓」的觀念就是將教育個人與社會貫連起來。教育的目標不是為自己自私自利，不是為升官發財，而是為「安人」、「安百姓」、為齊家、治國、平天下。因為有這個使命，就感覺到「人」、受教育的「人」，尤其是士大夫階級，特別有一種尊嚴。人本來有人的尊嚴，到了做到自己感覺有「修己以安人」、「修己以安百姓」的使命時，就特別感覺到有一種責任。所以《論語》中說：「志士仁人，無求生以害仁，有殺身以成仁。」就是說，遇必要時，寧可殺身以完成人格。這就是《論語》中的「不降其志，不辱其身」。孔子的大弟子曾子說：「士不可以不弘毅，任重而道遠。仁以為己任，不亦重乎！死而後已，不亦遠乎！」就是說受教育的人要有大氣魄，要有毅力。為什麼呢？因為「任重而道遠」。「任」就是擔子，把「仁」拿來做擔子，擔子自然很重，到死才算是完了，這個路程還不遠嗎？這一個觀念，是我們所謂有孔孟學派的精神的，就是將個人人格看得很重，要自己挑起擔子來，「修己以安人、修己以安百姓」。孟子常說「自任以天下之重。」曾子說「仁以為己任。」以整個人類視為我們的擔子，這是兩千五百年以來的一個了不得的傳統。後來宋朝范仲淹也說：「先天下之憂而憂，後天下之樂而樂。」這就是因為「修己以安人」而感覺到「任重而道遠」的緣故。明末顧亭林以為：「天下興亡，匹夫有責」，也是這個道理。

所以自由民主的教育哲學產生了健全的個人主義。個人主義就是將自己看作一個有擔子的人，不要忘了自己有使命、有責任。不但孔子如此，孟子也講得很清楚：「富貴不能淫，貧賤不能移，威武不能屈，此之謂大丈夫。」就是說大丈夫的人格要自己感覺到自己有「修己以安人」的使命。再講到楊、朱、莊子所提倡的個人主義，也不過是個人人格的尊嚴。莊子

主要的是說：「舉世譽之而不加勸；舉世非之而不加沮。」這就是最健全的個人主義。老子、莊子都是如此。到了漢朝才有人勉強將他們跟孔、孟分了家，稱為道家。秦以前的古書中都沒有「道家」這個名字。（哪一位先生能在先秦古書裡找到「道家」這個名字的，我願意罰錢。）所以韓非子在秦末年時說：「天下顯學二，儒、墨而已。」他只講到儒、墨，沒有提及道家。楊、朱的學說也是個人主義。這個個人主義的趨勢是一個了不得的趨勢，以健全的民主自由教育哲學作基礎，要做到「不降其志，不辱其身」；提倡人格，要挑得起人類的擔子，挑得起天下的擔子。寧可「殺身以成仁」，不可「求生以害仁」。這個健全的個人主義，是第二個重要的運動。

第三件大事發生在紀元前五世紀以後，在孔子以後，自四世紀造成三世紀時，正是戰國時代。原來春秋時代有一個大國 —— 晉。晉國文化很高，但在西曆紀元前四○三年即被權臣分裂為韓、趙、魏三國。這一年歷史家算作戰國的第一年。那時南方的楚也很強大，因為晉國三分，亦便沒有可畏的強鄰了。當時的秦孝公是一個英主，用了一個大政治家商鞅。兩人合作而造成了一個極權國家。不過極權主義的思想原則遠在商鞅之前就已發生；在《墨子》的〈上同篇〉中已有這個思想。關於中國古代思想的三個大老 —— 老子、孔子、墨子，我在《中國哲學史》上卷，提倡百家平等，認為他們受了委屈，為被壓迫了幾千年的學派打抱不平。現在想想，未免矯枉過正。當時認為墨家是反儒家的；儒家是守舊的右派，而墨家是革新的左派。但這幾十年來 —— 三十五年來的時間很長，頭髮也白了幾根，當然思想也有點進步 —— 我看墨子的運動是替民間的宗教辯護，認為鬼是有的，神是有的。這種替民間宗教辯護的思想，在當時我認為頗傾向於左；但現在看他，可以算是一個極右的右派 —— 反動派。尤其是講宗教政治的部分，所說的話是右派的話。在政治思想上，只要看他的〈上同篇〉。〈上同篇〉中說：「古者民始生未有政長之時，蓋其語人異

義。是以一人則一義，二人則二義，十人則十義。其人茲眾，其所謂義者亦茲眾。是以人是其義以非人之義，故交相非也。……天下之亂，若禽獸然。」義就是對的；一個人認為自己是對的，十個人認為他們各是對的，結果互相吵起來而「交相非也」。拿我的「義」打人家的「義」，結果天下大亂而「若禽獸然」。有了政府時，政府中上面是天子，有三公、諸侯——鄉長、里長、政府成立了。

然後由天子發布命令給天下百姓，說你們凡是聽見好的或不好的事都要報告到上面來，這是民主集權制。〈上同篇〉中說：「夫明乎天下之所以亂者生以無政長，是故選天下之賢可者立以為天子。天子立，以其力為未足，又選擇天下之賢可者置立之以為三公。……政長既已具，天子發政於天下之百姓，言曰，聞善而不善（王引之讀「而」為「與」），皆以告其上。上之所是，必皆是之；所非，必皆非之。……上同而不下比者，此上之所賞而下之所譽也。」只要上面說是對的，下面的人都要承認是對的：這就是「上同」，「上同而不下比」。「里長發政里之百姓，言曰，聞善而不善，必以告其鄉長。鄉長之所是，必皆是之；鄉長之所非，必皆非之。……鄉長唯能一同鄉之義，是以鄉治也。……鄉長發政鄉之百姓，言曰，聞善而不善者，必以告國君。國君之所是，必皆是之，國君之所非，必皆非之。……國君唯能一同國之義，是以國治也。……」天子的功用就是能夠一同天下之義；但是這還不夠，天子上面還有上帝。所以「國君發政國之百姓，言曰，聞善而不善，必以告天子。天子之所是，皆是之；天子之所非，皆非之。……天子唯能一同天下之義，是以天下治也。……天下之百姓，皆上同於天子，而不上同於天，則災猶未去也。」這才算是真正的上同。但是怎樣才能達到上同呢？拿現代的名詞講，就是用「特務制度」，也就是要組織起來。這樣才能夠收到在數千里外有人做好事、壞事，他的妻子、鄉人都不知道，而天子已經知道。〈上同篇〉中有一段說：

「古者聖王唯能審以尚同以為政長，是故上下情通。（依畢王諸家校。）上有隱事遺利，下得而利之；下有蓄怨積害，上得而除之。是以數千萬里之外，有為善者，其室人未遍知，鄉里未遍聞，天子得而賞之。數千萬里之外，有為不善者，其室人未遍知，鄉人未遍聞，天子得而罰之。是以舉天下之人皆恐懼振動，惕慄不敢為淫暴，曰，『天子之視聽也神！』」就是說天子的看與聽都是神。然後又說：「非神也，夫唯能使人之耳目助己視聽，使人之唇吻助己言談，使人之心思助己思慮，使人之股肱助己動作。助之視聽者眾，則其德音之所撫循者博矣；助之思慮者眾，則其舉事速成矣。故古者聖人之所以濟事成功垂名於後世者，無他故異物焉，曰唯能以上同為政者也。」這就是一種最高的民主集權制度。這種思想真正講起來也可以說是一種神權政治，也是極權政治的一種哲學。所以我們從政治方面講，老子是站在左派，而墨子是站在極右派。不過後來墨子並沒有機會實行他的政治哲學。

秦孝公的西方國家本來是一個貧苦的國家，但是經過商君變法，提倡「農」、「戰」，這是一種政治上、經濟上、軍事制度上的大改革、大革新。這個革新有兩大原則：一是提倡「農」，生產糧食；一是提倡「戰」。有許多古代的哲學，古代的書籍，因為離開我們太久遠了，我們對它的看法有時看不大懂。在三十五年前我寫《中國哲學史大綱》時，就很不注意《商君書》和韓非子的書。這種書因為在那時候，沒有能看得懂，覺得有許多東西好像靠不住。等到這幾十年來，世界上有幾個大的極權政府，有幾個已經倒了，有的還沒有倒。因為這個緣故，我們再回頭看墨子、商君的書，懂了。這是經過三十多年的變化而生的轉移。舉例來說，譬如關於「戰」，關於極權政治，在《商君書》第十七章裡有一節：「聖人之為國也，一賞、一刑、一教。一賞則民無敵；一刑則令行；一教則下聽。」這個「一賞、一刑、一教」，真正是極權的國家主義。最重要的是一教。一

教之義，就是無論什麼學問，無論什麼行為，都比不了富貴，而富貴的得來，並不靠你的知識，也不靠你的行為，也不是因為名譽；靠什麼呢？靠戰爭。「所謂一教者，博聞辯慧，信廉禮樂，修行群黨，任譽清濁，不可以富貴。……富貴之門；要存戰而已矣。」能夠作戰的才能踐富貴之門；因為這個緣故，父兄、子弟、朋友、婚姻的談話中最重要的事是戰爭。「彼能戰者，踐富貴之門。……是父兄昆弟知識婚姻合約者，皆曰，務之所加，存戰而已矣。故當壯者務於戰，老弱者務於守。死者不悔，生者務勸。此……所謂一教也。」「民之欲富貴也，共闔棺而後出。而富貴之門必出於兵。是故民間戰而相賀也。起居飲食所歌謠者，戰也。……聖人治國也，審一而已矣。」像這樣使人認為戰爭是可賀的，在家中在外面所唱的歌都是戰爭；這樣才能做到使百姓聽到戰爭的名字，看到戰爭，有如餓狼看見了肉，這樣老百姓才可以用了。「民之見戰也，如餓狼之見肉，則民用矣。凡戰者，民之所惡也。能使民樂戰者，王。」這些書籍，我們在當時看不懂，到了最近幾十年來，回頭看一看《史記》、《商君書》，才都懂了。那時的改革政治是怎樣呢？就是將人民組織起來，分為什伍的組織，要彼此相糾發。《史記·商君列傳》：「令民為什伍，而相收司（相糾發）連坐。（一家有罪而九家連舉發。若不糾舉，則十家連坐。）不告奸者腰斬。告奸者，與斬敵首同賞。匿奸者與降敵同罰。……有軍功者，各以率受上爵。……大小修力本業耕織；致粟帛多者，復其身。事末利及怠而貧者，舉以為收。」這是西方的秦建設了一個警察國家，一個極權的國家，而且成績特別好，在不到一百年之內，居然用武力統一了當時的所謂天下。始皇二十六年統一天下；過了八年後又發生了問題。就是當時還有許多人保留了言論自由。於是三十四年丞相李斯議曰：「……古者天下散亂，莫之能一，是以諸侯並作，語皆道古以害今，飾虛言以亂實。人善其私學，以非上之所建立。」就是百姓以批評來反對政府所建立的政策。接

著又說：「今皇帝並有天下，別黑白而定一尊，私學而（乃）相與非法教。人聞令下，則各以其所學議之。人則心非，出則巷議。誇主以為名，異取以為高，率群下以造謗。如此弗禁，則主勢降乎上，黨羽成乎下。禁之便。」主張還是禁止言論自由為對。於是就具體建議：「臣請史官非秦紀皆燒之；非博士官所職，天下敢有藏詩書百家語者，悉詣守尉雜燒之。」將書燒了以後，如果還有人敢批評政府的就殺頭。「有敢偶語詩書，棄市。」「吏見知不舉者與同罪。」「所不去者，醫藥卜筮種樹之書。……」這是秦始皇三十四年的大燒書。

總而言之，第三件大事就是秦朝創立一個很可怕的極權國家，而且大成功，用武力統一了全中國，建立了統一的帝國。

第四件大事就是極權國家的打倒，與無為政治的試行。漢高祖是百姓出身，項燕、項羽與張耳一班人都是貴族。漢高祖是一個地地道道的百姓，知道民間的疾苦，所以當他率領的革命軍到達咸陽時，就召集父老開人會，將所有秦代所定的法律都去掉，只留約法三章；其實只有兩章：「殺人者死，傷人及盜抵罪。」漢朝的幾個大領袖都能繼續漢高祖的這種政策。當時的曹參是戰功最高的，比韓信的戰功還高。漢高祖將項羽打倒後，立私生子做齊王，派曹參去做相國。曹參當時就說，我是軍人，而齊國的文化程度最高，經濟程度也高，情形很複雜，我幹不了；還是請一班讀書人去吧！於是大家告訴他，山東有一個人叫蓋公，可以請他指導。於是曹參就去請教蓋公。蓋公說：「我相信老子的哲學。要治理齊國很容易；只要『無為』就可以治好齊國。」於是曹參就實行「無為之治」。在齊國做了九年宰相，實行無為的結果，齊國大治，政治成績為全國第一。所以在蕭何死後，朝廷又請曹參回到中央政府做宰相。曹參到了中央任丞相以後，也還是喝酒不管國事。當時的惠帝就遣曹參的兒子去問曹參。曹參打了兒子一頓。及曹參上朝，惠帝向他說，你為什麼打你的兒子？是我叫

他問的。曹參便脫帽謝罪,向惠帝說:「陛下比高皇帝何如?」惠帝說:「我哪可以比高皇帝!」參又問:「陛下看我比蕭何哪個能幹?」惠帝說:「君似乎不及蕭何。」參曰:「陛下說得是。既然陛下比不上高祖,我比不上蕭何,我們謹守他們的成規,無為而治豈不好?」惠帝就說「很好」。不但如此,以後呂后鬧了一個小政變,結果一班大臣請高祖的一個小兒子代王恆來做皇帝,這就是漢文帝。文帝的太太竇后是一個了不得的皇后;文帝死後,景帝登位,竇后是皇太后;景帝死後,武帝登位,竇后是太皇太后;前後三度,當權四十五年。竇太后最相信老子的哲學,她命令劉家、竇家、全家大小都以老子的書作必修教科書。所以漢朝在這四十五年中實行無為而治的政治。對外方面,北對匈奴,南對南越,都是避免戰爭。對內是減輕租稅、減輕刑罰、廢止肉刑、廢止什伍連坐罪;租稅減輕至三十分之一,這是從古以來沒有的,以後也沒有的。人民經過戰國時代的多少戰爭,又經過楚漢的革命戰爭,在漢高祖以後,七十年的無為政治使人民得了休息的機會。無為而治的政治使老百姓覺得統一的帝國有好處而沒有害處。為什麼有好處呢?這樣大的一個帝國,沒有戰事,沒有常備軍隊,沒有警察,租稅又輕,這自然是老百姓第一次覺得這個政策是值得維持、值得保存的。

由於漢朝這七十年的有意實行的無為而治,才造成了四百年的漢帝國,才留下無為而治的規模,使我們中國兩千多年來的政治思想、政治制度、政治行為都受了這「無為而治」的恩典。這是值得我們想想的。這是我對於中國古代政治思想的一個看法。

原題《中國古代政治思想史的一個新看法》

五千年英雄悲劇

歷史可有種種的看法，有唯心的、唯物的、唯人的、唯英雄的，……各種看法，我現在對於中國歷史的看法，是從文學方法的，文學的名詞方面的，是要把它當作英雄傳，英雄詩，英雄歌，一幕英雄劇，而且是一幕英雄悲劇來看。

民族主義是愛國的思想，英國有名的先哲曾說過：「一個國家要覺得它可愛時，是要看這個國家在歷史上是否有可愛之點」，中國立國五千年，時時有西北的蠻族 —— 匈奴、鮮卑……不斷的侵入，可說是無時能夠自主的；鴉片戰爭又經過百年，而更有最近空前的危急，在此不斷的不光榮的失敗歷史中，有無光榮之點，它的失敗是否可以原諒，在此失敗當中，是否可得一教訓。

這一齣五千年的英雄悲劇，我們看見我們的老祖宗繼續和環境奮鬥，經過了種種失敗與成功，在此連臺戲中，有時叫我們高興，有時叫我們著急，有時叫我們傷心嘆氣，有時叫我們掉淚悲泣，有時又叫我們看見一線光明，一線希望，一點安慰，有時又失敗了，有時又小成功了，有時竟大失敗了；這戲中的主角，是一位老英雄 —— 中華 —— 他的一生是長期的奮鬥，吃盡了種種辛苦，經了種種磨難，好像姜子牙的三十六路伐西歧，剛剛平了一路，又來了一路；又好像唐三藏上西天取經，經過了八十一大難，剛脫離了一難，又遭一難似的，這樣繼續不斷奮鬥，所以是一篇英雄劇；磨難太多，失敗太慘，所以是一篇悲劇。

本來在中國的文字中 —— 戲劇中、小說中，悲劇作品很少；即如《紅樓夢》一書，原是一個悲劇，而好事者偏要作些圓夢、續夢、復夢等出來，硬要將林黛玉從棺材裡拿起來和賈寶玉團圓，而認為以前的不滿意，

這真不知何故，或者他們覺得人類生活本來是悲劇的，歷史是悲劇的，因此卻在理想的文學中，故意來作一段團圓的喜劇。

在這老英雄悲劇中，我們把它分作幾個劇目，先說到劇中的主人，主人是姓中名華一老中華，已如上述，舞臺是「中國」，是一座破碎的舞臺 —— 窮中國，老天給我們祖宗的，實在不是地大物博，而是一塊很窮的地方，金銀礦是沒有的，除東北黑龍江和西南的雲貴一部分外，都是要用絲、茶到外國去換的，煤、鐵古代是不需要的，土地雖稱廣闊，然可耕之地不過 20%，而絲毫無用的地卻有三分之一，所以我們的祖宗生下來，就是在困難中。

這劇的開始，要算商周，以前的不講，據安陽發掘出來的成績，商代民族活動區域，只有河南、山東、安徽的北部、河北、山西南部的一塊，也許到遼寧一部，他們在此建設文化時，北狄、南蠻不斷的混入，民族成了複雜的民族，在此環境之下，他們居然能唱一齣大戲，這是一件很了不得的事情。我們現在撇開了「跳加官」一類開臺戲，專看後面的幾幕大戲。

第一幕　老英雄建立大帝國

中國有歷史的時期自商周始，地域限於魯豫，已如上述，在商代社會中迷信很發達，什麼事情都問鬼、都要卜，如打獵、戰爭、祭祀、出門……事無大小，都要把龜甲或牛骨燒灰，看它的灰紋以定吉凶，在此結果，而發明了龜甲、牛骨原始象形的文字，這文字是很笨的圖畫，全不能表達抽象的意思，只能勉強記幾個物事名詞而已，在這正在建設文化的時候，西方的蠻族 —— 周，侵犯過來了，他具強悍的天性，有農業的發明，不久把那很愛喝酒的、敬鬼的、文化較高的殷民族征服了，這一來，上面的 —— 政治方面是屬於周民族，下面的就是屬於殷民族，兩民族不

斷的奮鬥，在上面的周民族很難征服下面的殷民族，孔子雖是殷人（魯國），至此很想建設一個現代文化，故曰「吾從周」，而周時，也有人見到兩文化接觸，致有民族之衝突，所以東方（淮水流域）派了周公去治理，南方（漢水流域）派了召公去治理，封建的基礎，即於此時建設，但是北狄、南蠻在此政治之下經過了長期的鬥爭，才將他們無數的小國家征服，把他們的文化同化，以後才成七個大國家，不久遂成一個大帝國。

至於文字方面，也是從龜甲上的、牛骨上的，不達意的文字，經過充分的奮鬥，而變為後代的文字，文學方面、哲學方面、歷史方面，都得著可以達意的記載，這是一件很不容易的事情。

在周朝的時候，許多南蠻要想侵到北方來，北邊的犬戎也要侵到南部去，醞釀幾百年，犬戎居然占據了周地，再經幾百年，南方也成了舞臺的部分。

此時的建設期中，產生了一個「儒」的階級，儒本是亡國的俘虜 ——遺老，他本是貴族階級，是文化的保存者，亡國以後，他只得和人家打打官司，寫寫字，看看地，記記帳，靠這類小本領混碗飯吃而已，（根據《荀子》的〈非十二子篇〉），這班人 ——「儒」一出來，世界為之大變，因為他們是不抵抗者、是儒夫，我們從字義看，凡是和儒字同旁的字眼，都是弱的意思，如需字加車旁是軟弱的輭（軟）字，加心旁是懦字，加子旁是孺字，是小孩子；他們是唱文戲的，但是力量很大，因為他們是文化傳播者、是思想界，老子後世稱他為道家，但他正是「儒」的階級中之代表，他的哲學是儒的哲學，他的書中常把水打譬喻，因為水是最柔弱的、最不抵抗的，這就是儒的本身，他們一出，凡是唱武戲的，至此跟著唱起文戲來了，幸而在此當中，出來一個新派，這就是孔子，他的確不能謂之儒者，就是儒者也是「外江」派，他的主張是「殺身成仁」，他說：「志士成仁，有殺身以成仁，無求生以害仁」，又說：「士不可以不弘毅，任重而道

遠，仁以為己任，死而後已」，這完全和老子相反，老子是信天的，主自然的，而新派孔子，是講要作人的，且要智、仁、勇三者都發達；他是奮鬥的，「知其不可而為之」，這就是他的精神，新派唱的雖也是文戲，但他們以「有教無類」打破一切階級，所以後來產生孟子、荀子、弟子李斯、韓非，韓非雖然在政治上失敗，而李斯卻成了大功，造成了一個大帝國。（第一幕完）

第二幕　老英雄受困兩魔王

不久，漢朝興起來了，一班殺豬的、屠狗的、當衙役的……起來建設了一個四百年的帝國，他們可說得上是有為者，如果沒有他們的奮鬥，則絕不會有這四百年的帝國，但是基礎究未穩固，而兩個魔王就告來臨！

第一個魔王——野蠻民族侵入，在漢朝崩潰的時候，夷狄——羌、匈奴、鮮卑都起來，將中國北部完全占領，造成江左偏安之局。

第二個魔王——印度文化輸入，前一個魔王來臨，使我們的生活野蠻化，後一個魔王來臨，就是使我們宗教非人化，這印度文化侵略過來，在北面是自中央亞細亞而進，在南方是由海道而入，兩路夾攻，整個的將中國文化征服。

原來中國儒家的學說是要宗親——「孝」，要不虧其體，因為「身體髮膚，受之父母，不敢毀傷」，將個人看得很重，而印度文化一來呢？它是「一切皆空」，根本不要作人，要作和尚，作羅漢——要「跳出三界」，將身體作犧牲！如燒手，燒臂、燒全身——人蠟燭，以獻貢於藥王師，這風氣當時轟動了全國，自王公以至於庶人，同時迎佛骨——假造的骨頭，也照樣的轟動，這簡直是將中國的文化完全野蠻化！非人化！（第二幕完）

第三幕　老英雄死裡逃生

這三百年中——隋、唐時代是很艱難的奮鬥，先把北方的野蠻民族來同化他，恢復了人的生活；在思想方面，將從前的知識，解放出來；在文化方面，充滿了人間的樂趣，人的可愛，肉的可愛，極主張享樂主義，這於杜甫和白居易的詩中都可以看得出，故這次的文化可說是人的文化。再在宗教方面，發生了革命，出來了一個「禪」！禪就是站在佛的立場上以打倒佛的，主張無法、無佛，「佛法在我」，而打倒一切的宗教障、儀式障、文字障，這都成功了，所以建設第二次帝國，建設人的文化和宗教革命，是老英雄死裡逃生中三件大事實。（第三幕完）

第四幕　老英雄裹創奮鬥

老英雄正在建設第三次文化的時候，北方的契丹、女真、金、元繼續的侵過來了，這時老英雄已經是受了傷——精神上受了傷（可說是中了精神上的鴉片毒，因為印度有兩種鴉片輸到中國，一是精神上的鴉片煙——佛，一是真鴉片），受了千年的佛化，所以此時是裹創奮鬥，然而竟也建立第三次大帝國——宋帝國，全國雖是已告統一，但身體究未復元，而仍然繼續人的文化，推翻非人的文化（這段歷史自漢至明，中國和歐洲人相同，宗教革命也是一樣）范文正公的「先天下之憂而憂，後天下之樂而樂」，和王荊公的變法，正與前「任重而道遠」的學說相符合。

在唐代以前，北魏曾經闢過佛，反對過外國的文化，禁止胡服、胡語即其例，但未見成功；而在唐代闢佛的，如韓愈，他曾說過：「人其人，火其書，廬其居」，三個大標語，這風氣雖也行過幾十年，但不久又恢復原狀；然在這一次，卻用了一種軟功夫來抵制這非人的文化，本來是要以「人的政治」、「人的法律」、「人的財政」來抗住它的，但還怕藥性過猛，病

155

人受納不起，所以司馬光、二程等，主張無為，創設「新的哲學」、「新的人生觀」，在破書堆中找到一本一千七百幾十個字的《大學》來打倒十二部《大佛經》，將此書中的「格物」、「致知」、「正心」、「誠意」、「修身」、「齊家」、「治國」、「平天下」這一套，來創造新的人的教育，新的哲學，新的人生觀，這實在是老英雄裏創奮鬥中的一個壯舉，但到了蒙古一興起，老英雄已精疲力竭，實在不能抵抗了！（第四幕完）

第五幕　老英雄病中困鬥

這位老英雄到明朝已經是由受創而得病了，他的病狀呢？一是纏足，我們曉得在唐朝被稱的小腳是六寸，到這時是三寸了，實在是可驚人！二是八股文章，三是鴉片由印度輸入，這三種東西，使老英雄內外都得病症。

再有一宗，就是從前王荊公的祕訣已被人拋棄了，本來他的祕訣一是「有為」，一是「向外」，但一班的習靜者，他們要將喜、怒、哀、樂等，於靜坐中思之，結果是無為，是無生氣，而不能不使這老英雄在病中困鬥。

清代的天下居然有兩百餘年，這實是程、朱學說 —— 君臣觀念所致，因為此時的民族觀念抵不住君臣的名分觀念，不過老英雄在此當中，而仍有其成績在，就是東北和西南的開闢，推廣他的老文化；湖南在幾十年前，在政治上占有極大勢力，廣東、廣西於此時有學術上的大貢獻，這都是老英雄在病中的功績，他雖然在政治上失去地位，然而在學術上卻發生一種「實事求是」的精神 —— 科學的精神，而成就了一種所謂的「漢學」，這種新的學術，是不主靜而主動的，它的哲學是排除思想而求考據，考據一學發生，金石、歷史、音韻，各方面都發達，顧亭林以

一百六十二個證據,來證明「服」字讀「備」字音,這實在具有科學之精神,不過在建設這「人的學術」當中,老英雄已經是老了、病了!

尾聲

這老英雄的悲劇,一直到現在,仍是在奮鬥中,他是從奮鬥中滾爬出來,建設了人的文化,同化了許多蠻族,平了許多外患,同化了非人的文化,從一千餘年奮鬥到如今,實在是不易呀!這種的失敗,可說是光榮的失敗!在歐洲曾經和我們一樣,歐洲過去的光榮,我們都具備著,但是歐洲畢竟是成功,這種原因,我認為我們是比它少了兩樣東西,就是少了一個大的和附帶一個小的,大的是科學,小的是工業。我們素來是缺之科學,文治教育看得太重,我們現在把孔子和其同時的亞里士多得、柏拉圖來比一比,柏拉圖是懂得數學的,「不懂數學的不要到他門下來」,亞里士多得同時是研究植物的,孔子較之,卻未必然吧?與孟子同時的歐幾里得,他的幾何至今沿用,孟子未嘗能如此吧?在清代講漢學的時候,雖說是有科學的精神,卻非伽利略用望遠鏡看天文,用顯微鏡看微菌,以及牛頓發明地心吸力可比,所以中西的不同,不自今日始,我們既明白了這個教訓,比歐洲所缺乏的是什麼?我們知道了,我們的努力就有了目標,我們這老英雄是奮鬥的,希望我們以後給他一種奮鬥的工具,那末,或者這齣悲壯的英雄悲劇,能夠成為一純粹的英雄劇。

原題〈中國歷史的一個看法〉,是胡適一九三二年十二月一日
在武漢大學的演講稿。

打倒名教

中國是個沒有宗教的國家，中國人是個不迷信宗教的民族。—— 這是近年來幾個學者的結論。有些人聽了很洋洋得意，因為他們覺得不迷信宗教是一件光榮的事；有些人聽了要愁眉苦臉，因為他們覺得一個民族沒有宗教是要墮落的。

於今好了，得意的也不可太得意了，懊惱的也不必懊惱了。因為我們新發現中國不是沒有宗教的：我們中國有一個很偉大的宗教。

孔教早倒楣了，佛教早衰亡了，道教也早冷落了。然而我們卻還有我們的宗教，這個宗教是什麼教呢？提起此教，大大有名，它就叫做「名教」。

名教信仰什麼？信仰「名」。

名教崇拜什麼？崇拜「名」。

名教的信條只有一條：「信仰名的萬能。」

「名」是什麼？這一問似乎要做點考據。《論語》裡孔子說：「必也正名乎」，鄭玄注：正名，謂正書字也。古者曰名，今世曰字。

《儀禮・聘禮》注：名，書文也。今謂之字。

《周禮・大行人》下注：書名，書文字也。古曰名。

《周禮・外史》下注：古曰名，今曰字。

《儀禮・聘禮》的釋文說：名，謂文字也。

總括起來「名」即是文字，即是寫的字。

「名教」便是崇拜寫的文字的宗教；便是信仰寫的字有神力、有魔力的宗教。

這個宗教，我們信仰了幾千年，卻不自覺我們有這樣一個偉大宗教。不自覺的緣故正是因為這個宗教太偉大了，無往不在，無所不包，就如同空氣一樣，我們日日夜夜在空氣裡生活，竟不覺得空氣的存在了。

現在科學進步了，便有好事的科學家去分析空氣是什麼，便也有好事的學者去分析這個偉大的名教。

民國十五年有位馮友蘭先生發表一篇很精闢的「名教之分析」（《現代評論》第二週年紀念增刊，頁一九四－一九六）。馮先生指出「名教」便是崇拜名詞的宗教，是崇拜名詞所代表的概念的宗教。

馮先生所分析的還只是上流社會和知識階級所奉的「名教」，它的勢力雖然也很偉大，還算不得「名教」的最重要部分。

這兩年來，有位江紹原先生在他的「禮部」職司的範圍內，發現了不少有趣味的材料，陸續在《語絲》、《貢獻》幾種雜誌上發表。他同他的朋友們收的材料是細大不捐，雅俗無別的；所以他們的材料使我們漸漸明白，我們中國民族崇奉的「名教」是個什麼樣子。

究竟我們這個貴教是個什麼樣子呢？且聽我慢慢道來。

先從一個小孩生下地說起。古時小孩生下地之後，要請一位專門術家來聽小孩的哭聲，聲中某律，然後取名字（看江紹原《小品》頁六八，《貢獻》第八期，頁二四）。現在的民間變簡單了，只請一個算命的，排排八字，看他缺少五行之中的那一行。若缺水，便取個水旁的名字；若缺金，便取個金旁的名字。若缺火又缺土的，我們徽州人便取個「灶」字。名字可以補氣稟的缺陷。

小孩命若不好，便把他「寄名」在觀音菩薩的座前，取個和尚式的「法名」，便可以無災無難了。

小孩若愛啼啼哭哭，睡不安寧，便寫一張字貼，貼在行人小便的處

所，上寫著：天皇皇，地皇皇，我家有個夜啼郎。過路君子念一遍，一夜睡到大天光。

文字的神力真不少。

小孩跌了一跤，受了驚駭，那是掉了「魂」了，須得「叫魂」。魂怎麼叫呢？到那跌跤的地方，撒把米，高叫小孩子的名字，一路叫回家。叫名便是叫魂了。

小孩漸漸長大了，在村學堂同人打架，打輸了，心裡「恨」不過，便拿一條柴炭，在牆上寫著詛咒他的仇人的標語：「王阿三熱病打死」。他寫了幾遍，心上的氣便平了。

他的母親也是這樣。她受了隔壁王七嫂的氣，便拿一把菜刀，在刀板上剁，一面剁，一面喊「王七老婆」的名字，這便等於亂剁王七嫂了。

他的父親也是「名教」的信徒。他受了王七哥的氣，打又打他不過，只好破口罵他，罵他的爹媽，罵他的妹，罵他的祖宗十八代。罵了便算出了氣了。

據江紹原先生的考察，現在這一家人都大進步了。小孩在牆上會寫「打倒阿毛」了，他媽也會喊「打倒周小妹」了，他爸爸也會貼「打倒王慶來」了（《貢獻》九期，江紹原《小品》頁七八）。

他家裡人口不平安，有病的、有死的，這也有好法子。請個道士來，畫幾道符，大門上貼一張，房門上貼一張，毛廁上也貼一張，病鬼便都跑掉了，再不敢進門了。畫符自然是「名教」的重要方法。

死了的人又怎麼辦呢？請一班和尚來，念幾卷經，便可以超渡死者了。念經自然也是「名教」的重要方法。符是文字，經是文字，都有不可思議的神力。

死了人，要「點主」。把神主牌寫好，把那「主」字上頭的一點空著，

請一位鄉紳來點主；把一隻雄雞頭上的雞冠切破，那位趙鄉紳把硃筆蘸飽了雞冠血，點上「主」字。從此死者的靈魂遂憑依在神主牌上了。

弔喪須用輓聯，賀婚、賀壽須用賀聯；講究的送幛子，更講究的送祭文壽序。都是文字，都是「名教」的一部分。

豆腐店的老闆夢想發大財，也有法子。請村口王老師寫副門聯：「生意興隆通四海，財源茂盛達三江」。這也可以過發財的癮了。

趙鄉紳也有他的夢想，所以他也寫副門聯：「總集福蔭，備致嘉祥」。

王老師雖是不通，雖是下流，但他也得寫一副門聯：「文章華國，忠孝傳家」。

豆腐店老闆心裡還不很滿足，又去請王老師替他寫一個大紅春帖：「對我生財」，貼在對面牆上，於是他的寶號就發財的樣子十足了。

王老師去年的家運不大好，所以他今年元旦起來，拜了天地，洗淨手，拿起筆來，寫個紅帖子：「戊辰發筆，添丁進財」。他今年一定時運大來了。

父母祖先的名字是要避諱的。古時候，父名晉，兒子不得應進士考試。現在寬的多了，但避諱的風俗還存在一般社會裡；皇帝的名字現在不避諱了，但孫中山死後，「中山」儘管可用作學校地方或貨品的名稱，「孫文」便很少人用了；忠實同志都應該稱他為「先總理」。

南京有一個大學，為了改校名，鬧了好幾次大風潮，有一次竟把校名牌子抬了送到大學院去。

北京下來之後，名教的信徒又大忙了。北京已改做「北平」了；今天又有人提議改南京做「中京」了；還有人鄭重提議「故宮博物院」應該改作「廢宮博物院」。將來這樣大改革的事業正多呢。

前不多時，南京的《京報附刊》的畫報上有一張照片，標題是「軍事

委員會政治訓練部宣傳處藝術科寫標語之忙碌」。圖上是五六個中山裝的青年忙著寫標語，桌上、椅背上、地板上，滿鋪著寫好了的標語，有大字，有小字，有長句，有短句。

這不過是「寫」的一部分工作；還有擬標語的，有討論審定標語的，還有貼標語的。

五月初濟南事件發生以後，我時時往來淞滬鐵路上，每一次四十分鐘的旅行所見的標語總在一千張以上；出標語的機關至少總在七八十個以上。有寫著「槍斃田中義一」上的，有寫著「活埋田中義一」的，有寫著「殺盡倭賊」而把「倭賊」兩字倒轉來寫，如報紙上尋人廣告倒寫的「人」字一樣。「人」字倒寫，人就會回來了，「倭賊」倒寫，倭賊也就算打倒了。

現在我們中國已成了口號標語的世界。有人說，這是從蘇俄學來的法子，這是很冤枉的。我前年在莫斯科住了三天，就沒有看見牆上有一張標語。標語是道地的國貨，是「名教」國家的祖傳法寶。

試問牆上貼一張「打倒帝國主義」，同牆上貼一張「對我生財」或「抬頭見喜」，有什麼分別？是不是一個師父傳授的衣缽？

試問牆上貼一張「活埋田中義一」，同小孩子貼一張「雷打王阿毛」，有什麼分別？是不是一個師父傳授的法寶？

試問「打倒唐生智」、「打倒汪精衛」，同王阿毛貼的「阿發黃病打死」，有什麼分別？王阿毛盡夠做老師了，何須遠學莫斯科呢？

自然，在黨國領袖的心目中，口號標語是一種宣傳的方法，政治的武器。但在中小學生的心裡，在第九十九師十五連第三排的政治部人員的心裡，口號標語便不過是一種出氣洩憤的法子罷了。如果「打倒帝國主義」是標語，那麼，第十區的第七小學為什麼不可貼「殺盡倭賊」的標語呢？如果「打倒汪精衛」是正當的標語，那麼「活埋田中義一」為什麼不是正當

的標語呢？

如果多貼幾張「打倒汪精衛」可以有效果，那麼，你何以見得多貼幾張「活埋田中義一」不會使田中義一打個寒顫呢？

故從歷史考據的眼光看來，口號標語正是「名教」的正傳嫡派。因為在絕大多數人的心裡，牆上貼一張「國民政府是為全民謀幸福的政府」正等於門上寫一條「姜太公在此」，有靈則兩者都應該有靈，無效則兩者同為廢紙而已。

我們試問，為什麼豆腐店的張老闆要在對門牆上貼一張「對我生財」？豈不是因為他天天對著那張紙可以過一點發財的癮嗎？為什麼他元旦開門時嘴裡要念「元寶滾進來」？豈不是因為他念這句話時心裡感覺舒服嗎？

要不然，只有另一個說法，只可說是盲從習俗，毫無意義。張老闆的祖宗下來每年都貼一張「對我生財」，況且隔壁剃頭店門口也貼了一張，所以他不能不照辦。

現在大多數喊口號，貼標語的，也不外這兩種理由：一是心理上的過癮，一是無意義的盲從。

少年人抱著一腔熱沸的血，無處發洩，只好在牆上大書「打倒賣國賊」，或「打倒日本帝國主義」。寫完之後，那二尺見方的大字，那顏魯公的書法，個個挺出來，好生威武，他自己看著，血也不沸了，氣也稍稍平了，心裡覺得舒服的多，可以坦然回去休息了。於是他的一腔義憤，不曾收斂回去，在他的行為上與人格上發生有益的影響，卻輕輕地發洩在牆頭的標語上面了。

這樣的發洩情感，比什麼都容易，既痛快，又有面子，誰不愛做呢？一回生，二回熟，便成了慣例了，於是「五一」、「五三」、「五四」、

「五七」、「五九」、「六三」……都照樣做去：放一天假，開個紀念會，貼無數標語，喊幾句口號，就算做了紀念了！

於是月月有紀念，週週做紀念週，牆上處處是標語，人人嘴上有的是口號。於是老祖宗幾千年相傳的「名教」之道遂大行於今日，而中國遂成了一個「名教」的國家。

我們試進一步，試問，為什麼貼一張「雷打王阿毛」或「槍斃田中義一」可以發洩我們的感情，可以出氣洩憤呢？

這一問便問到「名教」的哲學上去了。這裡面的奧妙無窮，我們現在只能指出幾個有趣味的要點。

第一，我們的古代老祖宗深信「名」就是魂，我們至今不知不覺地還逃不了這種古老迷信的影響。「名就是魂」的迷信是世界人類在幼稚時代同有的。埃及人的第八魂就是「名魂」。我們中國古今都有此迷信。《封神演義》上有個張桂芳能夠「呼名落馬」，他只叫一聲「黃飛虎還不下馬，更待何時！」黃飛虎就滾下五色神牛了。不幸張桂芳遇見了哪咤，喊來喊去，哪咤立在風火輪上不滾下來，因為哪咤是蓮花化身，沒有魂的。《西遊記》上有個銀角大王，他用一個紅葫蘆，叫一聲「孫行者」，孫行者答應一聲，就被裝進去了。後來孫行者逃出來，又來挑戰，改名做「行者孫」，答應了一聲，也就被裝了進去！因為有名就有魂了（參看《貢獻》八期，江紹原《小品》頁五四）。民間「叫魂」，只是叫名字，因為叫名字就是叫魂了，因為如此，所以小孩在牆上寫「鬼捉王阿毛」，便相信鬼真能把阿毛的魂捉去。黨部中人制定「打倒汪精衛」的標語，雖未必相信「千夫所指，無病自死」；但那位貼「槍斃田中」的小學生卻難保不知不覺地相信他有咒死田中的功用。

第二，我們的古代老祖宗深信「名」（文字）有不可思議的神力，我們也免不了這種迷信的影響。這也是幼稚民族的普通迷信，高等民族也往往

165

不能免除。《西遊記》上如來佛寫了「唵嘛呢叭咪吽」六個字,便把孫猴子壓住了一千年。觀音菩薩念一個「唵」字咒語,便有諸神來見。祂在孫行者手心寫一個「咪」字,就可以引紅孩兒去受擒。小說上的神仙妖道作法,總得「口中念念有詞」。一切符咒,都是有神力的文字。現在有許多人似乎真相信多貼幾張「打倒軍閥」的標語,便可以打倒張作霖了。他們若不信這種神力,何以不到前線去打仗,卻到吳淞鎮的公共廁所牆上張貼打倒「張作霖」的標語呢?

第三,我們的古代聖賢也曾提倡一種「理智化」了的「名」的迷信,幾千年來深入人心,也是造成「名教」的一種大勢力。衛君要請孔子去治國,孔老先生卻先要「正名」他恨極了當時的亂臣賊子,卻又「手無斧柯,奈龜山何!」所以他只好做一部《春秋》來褒貶他們,「一字之貶,嚴於斧鉞;一字之褒,榮於華袞」。這種思想便是古代所謂「名分」的觀念。尹文子說:「善名命善,惡名命惡。故善有善名,惡有惡名。……今親賢而疏不肖,賞善而罰惡。賢不肖,善惡之名宜在彼;親疏賞罰之稱宜屬我。……『名』宜屬彼,『分』宜屬我。我愛白而憎黑,韻商而捨徵,好羶而惡焦,嗜甘而逆苦。白黑商徵,羶焦甘苦,彼之『名』也;愛憎韻舍,好惡嗜逆,我之『分』也。定此名分,則萬事不亂也。」

「名」是表物性的,「分」是表我的態度的。善名便引起我愛敬的態度,惡名便引起我厭恨的態度。這叫做「名分」的哲學。「名教」、「禮教」便建築在這種哲學的基礎之上。一塊石頭,變作了貞節牌坊,便可以引無數青年婦女犧牲她們的青春與生命,去博禮教先生的一篇銘贊,或志書「列女」門裡的一個名字。「貞節」是「名」,羨慕而情願犧牲,便是「分」。女子的腳裹小了,男子讚為「美」,詩人說是「三寸金蓮」,於是幾萬萬的婦女便拚命裹小腳了。「美」與「金蓮」是「名」,羨慕而情願吃苦犧牲,便是「分」。現在人說小腳「不美」,又「不人道」,名變了,分也變了,於

是小腳的女子也得塞棉花，充天腳了。——現在的許多標語，大都有個褒貶的用意，宣傳便是宣傳這褒貶的用意。說某人是「忠實同志」，便是教人「擁護」他。說某人是「軍閥」、「土豪劣紳」、「反動」、「反革命」、「老朽昏庸」，便是教人「打倒」他。故「忠實同志」、「總理信徒」的名，要引起「擁護」的分。「反動分子」的名，要引起「打倒」的分。故今日牆上的無數「打倒」與「擁護」，其實都是要寓褒貶，定名分。不幸標語用的太濫了，今天要打倒的，明天卻又在擁護之列了；今天的忠實同志，明天又變為反革命了。於是打倒不足為辱，而反革命有人竟以為榮。於是「名教」失其作用，只成為牆上的符籙而已。

兩千年前，有個九十歲的老頭子對漢武帝說：「為治不在多言，顧力行何如耳。」兩千年後，我們也要對現在的治國者說：「治國不在口號標語，顧力行何如耳。」一千多年前，有個龐居士，臨死時留下兩句名言：「但願空諸所有，慎勿實諸所無。」

「實諸所無」，如「鬼」本是沒有的，不幸古代的渾人造出「鬼」名，更造出「無常鬼」、「大頭鬼」、「吊死鬼」等等名，於是人的心裡便像煞真有鬼了。我們對於現在的治國者，也想說：「但願實諸所有，慎勿實諸所無。」

末了，我們也學時髦，編兩句口號：打倒名教！

原題〈名教〉

打倒名教

不必拜倒在孔聖人腳下

我們家鄉有句俗話說：「做戲無法，出個菩薩。」編戲的人遇到了無法轉變的情節，往往請出一個觀音菩薩來解圍救急。這兩年來，中國人受了外患的刺激，頗有點手忙腳亂的情形，也就不免走上了「做戲無法，出個菩薩」的一條路。這本是人之常情。西洋文學批評史也有 deus ex machina（God from the machine）的話，譯出來也可說，「解圍無計，出個上帝」。本年五月裡美國奇旱，報紙上也曾登出旱區婦女孩子跪著祈禱求雨的照片。這都是窮愁呼天的常情，其可憐可恕，和今年我們國內許多請張天師求雨或請班禪喇嘛消災的人，是一樣的。

這種心理，在一般愚夫愚婦的行為上表現出來，是可憐而可恕的；但在一個現代政府的政令上表現出來，是可憐而不可恕的。現代政府的責任在於充分運用現代科學的正確知識，消極的防患除弊，積極的興利惠民。這都是一點一滴的工作，一尺一步的旅程，這裡面絕對沒有一條捷徑可以偷渡。然而我們觀察近年我們當政的領袖好像都不免有一種「做戲無法，出個菩薩」的心理，想尋求一條救國的捷徑，想用最簡易的方法做到一種復興的靈蹟。最近政府忽然手忙腳亂的恢復了紀念孔子誕辰的典禮，很匆遽的頒布了禮節的規定。八月二十七日，全國都奉命舉行了這個孔誕紀念的大典。在每年許多個先烈紀念日之中加上一個孔子誕辰的紀念日，本來不值得我們的詫異，然而政府中人說這是「倡導國民培養精神上之人格」的方法；輿論界的一位領袖也說：「有此一舉，誠足以奮起國民之精神，恢復民族的自信。」難道世間真有這樣簡便的捷徑嗎？

我們當然贊成「培養精神上之人格」、「奮起國民之精神，恢復民族的自信」。但是古人也曾說過：「禮樂所由起，百年積德而後可興也。」國民

的精神，民族的信心，也是這樣的；它的頹廢不是一朝一夕之故，它的復興也不是虛文口號所能做到的。「洙水橋前，大成殿上，多士濟濟，肅穆趨蹌」（用八月二十七日《大公報》社論中語）；四方城市裡，政客軍人也都率領著官吏士民，濟濟蹌蹌的行禮，堂堂皇皇的演說 —— 禮成祭畢，紛紛而散。假期是添了一日，口號是添了二十句，演講詞是多出了幾篇，官吏學生是多跑了一趟，然在精神的人格與民族的自信上，究竟有絲毫的影響嗎？

那一天《大公報》的社論曾有這樣一段議論：最近二十年，世變彌烈，人慾橫流，功利思想如水趨壑，不特仁義之說為俗誹笑，即人禽之判亦幾以不明，民族的自尊心與自信力既已蕩然無存，不待外侮之來，國家固早已瀕於精神幻滅之域。

如果這種診斷是對的，那麼，我們的民族病不過起於「最近二十年」，這樣淺的病根，應該是很容易醫治的了。可惜我們平日敬重的這位天津同業先生未免錯讀歷史了。《官場現形記》和《二十年目睹之怪現狀》描寫的社會政治情形，不是中國的實情嗎？是不是我們得把病情移前三十年呢？《品花寶鑑》以至《金瓶梅》描寫的也不是中國的社會政治嗎？這樣一來，又得挪上三五百年了。那些時代，孔子是年年祭的，《論語》、《孝經》、《大學》是村學兒童人人讀的，還有士大夫講理學的風氣哩！究竟那每年「洙水橋前，大成殿上，多士濟濟，肅穆趨蹌」，曾何補於當時的慘酷的社會、貪汙的政治？

我們回想到我們三十年前在村學堂讀書的時候，每年開學是要向孔夫子叩頭禮拜的；每天放學，拿了先生批點過的習字，是要向中堂（不一定有孔子像）拜揖然後回家的。至今回想起來，那個時代的人情風尚也未見得比現在高多少。在許多方面，我們還可以確定的說：「最近二十年」比那個拜孔夫子的時代高明的多多了。這二三十年中，我們廢除了三千年的

太監，一千年的小腳，六百年的八股，四五百年的男娼，五千年的酷刑，這都沒有借重孔子的力量。八月二十七那一天汪精衛先生在中央黨部演說，也指出「孔子沒有反對納妾，沒有反對蓄奴婢；如今呢，納妾、蓄奴婢，虐待之固是罪惡，善待之亦是罪惡，根本納妾、蓄奴婢便是罪惡」。汪先生的解說是：「仁是萬古不易的，而仁的內容與條件是與時俱進的。」這樣的解說畢竟不能抹殺歷史的事實。事實是「最近」幾年中，絲毫沒有借重孔夫子，而我們的道德觀念已進化到承認「根本納妾、蓄奴婢便是罪惡」了。

平心說來，「最近二十年」是中國進步最速的時代；無論在知識上、道德上、國民精神上、國民人格上、社會風俗上、政治組織上、民族自信力上，這二十年的進步都可以說是超過以前的任何時代。這時期中自然也有不少的怪現狀的暴露，劣根性的表現，然而種種缺陷都不能減損這二十年的總進步的淨盈餘。這裡不是我們專論這個大問題的地方。但我們可以指出這個總進步的幾個大項目：

第一，帝制的推翻，而幾千年託庇在專制帝王之下的城狐社鼠——一切妃嬪，太監，貴胄，吏胥，捐納——都跟著倒了。

第二，教育的革新，淺見的人在今日還攻擊新教育的失敗，但他們若平心想想舊教育是些什麼東西，有些什麼東西，就可以明白這二三十年的新教育，無論在量上或質上都比三十年前進步至少千百倍了。在消極方面，因舊教育的推倒，八股、駢文、律詩等等謬制都逐漸跟著倒了；在積極方面，新教育雖然還膚淺，然而常識的增加，技能的增加，文字的改革，體育的進步，國家觀念的比較普遍，這都是舊教育萬不能做到的成績。（汪精衛先生前天曾說：「中國號稱以孝治天下，而一開口便侮辱人的母親，甚至祖宗、妹子等。」試問今日受過小學教育的學生還有這種開口罵人媽媽、妹子的國粹習慣嗎？）

第三，家庭的變化。城市工商業與教育的發展使人口趨向都會，受影響最大的是舊式家庭的崩潰，家庭變小了，父母公婆與族長的專制威風減削了，兒女宣告獨立了。在這變化的家庭中，婦女的地位的抬高與婚姻制度的改革是五千年來最重大的變化。

第四，社會風俗的改革。小腳、男娼、酷刑等等，我已屢次說過了。在積極方面，如女子的解放，如婚喪禮俗的新試驗，如青年對於體育運動的熱心，如新醫學及公共衛生的逐漸推行，這都是古代聖哲所不曾夢見的大進步。

第五，政治組織的新試驗。這是帝制推翻的積極方面的結果。二十多年的試驗雖然還沒有做到滿意的效果，但在許多方面（如新式的司法，如警察，如軍事、如胥吏政治之變為士人政治）都已明白的顯出幾千年來所未曾有的成績。不過我們生在這個時代，往往為成見所蔽，不肯承認罷了。單就最近幾年來頒行的新民法一項而論，其中含有無數超越古昔的優點，已可說是一個不流血的絕大社會革命了。

這些都是毫無可疑的歷史事實，都是「最近二十年」中不曾借重孔夫子而居然做到的偉大的進步。革命的成功就是這些，維新的成績也就是這些。可憐無數維新志士，革命仁人，他們出了大力，冒了大險，替國家民族在二三十年中做到了這樣超越前聖，凌駕百王的大進步，到頭來，被幾句死書迷了眼睛，見了黑旋風不認得是李逵，反倒唉聲嘆氣，發思古之幽情，痛惜今之不如古，夢想從那「荊棘叢生，簷角傾斜」的大成殿裡抬出孔聖人來「衛我宗邦，保我族類！」這豈不是天下古今最可怪笑的愚笨嗎？

文章寫到這裡，有人打岔道：「喂，你別跑野馬了。他們要的是『國民精神上之人格，民族的自信』。在這『最近二十年』裡，這些項目也有進步嗎？不借重孔夫子，行嗎？」

什麼是人格？人格只是已養成的行為習慣的總和。什麼是信心？信心只是敢於肯定一個不可知的將來的勇氣。在這個時代，新舊勢力，中西思潮，四方八面的交攻，都自然會影響到我們這一輩人的行為習慣，所以我們很難指出某種人格是某一種勢力單獨造成的；但我們可以毫不遲疑的說：這二三十年中的領袖人才，正因為生活在一個新世界的新潮流裡，他們的人格往往比舊時代的人物更偉大，思想更透闢，知識更豐富，氣象更開闊，行為更豪放，人格更崇高。試把孫中山來比曾國藩，我們就可以明白這兩個世界的代表人物的不同了。在古典文學的成就上，在世故的磨鍊上，在小心謹慎的行為上，中山先生當然比不上曾文正；然而在見解的人膽，氣象的雄偉，行為的勇敢上，那一位理學名臣就遠不如這一位革命領袖了。照我這十幾年來的觀察，凡受這個新世界的新文化的震撼最大的人物，他們的人格都可以上比一切時代的聖賢，不但沒有愧色，往往超越前人。我且舉幾個已死的朋友做例子，如高夢旦先生，如蔡元培先生，如丁文江先生；他們的人格的崇高、可敬愛，在中國古人中真尋不出相當的倫比。這種人格只有這個新時代才能產生，同時又都是能夠給這個時代增加光耀的。

　　我們談到古人的人格，往往想到岳飛、文天祥和晚明那些死在廷杖下或天牢裡的東林忠臣。我們何不想想這二三十年中為了各種革命，慷慨殺身的無數志士！那些年年有特別紀念日追悼的人們，我們姑且不論。我們試想想那些為排滿革命而死的許多志士，那些為民十五六年的國民革命而死的無數青年，那些前兩年中在上海、在長城一帶為抗日衛國而死的無數青年 ── 他們慷慨獻身去經營的目標比起東林諸君子的目標來，其偉大真不可比例了。東林諸君子慷慨抗爭的是「紅丸」、「移宮」、「妖書」等等米米小的問題，而這無數的革命青年慷慨獻身去工作的是全民族的解放，整個國家的自由平等，或他們所夢想的，全人類社會的自由平等。我們想

到了這二十年中為一個主義而從容殺身的無數青年，我們想起了這無數個「殺身成仁」中國青年，我們不能不低下頭來向他們致最深的敬禮；我們不能不頌讚這「最近二十年」是中國史上一個精神人格最崇高、民族自信心最堅強的時代。他們把他們的生命都獻給了他們的國家和他們的主義，天下還有比這更大的信心嗎？

凡是咒詛這個時代為「人慾橫流，人禽無別」的人，都是不曾認識這個新時代的人：他們不認識這二十年中國的空前大進步，也不認識這二十年中整千整萬的中國少年流的血究竟為的是什麼。

可憐的沒有信心的老革命黨啊！你們要革命，現在革命做到了這二十年的空前大進步，你們反不認得它了。這二十年的一點進步不是孔夫子之賜，是大家努力革命的結果，是大家接受了一個新世界的新文明的結果。只有向前走是有希望的，開倒車是不會有成功的。

你們心眼裡最不滿意的現狀 —— 你們所咒詛的「人慾橫流，人禽無別」 —— 只是任何革命時代所不能避免的一點副產物而已。這種現狀的存在，只夠證明革命還沒有成功，進步還不夠。孔聖人是無法幫忙的，開倒車也絕不能引你們回到那個本來不存在的「美德造成的黃金世界」的！養個孩子還免不了肚痛，何況改造一個國家，何況改造一個文化？別灰心了，向前走吧！

原題〈寫在孔子誕辰紀念之後〉

我們對待西洋近代文明的態度

現在高談「精神文明」、「物質文明」的人，往往沒有共同的標準做討論的基礎，故只能做文字上或表面上的爭論，而不能有根本的了解。我想提出幾個基本觀念來做討論的標準。

第一，文明（Civilization）是一個民族應付他的環境的總成績。

第二，文化（Culture）是一種文明所形成的生活的方式。

第三，凡一種文明的造成，必有兩個因子：一是物質的，（Material）包括種種自然界的勢力與質料；一是精神的（Spiritual），包括一個民族的聰明才智，感情和理想。凡文明都是人的心思智力運用自然界的質與力的作品；沒有一種文明是精神的，也沒有一種文明單是物質的。

我想這三個觀念是不須詳細說明的，是研究這個問題的人都可以承認的。一隻瓦盆和一隻鐵鑄的大蒸汽爐，一隻舢板船和一隻大汽船，一部單輪小車和一輛電力街車，都是人的智慧利用自然界的質力製造出來的文明，同有物質的基礎，同有人類的心思才智。這裡面只有個精粗巧拙的程度上的差異，卻沒有根本上的不同。蒸汽鐵爐固然不必笑瓦盆的幼稚，單輪小車上的人也更不配自誇他的精神的文明，而輕視電車上人的物質的文明。

因為一切文明都少不了物質的表現，所以「物質的文明」（Material Civilization）是一個名詞不應該有什麼譏貶的涵義。我們說一部摩托車是一種物質的文明，不過單指它的物質的形體；其實一部摩托車所代表的人類的心思智慧絕不亞於一首詩所代表的心思智慧。所以「物質的文明」不是和「精神的文明」反對的一個貶詞，我們可以不討論。

我們現在要討論的是（1）什麼叫做「唯物的文明」（Materialistic Civilization），(2) 西洋現代文明是不是唯物的文明。

崇拜所謂東方精神文明的人說，西洋近代文明偏重物質上和肉體上的享受，而略視心靈上與精神上的要求，所以是唯物的文明。

我們先要指出這種議論含有靈肉衝突的成見，我們認為錯誤的成見。我們深信，精神的文明必須建築在物質的基礎之上。提高人類物質上的享受，增加人類物質上的便利與安逸，這都是朝著解放人類的能力的方向走，使人們不至於把精力心思全拋在僅僅生存之上，使他們可以有餘力去滿足他們的精神上的要求。東方的哲人曾說：衣食足而後知榮辱，倉廩實而後知禮節。

這不是什麼舶來的「經濟史觀」*，這是平恕的常識。人世的大悲劇是無數的人們終身做血汗的生活，而不能得著最低限度的人生幸福，不能避免凍與餓。人世的更大悲劇是人類的先知先覺者眼看無數人們的凍餓，不能設法增進他們的幸福，卻把「樂天」、「安命」、「知足」、「安貧」種種催眠藥給他們吃，叫他們自己欺騙自己，安慰自己。西方古代有一則寓言說，狐狸想吃葡萄，葡萄太高了，牠吃不著，只好說「我本不愛吃這酸葡萄！」狐狸吃不著甜葡萄，只好說葡萄是酸的；人們享不著物質上的快樂，只好說物質上的享受是不足羨慕的，而貧賤是可以驕人的。這樣自欺自慰成了懶惰的風氣，又不足為奇了。於是有狂病的人又進一步，索性回過頭去，戕賊身體，斷臂，絕食，焚身？以求那幻想的精神的安慰。從自欺自慰以至於自殘自殺，人生觀變成了人死觀，都是從一條路上來的，這條路就是輕蔑人類的基本的欲望。朝這條路上走，逆天而拂性，必至於養成懶惰的社會，多數人不肯努力以求人生基本欲望的滿足，也就不肯進一步以求心靈上與精神上的發展了。

西洋近代文明的特色便是充分承認這個物質的享受的重要。西洋近代文明，依我的鄙見看來，是建築在三個基本觀念之上：

第一，人生的目的是求幸福。

第二，所以貧窮是一樁罪惡。

第三，所以衰病是一樁罪惡。

借用一句東方古話，這就是一種「利用厚生」的文明。因為貧窮是一椿罪惡，所以要開發富源，獎勵生產，改良製造，擴張商業。因為衰病是一椿罪惡，所以要研究醫藥，提倡衛生，講求體育，防止傳染的疾病，改善人種的遺傳。因為人生的日的是求幸福，所以要經營安適的起居，便利的交通，潔淨的城市，優美的藝術，安全的社會，清明的政治。縱觀西洋近代的一切工藝，科學，法制，固然其中也不少殺人的利器與侵略掠奪的制度，我們終不能不承認那利用厚生的基本精神。

這個利用厚生的文明，當真忽略了人類心靈上與精神上的要求嗎？當真是一種唯物的文明嗎？

我們可以大膽地宣言：西洋近代文明絕不輕視人類的精神上的要求。我們還可以大膽地進一步說：西洋近代文明能夠滿足人類心靈上的要求的程度，遠非東洋舊文明所能夢見。在這一方面看來，西洋近代文明絕非唯物的，乃是理想主義的 (Idealistic)，乃是精神的 (Spiritual)。我們先從理智的方面說起。

西洋近代文明的精神方面的第一特色是科學。科學的根本精神在於求真理。人生世間，受環境的逼迫，受習慣的支配，受迷信與成見的拘束。只有真理可以使你自由，使你強有力，使你聰明聖智；只有真理可以使你打破你的環境裡的一切束縛，使你戡天，使你縮地，使你天不怕，地不怕，堂堂地做一個人。

求知是人類天生的一種精神上的最大要求。東方的舊文明對於這個要求，不但不想滿足它，並且常想裁制它，斷絕它。所以東方古聖人勸人要

「無知」，要「絕聖棄智」要「斷思唯」，要「不識不知，順帝之則。」這是畏難，這是懶惰。這種文明，還能自誇可以滿足心靈上的要求嗎？

東方的懶惰聖人說，「吾生也有涯，而知也無涯，以有涯逐無涯，殆已。」所以他們要人靜坐澄心，不思不慮，而物來順應。這是自欺欺人的誑語，這是人類的誇大狂。真理是深藏在事物之中的；你不去尋求探討，它絕不會露面。科學的文明教人訓練我們的官能智慧，一點一滴地去尋求真理，一絲一毫不放過，一銖一兩地積起來。這是求真理的唯一法門。自然（Nature）是一個最狡猾的妖魔，只有敲打可以逼它吐露真情。不思不慮的懶人只好永遠作愚昧的人，永遠走不進真理之門。

東方的懶人又說：「真理是無窮盡的，人的求知的欲望如何能滿足呢？」誠然，真理是發現不完的。但科學絕不因此而退縮。科學家明知真理無窮，知識無窮，但他們仍然有他們的滿足：進一寸有一寸的愉快，進一尺有一尺的滿足。兩千多年前，一個希臘哲人思索一個難題，想不出道理來；有一天，他跳進浴盆去洗澡，水漲起來，他忽然明白了，他高興極了，赤裸裸地跑出門去，在街上亂嚷道，「我尋著了！我尋著了！」（Eu-reka! Eureka!）這是科學家的滿足。牛頓、巴斯德以至於愛迪生時時有這樣的愉快。一點一滴都是進步，一步一步都可以躊躇滿志。這種心靈上的快樂是東方的懶聖人所夢想不到的。

這裡正是東西文化的一個根本不同之點。一邊是自暴自棄的不思不慮，一邊是繼續不斷的尋求真理。

朋友們，究竟是那一種文化能滿足你們的心靈上的要求呢？

其次，我們且看看人類的情感與想像力上的要求。

文藝，美術，我們可以不談，因為東方的人，凡是能睜開眼睛看世界的，至少還都能承認西洋人並不曾輕蔑了這兩個重要的方面。

我們來談談道德與宗教吧。

近世文明在表面上還不曾和舊宗教脫離關係，所以近世文化還不曾明白建立它的新宗教新道德。但我們研究歷史的人不能不指出近世文明自有它的新宗教與新道德。科學的發達提高了人類的知識，使人們求知的方法更精密了，評判的能力也更進步了，所以舊宗教的迷信部分漸漸被淘汰到最低限度，漸漸地連那最低限度的信仰 —— 上帝的存在與靈魂的不滅 —— 也發生疑問了。所以這個新宗教的第一特色是它的理智化。近世文明仗著科學的武器，開闢了許多新世界，發現了無數新真理，征服了自然界的無數勢力，叫電氣趕車，叫「乙太」送信，真個作出種種動地掀天的大事業來。人類的能力的發展使他漸漸增加對於自己的信仰心，漸漸把向來信天安命的心理變成信任人類自己的心理。所以這個新宗教的第二特色是它的人化。智識的發達不但抬高了人的能力，並且擴大了他的眼界，使他胸襟闊大，想像力高遠，同情心濃摯。同時，物質享受的增加，使人有餘力可以顧到別人的需要與痛苦。擴大了的同情心加上擴大了的能力，遂產生了一個空前的社會化的新道德，所以這個新宗教的第三特色就是它的社會化的道德。

古代的人因為想求得感情上的安慰，不惜犧牲理智上的要求，專靠信心（Faith），不問證據，於是信鬼，信神，信上帝，信天堂，信淨土，信地獄。近世科學便不能這樣專靠信心了。科學並不菲薄感情上的安慰；科學只要求一切信仰須要經得起理智的評判，須要有充分的證據，凡沒有充分證據的，只可存疑，不足信仰。赫胥黎說的最好：「如果我對於解剖學上或生理學上的一個小小困難，必須要嚴格的不信任一切沒有充分證據的東西，方才可望有成績，那麼，我對於人生的奇祕的解決，難道就可以不用這樣嚴格的條件嗎？」

這正是十分尊重我們的精神上的要求。我們買一畝田，賣二間屋，

尚且要一張契據；關於人生的最高希望的根據，豈可沒有證據就胡亂信仰嗎？

這種「拿證據來」的態度，可以稱為近世宗教的「理智化」。

從前人類受自然的支配，不能探討自然界的祕密，沒有能力抵抗自然的殘酷，所以對於自然常懷著畏懼之心。拜物，拜畜生，怕鬼，敬神，「小心翼翼，昭事上帝」，都是因為人類不信任自己的能力，不能不依靠一種超自然的勢力。現代的人便不同了。人的智力居然征服了自然界的無數質力，上可以飛行無礙，下可以潛行海底，遠可以窺算星辰，近可以觀察極微。這個兩隻手、一個大腦的動物 —— 人 —— 已成了世界的主角，他不能不尊重自己了。一個少年的革命詩人曾這樣的歌唱：「我獨自奮鬥，勝敗我獨自承當，我用不著誰來放我自由，我用不著什麼耶穌基督妄想祂能替我贖罪、替我死。」

這是現代人化的宗教。信任天不如信任人，靠上帝不如靠自己。我們現在不妄想什麼天堂天國了，我們要在這個世界上建造「人的樂國」。我們不妄想做不死的神仙了，我們要在這個世界上做個活潑健全的人。我們不妄想什麼四禪定、六神通了，我們要在這個世界上做個有聰明智慧，可以戡天縮地的人。我們也許不輕易信仰上帝的萬能了，我們卻信仰科學的方法是萬能的，人的將來是不可限量的。我們也許不信靈魂的不滅了，我們卻信人格是神聖的，人權是神聖的。

這是近世宗教的「人化」。

但最重要的要算近世道德宗教的「社會化」。

古代的宗教大抵注重個人的拯救；古代的道德也大抵注重個人的修養。雖然也有自命普渡眾生的宗教，雖然也有自命兼濟天下的道德，然而終苦於無法下手，無力實行，只好仍舊回到個人的身心上用功夫，做那向

內的修養。越向內做功夫，越看不見外面的現實世界；越在那不可捉摸的心性上玩把戲，越沒有能力應付外面的實際問題。即如中國八百年的理學功夫，居然看不見兩萬萬婦女纏足的慘無人道！明心見性，何補於人道的苦痛困窮！坐禪主敬，不過造成許多「四體不勤，五穀不分」的廢物！

近世文明不從宗教下手，而結果自成一個新宗教；不從道德入門，而結果自成一派新道德。十五、十六世紀的歐洲國家簡直都是幾個海盜的國家，哥倫布、馬汲倫（Magellan）、都芮克（Drake），一班探險家都只是一些大海盜。他們的目的只是尋求黃金、白銀、香料、象牙、黑奴。然而這班海盜和海盜帶來的商人開闢了無數新地，開拓了人的眼界，抬高了人的想像力，同時又增加了歐洲的富力。工業革命接著起來，生產的方法根本改變了，生產的能力更發達了。兩三百年間，物質上的享受逐漸增加，人類的同情心也逐漸擴大。這種擴大的同情心便是新宗教新道德的基礎。自己要爭自由，同時便想到別人的自由，所以不但自由須以不侵犯他人的自由為界限，並且還進一步要要求絕大多數人的自由。自己要享受幸福，同時便想到人的幸福，所以樂利主義（Utilitarianism）的哲學家便提出「最大多數的最大幸福」的標準來做人類社會的目的。這都是「社會化」的趨勢。

十八世紀的新宗教信條是自由，平等，博愛。十九世紀中葉以後的新宗教信條是社會主義。這是西洋近代的精神文明，這是東方民族不曾有過的精神文明。

固然東方也曾有主張博愛的宗教，也曾有公田均產的思想；但這些不過是紙上的文章，不曾實地變成社會生活的重要部分，不曾變成範圍人生的勢力，不曾在東方文化上發生多大的影響，在西方便不然了。「自由，平等，博愛」成了十八世紀的革命口號。美國的革命，法國的革命，西元一八四八年全歐洲的革命運動，一八六二年的南北美戰爭，都是在這三大主義的旗幟之下的大革命。美國的憲法，法國的憲法，以至於南美洲諸國

的憲法，都是受了這三大主義的絕大影響的。舊階級的打倒，專制政體的推翻，法律之下人人平等的觀念的普遍，「信仰，思想，言論，出版」幾大自由的保障的實行，普及教育的實施，婦女的解放，女權的運動，婦女參政的實現，……都是這個新宗教、新道德的實際的表現。這不僅僅是三、五個哲學家書本子裡的空談；這都是西洋近代社會政治制度的重要部分，這都已成了範圍人生，影響實際生活的絕大勢力。

　　十九世紀以來，個人主義的趨勢的流弊漸漸暴白於世了，資本主義之下的苦痛也漸漸明瞭了。遠識的人知道自由競爭的經濟制度不能達到真正「自由，平等，博愛」的目的。向資本家手裡要求公道的待遇，等於「與虎謀皮」。救濟的方法只有兩條大路：一是國家利用其權力，實行裁制資本家，保障被壓迫的階級；一是被壓迫的階級團結起來，直接抵抗資本階級的壓迫與掠奪。於是各種社會主義的理論與運動不斷地發生。西洋近代文明本建築在個人求幸福的基礎之上，所以向來承認「財產」為神聖的人權之一。但十九世紀中葉以後，這個觀念根本動搖了；有的人竟說「財產是賊贓」，有的人竟說「財產是掠奪」。現在私有財產制雖然還存在，然而國家可以徵收極重的所得稅和遺產稅，「財產久已不許完全私有了。勞動是向來受賤視的；但資本集中的制度使勞工有大組織的可能，社會主義的宣傳與階級的自覺又使勞工覺悟團結的必要，於是幾十年之中有組織的勞動階級遂成了社會上最有勢力的分子。十年以來，工黨領袖可以執掌世界強國的政權，同盟總罷工可以服最有勢力的政府，俄國的勞農階級竟做了全國的專政階級。這個社會主義的大運動現在還正在進行的時期。但它的成績已很可觀了。各國的「社會立法」的發達，工廠的視察，工廠衛生的改良，兒童工作與婦女工作的救濟，紅利分配制度的推行，縮短工作時間的實行，工人的保險，合作制之推行，最低工資（Minimum Wage）的運動，失業的救濟，級進制的（Progressive）所得稅與遺產稅的實行，……這都是

這個大運動已經做到的成績，這也不僅僅是紙上的文章，這也都已成了近代文明的重要部分。

這是「社會化」的新宗教與新道德。

東方的舊腦筋也許要說：「這是爭權奪利，算不得宗教與道德。」這裡又正是東西文化的一個根本不同之點。一邊是安分，安命，安貧，樂天，不爭，認吃虧；一邊是不安分，不安貧，不肯吃虧，努力奮鬥，繼續改善現成的境地。東方人見人富貴，說他是「前世修來的」；自己貧，也說是「前世不曾修」，說是「命該如此」。西方人便不然，他說，「貧富的不平等，痛苦的待遇，都是制度的不良的結果，制度是可以改良的。」他們不是爭權奪利，他們是爭自由，爭平等，爭公道，他們爭的不僅僅是個人的私利，他們奮鬥的結果是人類絕大多數人的福利。最大多數人的最大幸福，不是袖手念佛號可以得來的，是必須奮鬥力爭的。

朋友們，究竟是那一種文化能滿足你們的心靈上的要求呢？

我們現在可綜合評判西洋近代的文明了，這一系的文明建築在「求人生幸福」的基礎之上，確然替人類增進了不少的物質上的享受；然而它也確然很能滿足人類的精神上的要求。它在理智的方面，用精密的方法，繼續不絕地尋求真理，探索自然界無窮的祕密。它在宗教道德的方面，推翻了迷信的宗教，建立合理的信仰；打倒了神權，建立人化的宗教；拋棄了那不可知的天堂淨土，努力建設「人的樂國」、「人世的天堂」；丟開了那自稱的個人靈魂的超拔，盡量用人的新想像力和新智力去推行那充分社會化了的新宗教與新道德，努力謀人類最大多數的最大幸福。

東方的文明的最大特色是知足。西洋的近代文明的最大特色是不知足。

知足的東方人自安於簡陋的生活，故不求物質享受的提高；自安於愚

昧，自安於「不識、不知」，故不注意真理的發現與技藝器械的發明；自安於現成的環境與命運，故不想征服自然，只求樂天安命，不想改革制度，只圖安分守己，不想革命，只做順民。

這樣受物質環境的拘束與支配，不能跳出來，不能運用人的心思智力來改造環境改良現狀的文明，是懶惰不長進的民族的文明，是真正唯物的文明。這種文明只可以遏抑而絕不能滿足人類精神上的要求。

西方人大不然。他們說「不知足是神聖的」（Divine Discontent）。物質上的不知足產生了今日鋼鐵世界，蒸汽機世界，電力世界。理智上的不知足產生了今日的科學世界。社會政治制度上的不知足產生了今日的民權世界，自由政體，男女平權的社會，勞工神聖的喊聲，社會主義的運動。神聖的不知足是一切革新、一切進化的動力。

這樣充分運用人的聰明智慧來尋求真理以解放人的心靈，來制服天行以供人用，來改造物質的環境，來改革社會政治的制度，來謀人類最大多數的最大幸福 —— 這樣的文明應該能滿足人類精神上的要求，這樣的文明是精神的文明，是真正理想主義的（Idealistic）文明，絕不是唯物的文明。

固然，真理是無窮的，物質上的享受是無窮的，新器械的發明是無窮的，社會制度的改善是無窮的。但格一物有一物的愉快，革新一器有一器的滿足，改良一種制度有一種制度的滿意。今日不能成功的，明日明年可以成功；前人失敗的，後人可以繼續助成。盡一分力便有一分的滿意；無窮的進境上，步步都可以給努力的人充分的愉快。所以大詩人鄧內孫（Tennyson）借古英雄 Ulysses 的口氣歌唱道：

「然而人的閱歷就像一座穹門，

從那裡露出那不曾走過的世界。

越走越遠，永永望不到它的盡頭。

半路上不幹了，多麼沉悶啊！

明晃晃的快刀為什麼甘心上鏽？

難道留得一口氣就算得生活了？

朋友們，來吧！

去尋一個更新的世界是不會太晚的。

用掉的精力固然不回來了，剩下的還不少呢。

現在雖然不是從前那樣掀天動地的身手了，然而我們畢竟還是我們 ——
光陰與命運頹唐了幾分壯志！

終止不住那不老的雄心，去努力，去探尋，去發現，永不退讓，不屈
伏。」

一九二六年六月六日

兒子一定要孝順父母嗎

一、江長祿先生來信

昨天上午我同太虛和尚訪問先生，談起許多佛教歷史和宗派的話，耽擱了一點多鐘的工夫，幾乎超過先生平日見客時間的規則五倍以上，實在抱歉的很。後來我和太虛匆匆出門，各自分途去了。晚邊回寓，我在桌子上偶然翻到最近《每週評論》的文藝那一欄，上面題目是「我的兒子」四個字，下面署了一個「適」字，大約是先生做的。這種議論我從前在《新潮》、《新青年》各報上面已經領教多次，不過昨日因為見了先生，加上「叔度汪汪」的印象，應該特別注意一番。我就不免有些意見，提起筆來寫成一封白話信，送給先生，還求指教指教。

大作說：「樹本無心結子，我也無恩於你。」這和孔融所說的「父之於子當有何親……」、「子之於母亦復奚為……」差不多同一樣的口氣。我且不去管他。下文說的，「但是你既來了，我不能不養你、教你，那是我對人道的義務，並不是待你的恩誼。」這就是做父母一方面的說法。換一方面說，做兒子的也可模仿同樣口氣說道：「但是我既來了，你不能不養我、教我，那是你對人道的義務，並不是待我的恩誼。」那麼兩方面湊合起來，簡直是親子的關係，一方面變成了跛形的義務者，他一方面變成了跛形的權利者，實在未免太不平等了。平心而論，舊時代的見解，好端端生在社會一個人，前途何等遙遠，責任何等重大，為父母的單希望他做他倆的兒子，固然不對。但是照先生的主張，竟把一般做兒子的抬舉起來，看做一個「白吃不回帳」的主顧，那又未免太「矯枉過正」吧。

現在我且丟卻親子的關係不談，先設一個譬喻來說。假如有位朋友留

我在他家裡住上若干年，並且供給我的衣食，後來又幫助我的學費，一直到我能夠獨立生活，他才放手。雖然這位朋友發了一個大願，立心做個大施主，並不希望我些許報答，難道我自問良心能夠就是這麼拱拱手同他離開便算了嗎？我以為親子的關係，無論怎樣改革，總比朋友較深一層。就是同朋友一樣平等看待，果然有個鮑叔再世，把我看做管仲一般，也不能夠說「不是待我的恩誼」吧。

大作結尾說道：「我要你做一個堂堂的人，不要你做我的孝順兒子。」這話我倒並不十分反對。但是我以為應該加上一個字，可以這麼說：「我要你做一個堂堂的人，不單要你做我的孝順兒子。」為甚麼要加上這一個字呢？因為兒子孝順父母，也是做人的一種信條，和那「悌弟」、「信友」、「愛群」等等是同樣重要的。舊時代學說把一切善行都歸納在「孝」字裡面，誠然流弊百出。但一定要把「孝」字「驅逐出境」，劃在做人事業範圍以外，好像人做了孝子，便不能夠做一個堂堂的人。換一句話，就是人若要做一個堂堂的人，便非打定主意做一個不孝之子不可。總而言之，先生把「孝」字看得與做人的信條立在相反的地位。我以為「孝」字雖然沒有「萬能」的本領，但總還夠得上和那做人的信條湊在一起，何必如此「雷厲風行」硬要把他「驅逐出境」呢？

前月我在一個地方談起北京的新思潮，便聯想到先生個人身上。有一位是先生的貴同鄉，當時插嘴說道：「現在一般人都把胡適之看做洪水猛獸一樣，其實適之這個人舊道德並不壞。」說罷，並且引起事實為證。我自然是很相信的。照這位貴同鄉的說話推測起來，先生平日對於父母當然不肯做那「孝」字反面的行為，是絕無疑義了。我怕的是一般根底淺薄的青年，動輒抄襲名人一、兩句話，敢於扯起幌子，便「肆無忌憚」起來。打個比方，有人昨天看見《每週評論》上先生的大作，也便可以說道：「胡先生教我做一個堂堂的人，萬不可做父母的孝順兒子。」久而久之，社會

上布滿了這種議論，那麼任憑父母老病凍餓以至於死，卻可以不去管他了。我也知道先生的本意無非看見舊式家庭過於「束縛馳驟」，急急地要替他調換空氣，不知不覺言之太過，那也難怪。從前朱晦庵說得好，「教學者如扶醉人」，現在的中國人真算是大多數醉倒了。先生可憐他們，當下告奮勇，使一股大勁，把他從東邊扶起。我怕是用力太猛，保不住又要跌向西邊去。那不是和沒有扶起一樣嗎？萬一不幸，連性命都要送掉，那又向誰叫冤呢？

我很盼望先生有空閒的時候，再把那「我的父母」四個字做個題目，細細的想一番。把做兒子的對於父母應該怎樣報答的話（我以為一方面做父母的兒子，同時在他方面仍不妨做社會上一個人），也得詠嘆幾句，「恰如分際」、「彼此兼顧」，那才免得發生許多流弊。

二、我答汪先生的信

前天同太虛和尚談論，我得益不少。別後又承先生給我這封很誠懇的信，感謝之至。

「父母於子無恩」的話，從王充、孔融以來，也很久了。從前有人說我曾提倡這話，我實在不能承認。直到今年我自己生了一個兒子，我才想到這個問題上去。我想這個孩子自己並不曾自由主張要生在我家，我們做父母的不曾得他的同意，就糊裡糊塗的給了他一條生命。況且我們也並不曾有意送給他這條生命。我們既無意，如何能居功？如何能自以為有恩於他？他既無意求生，我們生了他，我們對他只有抱歉，更不能「示恩」了。我們糊裡糊塗的替社會上添了一個人，這個人將來一生的苦樂禍福，這個人將來在社會上的功罪，我們應該負一部分的責任。說得偏激一點，我們生一個兒子，就好比替他種下了禍根，又替社會種下了禍根。他也許養成壞習慣，做一個短命浪子；他也許更墮落下去，做一個軍閥派的走

狗。所以我們「教他、養他」，只是我們自己減輕罪過的法子，只是我們種下禍根之後自己補過彌縫的法子。這可以說是恩典嗎？

我所說的，是從做父母的一方面設想的，是從我個人對於我自己的兒子設想的，所以我的題目是「我的兒子」。我的意思是要我這個兒子曉得我對他只有抱歉，絕不居功，絕不示恩。至於我的兒子將來怎樣待我，那是他自己的事。我絕不期望他報答我的恩，因為我已宣言無恩於他。

先生說我把一般做兒子的抬舉起來，看做一個「白吃不還帳」的主顧。這是先生誤會我的地方。我的意思恰同這個相反。我想把一般做父母的抬高起來，叫他們不要把自己看做一種「放高利貸」的債主。

先生又怪我把「孝」字驅逐出境。我要問先生，現在「孝子」兩個字究竟還有什麼意義？現在的人死了父母都稱「孝子」。孝子就是居父母喪的兒子（古書稱為「主人」），無論怎樣忤逆不孝的人，一穿上麻衣，戴上高梁冠，拿著哭喪棒，人家就稱他做「孝子」。

我的意思以為古人把一切做人的道理都包在孝字裡，故戰陣無勇，蒞官不敬等等，都是不孝。這種學說，先生也承認他流弊百出。所以我要我的兒子做一個堂堂的人，不要他做我的孝順兒子。我的意想以為「一個堂堂的人」絕不致於做打爹罵娘的事，絕不致於對他的父母毫無感情。

但是我不贊成把「兒子孝順父母」列為一種「信條」。易卜生的《群鬼》裡有一段話很可研究：（《新潮》第五號，頁八五一）

（孟代牧師）你忘了沒有，一個孩子應該愛敬他的父母？

（阿爾文夫人）我們不要講得這樣寬泛。應該說：「歐士華應該愛敬阿爾文先生（歐士華之父）嗎？」

這是說，「一個孩子應該愛敬他的父母」是耶教一種信條，但是有時未必適用。即如阿爾文一生縱淫，死於花柳毒，還把遺毒傳給他的兒子歐士

華，後來歐士華毒發而死。請問歐士華應該孝順阿爾文嗎？若照中國古代的倫理觀念自然不成問題。但是在今日可不能不成問題了。假如我染著花柳毒，生下兒子又聾又瞎，終身殘廢，他應該愛敬我嗎？又假如我把我的兒子應得的遺產都拿去賭輸了，使他衣食不能完全，教育不能得著，他應該愛敬我嗎？又假如我賣國賣主義，做了一國一世的大罪人，他應該愛敬我嗎？

　　至於先生說的，恐怕有人扯起幌子，說，「胡先生教我做一個堂堂的人，萬不可做父母的孝順兒子。」這是他自己錯了。我的詩是發表我生平第一次做老子的感想，我並不曾教訓人家的兒子！

　　總之，我只說了我自己承認對兒子無恩，至於兒子將來對我作何感想，那是他自己的事，我不管了。

　　先生又要我做「我的父母」的詩。我對於這個題目，也曾有詩，載在《每週評論》第一期和《新潮》第二期裡。

原題〈我的兒子〉

191

兒子一定要孝順父母嗎

慈幼的問題

我的一個朋友對我說過一句很深刻的話：「你要看一個國家的文明，只消考察三件事：第一，看他們怎樣待小孩子；第二，看他們怎樣待女人；第三，看他們怎樣利用閒暇的時間。」

這三點都很扼要，只可惜我們中國經不起這三層考察。這三點之中，無論那一點都可以宣告我們這個國家是最野蠻的國家。我們怎樣待孩子？我們怎樣待女人？我們怎樣用我們的閒暇工夫？ —— 凡有誇大狂的人，凡是誇大我們的精神文明的人，都不可不想想這三件事。

其餘兩點，現今且不談，我們來看看我們怎樣待小孩子。

從生產說起。我們到今天還把生小孩看作最汙穢的事，把產婦的血汙看作最不淨的穢物。血汙一衝，神仙也會跌下雲頭！這大概是野蠻時代遺傳下來的迷信。但這種迷信至今還使絕大多數的人民避忌產小孩的事，所以「接生」的事至今還在絕無知識的產婆的手裡，手術不精，工具不備，消毒的方法全不講究，救急的醫藥全不知道。順利的生產有時還不免危險，稍有危難的症候便是有百死而無一生。

生下來了，小孩子的衛生又從來不講究。小孩總是跟著母親睡，哭時便用奶頭塞住嘴，再哭時便搖他，再哭時便打他。飲食從沒有份量，疾病從不知隔離。有病時只會拜神許願，求仙方，叫魂，壓邪。中國小孩的長大全是靠天，只是僥倖長大，全不是人事之功。

小孩出痘出花，都沒有科學的防衛。供一個「痲姑娘娘」，供一個「花姑娘娘」，避避風，忌忌口；小孩子若安全過去了，燒香謝神；小孩若遇了危險，這便是「命中注定」！

普通人家的男孩子固然沒有受良好教育的機會，女孩子便更痛苦了。

女孩子到了四五歲，母親便把她的腳裹紮起來，小孩疼的號哭叫喊，母親也是眼淚直滴。但這是為女兒的終身打算，不可避免的，所以母親嚥著眼淚，忍著心腸，緊緊地紮縛，密密地縫起，總要使骨頭紮斷，血肉乾枯，變成三四寸的小腳，然後父母才算盡了責任，女兒才算有了做女人的資格！

孩子到了六七歲以上，女孩子固然不用進學堂去受教育，男孩子受的教育也只是十分野蠻的教育。女孩在家裡裹小腳，男孩在學堂念死書。怎麼「念死書」呢？他們的文字都是死人的文字，字字句句都要翻譯才能懂，有時候翻譯出來還不能懂。例如《三字經》上的「苟不教」，我們小孩子念起來只當是「狗不叫」，先生卻說是「倘使不教訓」。又如《千字文》上的「天地玄黃，宇宙洪荒」，我從五歲時讀起，現在做了十年大學教授，還不懂得這八個字究竟說的是什麼話！所以叫做「念死書」。

因為念的是死書，所以要下死勁去念。我們做小孩子時候，天剛亮，便進學堂去「上早學」，空著肚子，鼓起喉嚨，念三四個鐘頭才回去吃早飯。從天亮直到天黑，才得回家。晚上還要「念夜書」。這種生活實在太苦了，所以許多小孩子都要逃學。逃學的學生，提回來之後，要受很嚴厲的責罰，輕的打手心，重的打屁股。有許多小孩子身體不好的，往往有被學堂磨折死的，也有得神經病終身的。

這是我們怎樣待小孩子！

我們深深感謝帝國主義者，把我們從這種黑暗的迷夢裡驚醒起來。我們焚香頂禮感謝基督教的傳教士帶來了一點點西方新文明和新人道主義，叫我們知道我們這樣待小孩子是殘忍的，慘酷的，不人道的，野蠻的。我們十分感謝這班所謂「文化侵略者」提倡「天足會」、「不纏足會」，開設新學堂，開設醫院，開設婦嬰醫院。

我們用現在的眼光來看他們的工作，他們的學堂不算好學堂，他們的

醫院也不算好醫院。但是他們是中國新教育的先鋒，他們是中國「慈幼運動」的開拓者，他們當年的缺陷，是我們應該原諒寬恕的。

幾十年來，中國小孩子比較的減少了一點痛苦，增加了一點樂趣。但「慈幼」的運動還只在剛開始的時期，前途的工作正多，前途的希望也正大。我們在這個時候，一方面固然要宣傳慈幼運動的重要，一方面也應該細細計劃慈幼事業的問題和他們的下手方法。中華慈幼協濟會的主持人已請了許多專家分任各種問題的專門研究，我今天也想指出慈幼事業的幾個根本問題，供留心這事的人的參考。

我以為慈幼事業在今日有這些問題：

一、產科醫院和「巡行產科護士」（Visiting Nurses）的提倡。產科醫院的設立，應該作為每縣、每市的建設事業的最緊急部分，這是毫無可疑的。但歐美的經驗使我們知道，下等社會的婦女對於醫院往往不肯信任，她們總不肯相信醫院是為她們貧人設的，她們對於產科醫院尤其懷疑畏縮。所以有「巡行護士」的法子，每一區區域內有若干護士到人家去訪問視察，得到孕婦的好感，解釋她們的懷疑，幫助她們解除困難，指點她們講究衛生。這是慈幼事業的根本要著。

二、兒童衛生固然重要，但兒童衛生只是公共衛生的一個部分。提倡公共衛生即是增進兒童衛生。公共衛生不完備，在蚊子、蒼蠅成群的空氣裡，在臭水溝和垃圾堆的環境裡，在濃痰滿地、病菌飛揚的空氣裡，而空談慈幼運動，豈不是一個大笑話？

三、女子纏足的風氣在內地還不曾完全消滅，這也是慈幼運動應該努力的一個方向。

四、慈幼運動的中心問題是養成有現代知識訓練的母親。母親不能慈幼，或不知怎樣慈幼，則一切慈幼運動都無是處。現在的女子教育似乎很

忽略這一方面，故受過中等教育的女子往往不知道怎樣養育孩子。上月西湖博覽會的衛生館，有一間房子牆上陳列許多產科衛生的圖畫，和傳染病的圖畫。我看見一些女學生進來參觀，她們見了這種圖畫往往掩面飛跑而過，這是很可惜的。女子教育的目的固然是要養成能獨立的「人」，同時也不能不養成做妻、做母的知識。從前昏謬的聖賢說，「未有學養子而後嫁者也」。現在我們正要個個女子先學養子，學教子，學怎樣保衛兒童的衛生，然後談戀愛，擇伴侶。故慈幼運動應該注重：（甲）女學的擴充，（乙）女子教育的改善。

　　五、兒童的教育應該根據於兒童生理和心理。這是慈幼運動的一個基本原則。向來的學堂完全違背兒童心理，只教兒童念死書，下死勁。近年的小學全用國語教課，減少課堂工作，增加遊戲運動，固然是一大進步。但我知道各地至今還有許多小學校不肯用國語課本，或用國語課本而另加古文課本；甚至於強迫兒童在小學二、三年級作文言文，這是明明違背民國十一年以來的新學制，並且根本不合兒童生理和心理。慈幼的意義是改善兒童的待遇，提高兒童的幸福。這種不合兒童生理和心理的學校，便是慈幼運動的大仇敵，因為他們的行為便是虐待兒童，增加學校生活的苦痛。他們所以敢於如此，只因為社會上許多報紙和政府的一切法令公文都還是用死文字做的，一般父兄恐怕兒女不懂古文將來謀生困難，故一些學校便迎合這種父兄心理，加添文言課本，強迫作文言文。故慈幼運動者在這個時候一面應該調查各地小學課程，禁止小學校用文言課本或用文言作文，一面還應該為減少兒童痛苦起見，努力提倡國語運動，請中央及各地方政府把一切法令公文改成國語，使頑固的父兄教員無所藉口。這是慈幼運動在今日最應該做而又最容易做的事業。

不要怕社會報復

前接先生三月二十一日手書，當時匆匆未及即時作答，現聞成都報紙因先生的女兒辟彊女士的事，竟攻擊先生，我覺得我此時不能不寫幾句話來勸慰先生。春間，辟彊因留學的事來見我，我覺得她少年有志，冒險遠來，膽識都不愧為名父之女，故很敬重她。她臨行時，我給她幾封介紹信，都很帶有期望她的意思。後來忽然聽見她和潘力山君結婚之事，我心裡著實失望。我所以失望，倒並不是因為他們的戀愛關係——那另是一個問題——我最失望的是辟彊一腔志氣不曾做到分毫，便自己甘心做一個人的妻子；將來家庭的擔負，兒女的牽掛，都可以葬送她的前途。後來任叔永回國，告訴我他過卡克利見辟彊時的情形，果然辟彊躬自操作持家，努力作主婦了……

先生對於此事，不知感想如何？我怕外間紛紛的議論定已使先生心裡不快。先生二十年來與惡社會宣戰，惡社會現在借刀報復，自是意中之事。但此乃我們必不可免的犧牲——我們若怕社會的報復，絕不來幹這種與社會宣戰的事了。鄉間有人出來提倡毀寺觀、廟宇，改為學堂；過了幾年，那人得暴病死了，鄉下人都拍手稱快，大家造出謠言，說那人是被菩薩捉去地獄裡受罪去了！這是很平常的事。我們不能預料我們的兒女的將來，正如我們不能預料我們的房子不被「天火」燒，我們的「靈魂」不被菩薩「捉去地獄裡受罪」。

況且我們既主張使兒女自由、自動，我們便不能妄想一生過老太爺的太平日子。自由不是容易得來的。自由有時可以發生流弊，但我們絕不因為自由有流弊，便不主張自由。「因噎廢食」一句套語，此時真用得著了。自由的流弊有時或發現於我們自己的家裡，但我們不可因此便失望，

不可因此便對於自由起懷疑的心。我們還要因此更希望人類能從這種流弊裡，學得自由的真意義，從此得著更純粹的自由。

　　從前英國的高德溫（Godwin）主張無政府主義，主張自由戀愛，後來他的女兒愛了詩人雪萊（Shelley），跟他跑了。社會的守舊黨遂借此攻擊他老人家，但高德溫的價值並不因此減損。當時那班借刀報復的人，現在誰也不提起了！

　　我是很敬重先生的奮鬥精神的。年來所以不曾通一信寄一字者，正因為我們本是神交，不必拘泥形跡。此次我因此事第一次寄書給先生，固是我從前不曾預料到的，但此時我若再不寄此信，我就真對不起先生了。

原題〈寄吳又陵先生書〉

沒有胃口與信心淺薄

我們中國人有一種最普遍的死症，醫書上還沒有名字，我姑且叫它做「沒有胃口」。無論什麼好東西，到了我們嘴裡，舌頭一舔，剛覺有味，才吞下肚去，就要作嘔了。胃口不好，什麼美味都只能「淺嘗而止」，終不能下嚥，所以我們天天皺起眉頭，做出苦樣子來，說：「沒有好東西吃！」這個病症，看上去很平常，其實是死症。

前些年，大家都承認中國需要科學；然而科學還沒有進口，早就聽見一班妄人高唱「科學破產」了；不久又聽見一班妄人高唱「打倒科學」了。前些年，大家又都承認中國需要民主憲政；然而憲政還沒有入門，國會只召集過一個，早就聽見一班「學者」高唱「議會政治破產」、「民主憲政是資本主義的副產物」了。

更奇怪的是今日大家對於教育的不信任。我做小孩子的時候，常聽見人說這類的話：「普魯士戰勝法蘭西，不在戰場上而在小學校裡。」「英國的國旗從日出處飄到日落處，其原因要在英國學堂的足球場上去尋找。」那時的中國人真迷信教育的萬能！山東有一個乞丐武訓，他終身討飯，積下錢來就去辦小學堂；他開了好幾個小學堂，當時全國人都知道「義丐武訓」的大名。這個故事，最可以表示那個時代的人對於教育的狂熱。民國初年，范源濂等人極力提倡師範教育，他們的見解雖然太偏重「普及」而忽略了「提高」的方面，然而他們還是向來迷信教育救國的一派的代表。民國六年以後，蔡元培等人注意大學教育，他們的弊病恰和前一派相反，他們用全力去做「提高」的事業，卻又忽略了教育「普及」的方面。但無論如何，范蔡清人都還絕對信仰教育是救國的唯一路子。民八至民九，杜威博士在中國各地講演新教育的原理與方法，也很引起了全國人的注意。那

時閻錫山在娘子關內也正在計劃山西的普及教育，太原的種種補充小學師資的速成訓練班，正在極熱烈的猛進時期，當時到太原遊覽參觀的人都不能不深刻的感覺山西的一班領袖對於普及教育的狂熱。

曾幾何時，全國人對於教育好像忽然都冷淡了！漸漸的有人厭惡教育了，漸漸的有人高喊「教育破產」了。

從狂熱的迷信教育，變到冷淡的懷疑教育，這裡面當然有許多複雜的原因。第一是教育界自己毀壞他們在國中的信用：自從民八雙十節以後，北京教育界抬出了「索薪」的大旗來替代了「造新文化」的運動，甚至於不恤教員罷課至一年以上，以求達到索薪的目的，從此以後，我們真不能怪國人瞧不起教育界了。第二是這十年來教育的政治化，使教育變空虛了；往往學校所認為最不滿意的人，可以不讀書，不做學問，而僅僅靠著活動的能力取得祿位與權力；學校本身又因為政治的不安定，時時發生令人厭惡的風潮。第三，這十幾年來（直到最近時期），教育行政的當局無力管理教育，就使私立中學與大學盡量的營業化；往往失業的大學生與留學生，不用什麼圖書儀器的設備，就可以掛起中學或大學的招牌來招收學生；野難學校越多，教育的信用當然越低落了。第四，這十幾年來，所謂高等教育的機關，添設太快了，國內人才實在不夠分配，所以大學地位與程度都降低了，這也是教育招人輕視的一個原因。第五，粗製濫造的畢業生驟然增多了，而社會上的事業不能有同樣速度的發展，政府機關又不肯充分採用考試任官的方法，於是「粥少僧多」的現象就成為今日的嚴重問題，做父兄的，擔負了十多年的教育費，眼見子弟拿著文憑尋不到飯碗，當然要埋怨教育本身的失敗了。

這許多原因（當然不限於這些），我們都不否認。但我要指出，這種種原因都不夠證成教育的破產。事實上，我們今日還只是剛開始試辦教育，還只是剛起了一個頭，離那現代國家應該有的教育真是去題萬里！本

來還沒有「教育」可說，怎麼談得到「教育破產」？產還沒有置，有什麼可破？今日高唱「教育破產」的妄人，都只是害了我在上文說的「沒有胃口」的病症。他們在一個時代也曾跟著別人喊著要教育，等到剛嚐著教育的味兒，他們早就皺起眉頭來說教育是吃不得的了！我們只能學耶穌的話來對這種人說：「啊！你們這班信心淺薄的人啊！」

我要很誠懇的對全國人訴說：「今日中國教育的一切毛病，都由於我們對教育太沒有信心，太不注意，太不肯花錢。教育所以『破產』，都因為教育太少了，太不夠了。教育的失敗，正因為我們今日還不曾真正有教育。」

為什麼一個小學畢業的孩子不肯回到田間去幫他父母做工呢？並不是小學教育毀了他。第一，是因為田間小孩子能讀完小學的人數太少了，他覺得他進了一種特殊階級，所以不屑種田、學手藝了。第二，是因為那班種田、做手藝的人也連小學都沒有進過，本來也就不歡迎這個認得幾擔大字的小學生。第三，他的父兄花錢送他進學堂，心眼裡本來也就指望他做一個特殊階級，可以誇耀鄰里，本來也就最不指望他做塊「回鄉豆腐干」重回到田間來。

對於這三個根本原因，一切所謂「生活教育」、「職業教育」，都不是有效的救濟。根本的救濟在於教育普及，使個個學齡兒童都得受義務的（不用父母花錢的）小學教育；使人人都感覺那一點點的小學教育並不是某種特殊階級的表記，不過是個「人」必需的東西——和吃飯、睡覺、呼吸空氣一樣的必需的東西。人人都受了小學教育，小學畢業生自然不會做遊民了。

中學教育和大學教育的許多怪現狀，也不全是教育本身的毛病，也往往是這個過渡時期（從沒有教育過渡到剛開始有教育的時期）不可避免的現狀。因為教育太稀有、太貴；因為小學教育太不普及，所以中等教育便

成了極少數人家子弟的專有品,大學教育更不用說了。今日大多數升學的青年,不一定都是應該升學的,只因為他們的父兄有送子弟升學的財力,或者因為他們的父兄存了「將本求利」的心思,勉力借貸供給他們升學的。中學畢業要貼報條向親戚報喜,大學畢業要在祠堂前豎旗桿,這都不是今日已絕跡的事。這樣稀有的寶貝(今日在初中的人數約占全國人口一千分之一;在高中的人數約占全國人口四千分之一;在專科以上學校的人數約占全國人口一萬分之一!)當然要高自位置,不屑回到內地去,寧作都市的失業者而不肯做農村的尊師了。

今日中等教育與高等教育所以還辦不好,基本的原因還在於學生的來源太狹,在於下層的教育基礎太窄、太小,(十九年度全國高中普通科畢業生數不滿八千人,而二十年度專科以上學校一年級新生有一萬五千多人!)來學的多數是為熬資格而來,不是為求學問而來。因為要的是資格,所以只要學校肯給文憑便有學生。因為要的是資格,所以教員越不負責任,越受歡迎,而嚴格負責的訓練管理往往反可以引起風潮;學問是可以犧牲的,資格和文憑是不可以犧牲的。

欲要救濟教育的失敗,根本的方法只有用全力擴大那個下層的基礎,就是要下決心在最短年限內,做到初等義務教育的普及。國家與社會在今日必須排命擴充初等義務教育,然後可以用助學金和免費的制度,從那絕大多數的青年學生裡,選拔那些真有求高等知識的天才的人去升學。受教育的人多了,單有文憑上的資格就不夠用了,多數人自然會要求真正的知識與技能了。

這當然是絕大的財政負擔,其經費數目的偉大可以駭死今日中央和地方天天叫窮的財政家。但這不是絕不可能的事。在七八年前,誰敢相信中國政府每年能擔負四萬萬元的軍費?然而這個巨大的軍費數目在今日久已是我們看慣毫不驚訝的事實了!

所以今日最可慮的還不是沒有錢，只是我們全國人對於教育沒有信心。我們今日必須堅決的信仰：五千萬失學兒童的救濟比五千架飛機的功效至少要大五萬倍！

沒有胃口與信心淺薄

挑起改造社會的重任

今天是五月四日。我們回想去年今日，我們兩人都在上海歡迎杜威博士，直到五月六日方才知道，北京五月四日的事。日子過的真快，匆匆又是一年了！

當去年的今日，我們心裡只想留住杜威先生在中國演講教育哲學；在思想一方面提倡實驗的態度和科學的精神；在教育一方面而輸入新鮮的教育學說，引起國人的覺悟，大家來做根本的教育改革。這是我們去年今日的希望，不料時勢的變化大出我們的意料之外，這一年以來，教育界的風潮幾乎沒有一個月平靜的；整整的一年光陰就在風潮擾攘裡過去了。

這一年的學生運動，從遠大的觀點看起來，自然是幾十年來的一件大事。從這裡面發出來的好效果，自然也不少；引起學生的自動的精神，是一件；引起學生對於社會國家的興趣，是二件；引出學生的作文演說的能力，組織的能力，辦事的能力，是三件；使學生增加團體生活的經驗，是四件；引起許多學生求知識的欲望，是五件；這都是舊日的課堂生活所不能產生的，我們不能不認為學生運動的重要的貢獻。

社會若能保持一種水平線以上的清明，一切政治上鼓吹和設施，制度上的評判和革新，都應該有成年的人去料理；未成年的一代人，（學生時代之男女）應該有安心求學的權利，社會也用不著他們求做學校生活之外的活動。但是我們現在不幸生在這個變態的社會裡，沒有這種常態社會中人應該有的福氣；社會上許多事被一班成年的或老年的人弄壞了，別的階級又都不肯出來干涉糾正，於是這種干涉糾正的責任遂落在一般未成年的男女學生的肩膀上。這是變態的社會裡一種不可免的現象。現在有許多人說學生不應該干預政治，其實並不是學生自己要這樣幹，這都是社會和政

府硬逼出來。如果社會國家的行為沒有受學生干涉糾正的必要，如果學生能享受安心求學的幸福而不受外界的強烈的刺激和良心上的督責，他們又何必甘心拋了寶貴的光陰，冒著生命的危險，來做這種學生運動呢？

簡單一句話：在變態的社會國家裡面，政府太卑劣腐敗了，國民又沒有正式的糾正機關（如代表民意的國會之類）。那時候，干預政治的運動，一定要從青年的學生界發生的。漢末的太學生，宋代的太學生，明末的結社，戊戌政變以前的公車上書，辛亥以前的留學生革命黨，俄國從前的革命黨，德國革命前的學生運動，印度和朝鮮現在的運動，中國去年的五四運動與六三運動，都是同一個道理，「都是有發生的理由的。

但是我們不要忘記：這種運動是非常的事，是變態的社會裡不得已的事，但是它不是很不經濟的不幸事。因為是不得已，故它的發生是可以原諒的。因為是很不經濟的不幸事，故這種運動是暫時不得已的救急的辦法，卻不可翻存在的。

荒唐的中年、老年人鬧下了亂子，卻要未成年的學子拋棄學業，荒廢光陰，來干涉糾正：這是天下最不經濟的事。況且中國眼前的學生運動更是不經濟。何以故呢？試看自漢末以來學生運動，試看俄國、德國、印度、朝鮮的學生運動，哪有一種用罷課作武器的？即如去年的五四與六三，這兩次的成績可是單靠罷課作武器的嗎？單靠用罷課作武器，是最不經濟的方法，是下下策，屢用不已，是學生運動破產的表現！罷課於旁人無損，於自己卻有大損失，這是人人共知的。但我們看來，用罷課作武器，還有精神上的很大損失：

（一）養成依賴群眾的惡心理，現在的學生很像忘了個人自己有許多事可做，他們很像以為不全體罷課便無事可做。個人自己不肯犧牲，不敢做事，卻要全體罷了課來吶喊助威，自己卻躲在大眾群裡跟著吶喊，這種依賴群眾的心理是懦夫的心理！

（二）養成逃學的惡習慣，現在罷課的學生，究竟有幾個人出來認真做事？其餘無數的學生，既不辦事，又不自修，究竟為了什麼事罷課？從前還可說是「激於義憤」的表示，大家都認作一種最重大的武器，不得已而用之。久而久之，學生竟把罷課的事看作平常的事。我們要知道，多數學生把罷課看作很平常的事，這便是逃學習慣已養成的證據。

（三）養成無意識的行為的惡習慣，無意識的行為，就是自己說不出為什麼要做的行為。現在不但學生把罷課看做很平常的事，社會也把學生罷課看做很平常的事，一件很重大的事，變成了很平常的事，還有什麼功效靈驗呢？既然明知沒有靈驗功效，卻偏要去做；一處無意識的做了，別處也無意識的盲從，這種心理的養成，實在是眼前和將來最可悲觀的現象。

以上說的是我們對於現在學生運動的觀察。

我們對於學生的希望，簡單說來，只有一句話：「我們希望學生從今以後要注意課堂裡，操場上，課餘時間裡的學生生活，只有這種學生活動是能持久又最有功效的學生運動。」

這種學生活動有三個重要部分：

第一、學問的生活。這一年以來，最可使人樂觀的一種好現象，就是許多學生於知識學問的興趣漸漸增加了。新出的出版物的銷數增加，可以估量求知識的興趣增加。我們希望現在的學生充分發展這點新發生的興趣，注重學問的生活。要知道社會國家的大問題，絕不是沒有學問的人能解決的。我們說的「學問的生活」並不限於從前的背書、抄講義的生活。我們希望學生 —— 無論中學、大學 —— 都能注重下列的幾項細目：

(一) 注重外國文，現在中文的出版物實在不夠滿足我們求知的欲望。求新知識的門徑在於外國文。每個學生至少須要能用一種外國語看書。學外國語須要經過查生字，記生字的第一難關。千萬不要怕難。若是學堂裡的外國文教員確是不好，千萬不要讓他敷衍你們，不妨趕他跑。

(二) 注重觀察事實與調查事實，這是科學訓練的第一步。要求學校裡用實驗來教授科學。自己去採集標本，自去觀察、調查。觀察、調查須要有個目的 —— 例如本地的人口、風俗、出產、植物、鴉片煙館等項的調查 —— 還要注重團體的互助，分工合作，做成有系統的報告。現在的學生天天談「二十一條」，究竟二十一條是什麼東西，有幾個人說得出嗎？天天談「高徐濟順」，究竟有幾個人指得出這條路在什麼地方嗎？這種不注重事實的習慣，是不可不打破的。打破這種習慣的唯一法子，就是養成觀察、調查的習慣。

(三) 建設的促進學校的改良，現在的學校課程和教員一定有許多不能滿足學生求學的欲望的。我們學生不要專做破壞的攻擊，須要用建設的精神，促進學校的改良。與其提倡考試的廢止，不如提倡考試的改良；如其攻擊校長不多買博物標本，不如提倡學生自己採集標本。這種建設促進，比教育部和教育廳的命令功效大得多咧。

(四) 注重自修，灌進去的知識學問，是沒有多大用處的。真正可靠的學問都是從自修得來的。自修的能力是求學問的唯一條件。不養成自修的能力，絕不能求學問。自修應注重的事是：(1) 看書的能力，(2) 要求學校購備參考書報，如大字典、詞典、重要的大部書之類，(3) 結合同學多買書報，交換閱看，(4) 要求教員指導自修的門徑和自修的方法。

第二、團體的生活。五四運動以來，總算增加了許多的學生的團體生活的經驗。但是現在的學生團體有兩大缺點：（一）是內容太偏枯了，（二）是組織太不完備了。內容偏枯的補救，應注意各方面的「俱分並進」。

1. 學術的團體生活，如學術研究會或演講會之類。應該注重自動的調查、報告、試驗、演講。

2. 體育的團體生活，如足球、運動會、童子軍、野外幕居、假期旅行等等。

3. 遊藝的團體生活，如音樂、圖書、戲劇等等。

4. 社交的團體生活，如同學茶話會、家人懇親會、師生懇親會、同鄉會等等。

5. 組織的團體生活，如本校學生會、自治會、各校聯合會、學生聯合總會之類。

要補救組織不完備，應注重世界通行的議會法規（Parliamantary Law）的重要條件。簡單的說來，至少須有下列的幾個條件：

1. 法定開會人數。這是防弊的要件。

2. 動議的手續。與修正議案的手續。這是會議法規裡最繁難又最重要的一項。

3. 發言的順序。這是維持秩序的要件。

4. 表決的方法。（1）須規定某種議案必須全體幾分之幾的可決，某種必須到會人數幾分之幾的可決，某種僅須過半數的可決。（2）須規定某種重要議案必須用無記名投票，某種必須用有記名投票，某種可用舉手的表決。

5. 凡是代表制的聯合會 —— 無論校內校外 —— 皆須有複決制（Refer-

endum)。遇重大的案件，代表會議議決案，必須再經過會員的總投票。總會的議決案，必須再經過各分會的複決。

6. 議案提出後，應有規定的討論時間，並須限制每人發言的時間與次數。現在許多學生會的章程只注重職員的分配，卻不等重這些最緊要的條件，這是學生團體失敗的一個大原因。

此外還須注意團體生活最不可少的兩種精神：

7. 容納反對黨的意見，現在學生會議的會場上，對於不肯迎合群眾心理的言論，往往有許多威壓的表示，這是暴民專制，不是民治精神。民治主義的第一個條件就是要使各方面的意見都可以自由發表。

8. 人人要負責任，天下有許多事都是不肯負責任的「好人」弄壞的。好人坐在家裡嘆氣，壞人在議場做戲，天下事所以敗壞了。不肯出頭負責任的人，便是團體的罪人，便不配做民治國家的國民。民治主義的第二個條件是人人要負責任，要尊重自己的主張，要用正當的方法來傳播自己的主張。

第三、社會服務的生活。學生運動是學生對於社會國家的利害發生興趣的表示，所以各處都有平民夜學，平民講演的發起。我們希望今後的學生繼續推廣這種社會服務的事業。這種事業，一來是救國的根本辦法，二來是學生的現力做得到的，三來可以發展學生自己的學問與才幹，四來可以訓練學生待人接物的經驗。我們希望學生注意以下幾點：

（一）平民夜校。注重本地的需要，介紹衛生的常識，職業的常識，和公民的常識。

（二）通俗演講。現在那些「同胞快醒，國要亡了」，「殺賣國賊」，「愛國是人生的義務」等等空話的演講，是不能持久的，說了兩三遍就沒有用了。我們希望學生注重科學常識的演講、改良風俗的演講、破除

迷信的演講。譬如你今天演說「下雨」，你不能不先研究雨是怎樣來的，何以從天上下來；聽的人也可以因此知道雨不是龍王菩薩灑下來的，也可以知道雨不是道士和尚求得下來的。又如你明天演說「種田何以須用石灰作肥料」，你就不能不研究石灰的化學性，聽的人也可以因此知道肥料的道理。這種講演，不但於人有益，於自己也極有益。

(三) 破除迷信的事業。我們希望學生不但用科學的道理來解釋本地的種種迷信，並且還要實行破除迷信的事業。如求神合婚、求仙言、放焰口、風水等等迷信，都該破除。學生不來破除迷信，迷信是永遠不會破除的。

(四) 改良風俗的事業。我們希望學生用力去做改良風俗的事業。譬如女子纏足的，現在各處多有。學生應該組織天足會，相戒不娶小腳的女子。不能解放你的姐妹的小腳，他就不配談「女子解放」。又如鴉片煙與嗎啡，現在各處仍舊很銷行，學生應該組織調查隊，偵探隊，或報告官府，或自動的搗毀煙間與嗎啡店。你不能干涉你村上的鴉片嗎啡，你也不配干預國家的大事。

以上說的是我們對於學生的希望。

學生運動已發生了，是青年一種活動力的表現，是一種好現象，絕不能壓下去的；也絕不可把它壓下去的。我們對於辦教育的人的忠告是：「不要夢想壓制學生運動；學潮的救濟只有一個法子，就是引導學生向有益、有用的路上去活動。」

學生運動現在四面都受攻擊，五四的後援也沒有了，六三的後援也沒有了。我們對於學生的忠告是：「單靠用罷課作武裝是下下策，可一而再、再而三的嗎？學生運動如果要想保存五四和六三的榮譽，只有一個法子，

就是改變活動的方向，把五四和六三的精神用到學校內外有益、有用的學生活動上去。」

我們講的話，是很直率，但這都是我們的老實話。

原題〈我們對於學生的希望〉

女人也是人

我常問自己：我們中國為什麼糟到這步田地呢？

對於這個問題，自然各人有各人的聰明答案；但我的答案是：中國所以糟到這步田地，都是因為我們的老祖宗太對不住了我們的婦女。

我今年到內地旅行，看見內地的小腳婦女走路不像人，臉上沒有人色，我忍不住對我的同伴說：「我們這個民族真是罪孽深重！祖宗作的孽，子孫總得受報應。我們不知還要糟到什麼田地呢！」

「把女人當牛馬」，這句話還不夠形容我們中國人待女人的殘忍與慘酷。我們把女人當牛馬，套了牛軛，上了鞍轡，還不放心，還要砍去一隻牛蹄，剁去兩隻馬腳，然後趕她們去做苦工！

全世界的人類裡，尋不出第二國有這樣的野蠻制度！

聖賢經傳，全沒有拯救的功用。一千年的理學大儒，天天談仁說義，卻不曾看見他們的母妻姐妹受的慘無人道的痛苦。

忽然從西洋來了一些傳教士。他們傳教之外，還帶來了一點新風俗，幾個新觀點。他們給了我們不少的教訓，其中最大的一點是教我們把女人也當人看待。

最近去世的李立德夫人（Mrs. Archibald Little）便是中國婦女解放的一個恩人，她是天足會的創始人。

這幾十年中的婦女解放運動，可以說幸是西洋文明的影響。基督教女青年會便是一個最好的例。今年是女青年會成立二十年的紀念，我很誠懇地慶賀她們二十年來的種種成績，並且祝她們繼續做中國婦女解放運動的一個先鋒。

　　女青年會是一個基督教的團體，同時又是一個社會服務的團體。我們生在這個時代，大概都能明白宗教的最高表現是給人群盡力。社會服務便是宗教。中國的古人說：「未能事人，焉能事鬼？」西洋的新風氣也主張「服事人就是服事神」。謀個人靈魂的超渡，希冀天堂的快樂，那都是自私自利的宗教。盡力於社會，謀人群的幸福，那才是真宗教。

　　「天國在人死後」，這是最早的宗教觀念。

　　「天國在你心裡」，這是一大革命。

　　「天國不在天上，也不在人心裡，是在人世間」，這是今日的新宗教趨勢。大家努力，要使天國在人世實現，這便是宗教。

　　我們盼望女青年會繼續二十年光榮的遺風，用她們的宗教精神，不斷地努力謀中國婦女的解放，謀中國家庭生活的改善。有一分努力，便有一分效果；減得一分苦痛，添得一分幸福，便是和天國接近一步。

原題〈祝賀女青年會〉

男人貞操問題

周作人先生所譯的日本與謝野晶子的《貞操論》(《新青年》四卷五號)，我讀了很有感觸。這個問題，在世界上受了幾千年無意識的迷信，到近幾十年中，方才有些西洋學者正式討論這問題的真意義。文學家如易卜生的《群鬼》和 Thomas Hardy 的《苔史》(*Tess*)，都帶著討論這個問題。如今家庭專制最厲害的日本，居然也有這樣大膽的議論！這是東方文明史上一件極可賀的事。

當周先生翻譯這篇文字的時候，北京一家很有價值的報紙登出一篇恰相反的文章。這篇文章是海寧朱爾邁的《會葬唐烈婦記》(七月二十三、二十四日北京《中華新報》)。上半篇寫唐烈婦之死如下：唐烈婦之死，所閱灰水，錢鹵，投河，雉經者五，前後絕食者三；又益之以砒霜，則其親試乎殺人之方者凡九。自除夕上溯其夫亡之夕，凡九十有八日。夫以九死之慘毒，又歷九十八日之長，非所稱百挫千折有進而無退者乎？……

下文又借出一件「俞氏女守節」的事來替唐烈婦作陪襯：女年十九，受海鹽張氏聘，未于歸，夫夭，女即絕食七日；家人勸之力，始進糜日，「吾即生，必至張氏，寧服喪三年，然後歸報地下。」

最妙的是朱爾邁的論斷：嗟乎，俞氏女蓋聞烈婦之風而興起者乎？……俞氏女果能死於絕食七日之內，豈不甚幸？乃為家人阻之，俞氏女亦以三年為己任，余正恐三年之間，凡一千八十日有奇，非如烈婦之九十八日也。且絕食之後，其家人防之者百端，……雖有死之志，而無死之間，可奈何？烈婦倘能陰相之以成其節，風化所關盛矣！

這種議論簡直是全無心肝的貞操論。俞氏女還不曾出嫁，不過因為信了那種荒謬的貞操迷信，想做那「青史上留名的事」，所以絕食尋死，想

做烈女。這位朱先生要維持風化，所以忍心巴望那位烈婦的英靈來幫助俞氏女趕快死了，「豈不甚幸！」這種議論可算得貞操迷信的極端代表。《儒林外史》裡面的王玉輝看他女兒殉夫死了，不但不哀痛，反仰天大笑道：「死得好！死得好！」（五十二回）王玉輝的女兒殉已嫁之夫，尚在情理之中。王玉輝自己「生這女兒為倫紀生色」，他看他女兒死了反覺高興，已不在情理中了。至於這位朱先生巴望別人家的女兒替她未婚夫做烈女，說出那種「盛哉」的全無心肝的話，可不是貞操迷信的極端代表嗎？

貞操問題之中，第一無道理的，便是這個替未婚夫守節和殉烈的風俗。在文明國裡，男女用自由意志，由高尚的戀愛，訂了婚約，有時男的或女的不幸死了，剩下的那一個，因為生時愛情太深，故情願不再婚嫁，這是合情理的事。若在婚姻不自由之國，男女訂婚以後，女的還不知男的面長面短，有何情愛可言？不料竟有一種陋儒，用「青史上留名的事」來鼓勵無知女兒做烈女，「為倫紀生色」，「風化所關，盛矣！」我以為我們今日若要作具體的貞操論，第一步就該反對這種忍心害理的烈女論，要漸漸養成一種輿論，不但永不把這種行為看作「盛矣」，可旌表褒揚的事，還要公認這是不合人情，不合天理的罪惡；還要公認勸人做烈女，罪等於故意殺人。

這不過是貞操問題的一方面。這個問題的真相，已經與謝野晶子說得很明白了。他提出幾個疑問，內中有一條是：「貞操是否單是女子必要的道德，還是男女都必要的呢？」這個疑問，在中國更為重要。中國的男子要他們的妻子替他們守貞、守節，他們自己卻公然嫖妓，公然納妾，公然「弔膀子」。再嫁的婦人在社會上幾乎沒有社交的資格；再婚的男子，多妻的男子，卻一毫不損失他們的身分，這不是最不平等的事嗎？怪不得古人要請「周婆制禮」來補救「周公制禮」的不平等了。

我不是說，因為男子嫖妓，女子便該偷漢；也不是說，因為老爺有姨

太太，太太便該有姨老爺。我說的是，男子嫖妓，與婦人偷漢，犯的是同等的罪惡；老爺納妾，與太太偷人，犯的也是同等的罪惡。

為什麼呢？因為貞操不是個人的事，乃是人對人的事；不是一方面的事，乃是雙方面的事。女子尊重男子的愛情，心思專一，不肯再愛別人，這就是貞操。貞操是一個「人」對別一個「人」的一種態度。因為如此，男子對於女子，也該有同等的態度，若男子不能照樣還敬，他就是不配受這種貞操的待遇。這並不是外國進口的妖言，這乃是孔丘說的「己所不欲，勿施於人」。孔丘說：「君子之道四，丘未能一焉：所求乎子以事父，未能也；所求乎臣以事君，未能也；所求乎弟以事兄，未能也；所求乎朋友，先施之，未能也。」

孔丘五倫之中，只說了四倫，未免有點欠缺。他理該加上一句道：所求乎吾婦，先施之，未能也。

這才是大公無私的聖人之道！

我這篇文字剛才做完，又在上海報上看見陳烈女殉夫的事。今先記此事大略如下：陳烈女名宛珍，紹興縣人，三世居上海。年十七，字王遠甫之子菁士。菁士於本年三月二十三日病死，年十八歲。陳女聞死耗，即沐浴更衣，潛自仰藥。其家人覺察，倉皇施救，已無及。女乃潸然曰：「兒志早決。生雖未獲見夫，歿或相從地下……」言訖，遂死，死時距其未婚夫之死僅三時而已。（此據上海紹興同鄉會所出徵文啟）

過了兩天，又見上海縣知事呈江蘇省長請予褒揚的呈文，中說：呈為陳烈女行實可風，造冊具書證明，請予按例褒揚事。……（事實略）……茲據呈稱……並開具事實，附送褒揚費銀六元前來。……知事複查無異。除先給予「貞烈可風」匾額，以資旌表外，謹援褒揚條例……之規定，造具清冊，並附證明書，連同褒揚費，一併備文呈送，仰祈鑒核，俯賜咨行內務部將陳烈女按例褒揚，實為德便。

　　我讀了這篇呈文，方才知道我們中華民國居然還有什麼褒揚條例。於是我把那些條例尋來一看，只見第一條九種可褒揚的行誼的第二款便是「婦女節烈貞操可以風世者」；第七款是「著述書籍，製造器用，於學術技藝或發明或改良之功者」；第九款是「年逾百歲者」！一個人偶然活到了一百歲，居然也可以與學術技藝上的著作發明享受同等的褒揚！這已是不倫不類、可笑得很了。再看那條例施行細則解釋第一條第二款的「婦女節烈貞操可以風世者」如下：

　　第二條：褒揚條例第一條第二款所稱之「節」婦，其守節年限自三十歲以前守節至五十歲以後者。但年未五十而身故，其守節已及六年者同。

　　第三條：同條款所稱之「烈」婦「烈」女，凡遇強暴不從致死，或羞忿自盡，及夫亡殉節者，屬之。

　　第四條：同條款所稱之「貞」女，守貞年限與節婦同。其在夫家守貞身故，及未符年例而身故者，亦屬之。

　　以上各條乃是中國貞操問題的中心點。第二條褒揚「自三十歲以前守節至五十歲以後」的節婦，是中國法律明明認三十歲以下的寡婦不該再嫁；再嫁為不道德。第三條褒揚「夫亡殉節」的烈婦烈女，是中國法律明明鼓勵婦人自殺以殉夫；明明鼓勵未嫁女子自殺以殉未嫁之夫。第四條褒揚未嫁女子替未婚亡夫守貞二十年以上，是中國法律明明說未嫁而喪夫的女子不該再嫁人；再嫁便是不道德。

　　這是中國法律對於貞操問題的規定。

　　依我個人的意思看來，這三種規定都沒有成立的理由。

　　第一，寡婦再嫁問題。這全是一個個人問題。婦人若是對她已死的丈夫真有割不斷的情義，她自己不忍再嫁；或是已有了孩子，不肯再嫁；或是年紀已大，不能再嫁；或是家道殷實，不愁衣食，不必再嫁 —— 婦人

處於這種境地，自然守節不嫁。還有一些婦人，對她丈夫，或有怨心，或無恩意，年紀又輕，不肯拋棄人生正當的家庭快樂；或是沒有兒女，家又貧苦，不能度日；—— 婦人處於這種境遇沒有守節的理由，為個人計，為社會計，為人道計，都該勸她改嫁。貞操乃是夫婦相待的一種態度。夫婦之間愛情深了，恩誼厚了，無論誰生誰死，無論生時死後，都不忍把這愛情移於別人，這便是貞操。夫妻之間若沒有愛情恩意，即沒有貞操可說。若不問夫婦之間有無可以永久不變的愛情，若不問做丈夫的配不配受她妻子的貞操，只曉得主張做妻子的總該替她丈夫守節；這是一偏的貞操論，這是不合人情公理的倫理。再者，貞操的道德，「照各人境遇體質的不同，有時能守，有時不能守；在甲能守，在乙不能守。」（用與謝野晶子的話）若不問個人的境遇體質，只曉得說「忠臣不事二君，烈女不更二夫」；只曉得說「餓死事極小，失節事極大」（用程子語）；這是忍心害理，男子專制的貞操論。—— 以上所說，大旨只要指出寡婦應否再嫁，全是個人問題，有個人恩情上，體質上，家計上種種不同的理由，不可偏於一方面主張不近情理的守節。因為如此，故我極端反對國家用法律的規定來褒揚守節不嫁的寡婦。褒揚守節的寡婦，即是說寡婦再嫁為不道德，即是主張一偏的貞操論。法律既不能斷定寡婦再嫁為不道德，即不該褒揚不嫁的寡婦。

　　第二，烈婦殉夫問題。寡婦守節最正當的理由是夫婦間的愛情。婦人殉夫最正當的理由也是夫婦間的愛情。愛情深了，生離尚且不能堪，何況死別？再加以宗教的迷信，以為死後可以夫婦團圓。因此有許多婦人，夫死之後，情願殺身從夫於地下。這個不屬於貞操問題。但我以為無論如何，這也是個人恩愛問題，應由個人自由意志去決定。無論如何，法律總不該正式褒揚婦人自殺殉夫的舉動。一來呢，殉夫既由於個人的恩愛，何須用法律來褒揚鼓勵？二來呢，殉夫若由於死後團圓的迷信，更不該有法

律的褒揚了。三來呢，若用法律來褒揚殉夫的烈婦，有一些好名的婦人，便要借此博一個「青史留名」；是法律的褒揚反發生一種沽名釣譽，作為不誠的行為了！

第三，貞女烈女問題。未嫁而夫死的女子，守貞不嫁的，是「貞女」；殺身殉夫的，是「烈女」。我上文說過，夫婦之間若沒有恩愛，即沒有貞操可說。依此看來，那未嫁的女子，對於她丈夫有何恩愛？既無恩愛，更有何貞操可守？我說到這裡，有個朋友駁我道，「這話別人說了還可，胡適之可不該說這話。為什麼呢？你自己曾做過一首詩，詩裡有一段道：

我不認得他，他不認得我，我卻常念他，這是為什麼？

豈不因我們，分定常相親？由分生情意，所以非路人。

海外土生子，生不識故里，終有故鄉情，其理亦如此。

依你這詩的理論看來，豈不是已訂婚而未嫁娶的男女，因為名分已定，也會有一種情意。既有了情意，自然發生貞操問題。你於今又說未婚嫁的男女沒有恩愛，故也沒有貞操可說，可不是自相矛盾嗎？」

我聽了這番駁論，幾乎開口不得。想了一想，我才回答道：我那首詩所說名分上發生的情意，自然是有的；若沒有那種名分上的情意，中國的舊式婚姻絕不能存在。如舊日女子聽人說她未婚夫的事，即面紅害羞，即留神注意，可見她對她未婚夫實有這種名分上所發生的情誼。但這種情誼完全屬於理想的。這種理想的情誼往往因實際上的反證，遂完全消滅。如女子懸想一個可愛的丈夫，及到嫁時，只見一個極下流不堪的男子，她如何能堅持那從前理想中的情誼呢？我承認名分可以發生一種情誼，我並且希望一切名分都能發生相當的情誼。但這種理想的情誼，依我看來實在不夠發生終身不嫁的貞操，更不夠發生殺身殉夫的節烈。即使我更讓一步，承認中國有些女子，例如吳研人《恨海》裡那個浪子的聘妻，深中了聖賢

經傳的毒，由名分上真能生出極濃摯的情誼，無論她未婚夫如何淫蕩，人格如何墮落，依舊貞一不變。試問我們在這個文明時代。是否應該贊成、提倡這種盲從的貞操？這種盲從的貞操，只值得一句「其愚不可及也」的評論，卻不值得法律的褒揚。法律既許未嫁的女子夫死再嫁，便不該褒揚處女守貞。至於法律褒揚無辜女子自殺以殉不曾見面的丈夫，那更是男子專制時代的風俗，不該存在於現今的世界。

總而言之，我對於中國人的貞操問題，有三層意見。

第一，這個問題，從前的人都看作「天經地義」，一味盲從，全不研究「貞操」兩字究竟有何意義。我們生在今日，無論提倡何種道德，總該想想那種道德的真意義是什麼。《墨子》說得好：子墨子問於儒者曰，「何故為樂？」曰，「樂以為樂也。」子墨子曰，「子未我應也。今我問曰，『何故為室？』曰，『冬避寒焉，夏避暑焉，室以為男女之別也』，則子告我為室之故矣。今我問曰，『何故為樂？』曰，『樂以為樂也』。是猶曰，『何故為室？』曰，『室以為室也』」。（〈公孟篇〉）

今試問人「貞操是什麼？」或「為什麼你褒揚貞操？」他一定回答道，「貞操就是貞操。我因為這是貞操，故褒揚他。」這種「室以為室也」的論理，便是今日道德思想宣告破產的證據。故我做這篇文字的第一個主意，只是要大家知道「貞操」這個問題並不是「天經地義」，是可以徹底研究，可以反覆討論的。

第二，我以為貞操是男女相待的一種態度，乃是雙方交互的道德，不是偏於女子一方面的。由這個前提，便生出幾條引申的意見：一、男子對於女子，丈夫對於妻子，也應有貞操的態度；二、男子做不貞操的行為，如嫖妓、娶妾之類，社會上應該用對待不貞婦女的態度來對待他；三、婦女對於無貞操的丈夫，沒有守貞操的責任；四、社會法律既不認嫖妓、納妾為不道德，便不該褒揚女子的「節烈貞操」。

第三，我絕對的反對褒揚貞操的法律。我的理由是：

一、貞操既是個人男女雙方對待的一種態度，誠意的貞操是完全自動的道德，不容有外部的干涉，不須有法律的提倡。

二、若用法律的褒揚為提倡貞操的方法，勢必至造成許多沽名釣譽，不誠實，無意識的貞操舉動。

三、在現代社會，許多貞操問題，如寡婦再嫁，處女守貞等等問題的是非得失，卻都還有討論餘地，法律不當以武斷的態度制定褒貶的規條。

四、法律既不獎勵男子的貞操，又不懲男子的不貞操，便不該單獨提倡女子的貞操。

五、以近世人道主義的眼光看來，褒揚烈婦烈女殺身殉夫，都是野蠻殘忍的法律，這種法律在今日沒有存在的地位。

民國七年七月原題〈貞操問題〉

貞操就是愛情嗎

先生對於這個問題共分五層。第一層的大意是說：夫婦關係，愛情雖是極重要的分子，卻不是唯一的條件。……貞操雖是對待的要求，卻並不是以愛情有無為標準，也不能僅看做當事者兩個人的自由態度。……因為愛情是盲目而極易變化的，這中間須有一種強迫的制裁力。……愛情之外，尚當有一種道德的制裁。簡單說來，就是兩方應當尊崇對手的人格。……愛情必須經過道德的洗鍊，使感情的愛變為人格的愛，方能算的貞愛。……夫婦關係一旦成立以後，非一方破棄道德的制裁，或是生活上有不得已的緣故，這關係斷斷不能因一時感情的好惡隨便可以動搖。貞操即是道德的制裁人格的義務中應當強迫遵守之一。破棄貞操是道德上一種極大罪惡，並且還毀損對手的人格，絕不可以輕恕的。

這一層的大旨，我是贊成的。我所講的愛情，並不是先生所說盲目的又極易變化的感情的愛。人格的愛雖不是人人都懂得的（這話先生也曾說過），但平常人所謂愛情，也未必全是肉慾的愛；這裡面大概總含有一些「超於情慾的分子」，如共同生活的感情，名分的觀念，兒女的牽繫等等。但是這種種分子，總還要把異性的戀愛做一個中心點。夫婦的關係所以和別的關係（如兄弟姊妹、朋友）不同，正為有這一點異性的戀愛在內，若沒有一種真摯專一的異性的戀愛，那麼共同生活便成了不可終日的痛苦，名分觀念便成了虛偽的招牌，兒女的牽繫便也和豬狗的母子關係沒有大分別了。我們現在且不要懸空高談理想的夫婦關係，且仔細觀察最大多數人的實際夫婦關係究竟是什麼樣子。我以為我們若從事實上的觀察作根據，一定可以得到這個斷語：夫婦之間的正當關係應該以異性的戀愛為主要元素；異性的戀愛專注在一個目的，情願自己制裁性慾的自由，情願永久和

他所專注的目的共同生活，這便是正當的夫婦關係。人格的愛，不是別的，就是這種正當的異性戀愛加上一種自覺心。

我和先生不同的論點，在於先生把「道德的制裁」和「感情的愛」分為兩件事，所以說「愛情之外尚當有一種道德的制裁」。我卻把「道德的制裁」看作即是那正當的，真摯專一的異性戀愛。若在「愛情之外」別尋夫婦間的「道德」，別尋「人格的義務」，我覺得是不可能的了。所以我贊成先生說的「夫婦關係一旦成立以後，非一方破棄道德的制裁（即是我所謂「真一」的異性戀愛），或是生活上有不得已的緣故（如寡婦不能生活，或鰥夫不能撫養幼小兒女），這關係斷斷不能因一時感情的好惡隨便可以動搖。」我雖贊成這個結論，卻不贊成先生說的「貞操並不是以愛情有無為標準」。因為我所說的「貞操」即是異性戀愛的真摯專一。沒有愛情的夫婦關係，都不是正當的夫婦關係，只可說是異性的強迫同居！既不是正當的夫婦，更有什麼貞操可說？

先生所說的「尊重人格」，固然是我所極贊成的。但是夫婦之間的「人格問題」，依我看來只不過是真一的異性戀愛加上一種自覺心。中國古代所說「夫婦相敬如賓」的敬字便含有尊重人格的意味。人格的愛情，自然應該特別尊重貞操。但是人格的觀念，根本上研究起來，實在是超於平常人心裡的「貞操」觀念的範圍以外。平常人所謂「貞操」，大概指周作人先生所說的「信實」，我所說的「真一」，和先生所說的「一夫一婦」。但是人格的觀念有時不限於此。先生屢用易卜生的《娜拉》為例。即以此戲看來，郝爾茂對於娜拉並不曾違背「貞操」的道德。娜拉棄家出門，並不是為了貞操問題，乃是為了人格問題，這就可見人格問題是超於貞操問題了。

先生又極力攻擊自由戀愛和容易的離婚。其實高尚的自由戀愛，並不是現在那班輕薄少年所謂自由戀愛，只是根據於「尊重人格」一個觀念。

我在美洲也曾見過這種自由戀愛的男女，覺得他們真能尊重彼此的人格。這一層周作人先生已說過了，我且不多說。至於容易的離婚，先生也不免有點誤解。我從前在〈美國的婦人〉一篇裡曾有一節論美國多離婚案之故道：……自由結婚的根本觀念就是要夫婦相敬相愛，先有精神上的契合，然後可以有形體上的結婚。不料結婚之後，方才發現從前的錯誤，方才知道他們兩人絕不能有精神上的愛情；既不能有精神上的愛情，若還依舊同居，不但違背自由結婚的原理，並且必至於墮落各人的人格。所以離婚案之多，未必全由於風俗的敗壞，也未必不由於個人人格的尊貴。

所以離婚的容易，並不是一定就可以表示不尊重人格。這又可見人格的問題超於平常的貞操觀念以外了。

先生第二層的意思，已有周作人先生的答書了，我本可以不加入討論，但是我覺得這一段裡面有一個重要觀念，是哲學上的一個根本問題，故不得不提出討論。先生不贊成與謝野夫人把貞操看作一種趣味、信仰、潔癖，不當它是道德。先生是個研究哲學的人，大概知道「道德」本可當作一種信仰、一種趣味、一種潔癖。中國的孔丘也曾兩次說「吾未見好德如好色者也」。他又說「知之者不如好之者，好之者不如樂之者」。這種議論很有道理，遠勝於康德那種「絕對命令」的道德論。道德教育的最高目的是要人人都能自然行善去惡，「如惡惡臭，如好好色」一般。西洋哲學史上也有許多人把道德觀念當作一種美感的。要是人人都能把道德當作一種趣味，一種美感，豈不很好嗎？

先生第三層的大意是說我不應該「把外部的制裁一概抹殺」。先生所指的乃是法律上消極的制裁，如有夫有婦奸罪等等。這都是刑事法律的問題，自然不在我所抹殺的「外部干涉」之內，我不消申明了。

先生第四層論續娶和離婚的限制，我也可以不辯。

先生第五層論共妻和自由戀愛。我的原文裡並沒有提到這兩個問題，

《新青年》的同人也不曾有提倡這兩種問題，本可以不辯。況且周作人先生已有答書提起這一層，我在上文也略提到自由戀愛。我覺得先生對於這兩個問題，未免有點「籠統」的攻擊，不曾仔細分析主張這種制度的人心理和品格。因此我且把先生反對這種人的理由略加討論。

一、先生說，「夫婦的平等關係，是人格的平等，待遇的平等，不是男女做同樣的事才算平等。」這話固然不錯。男女不能做完全同樣的事，這是人所共知的。但是有許多事是男女都能做的。古來相傳的家庭制度，把許多極繁瑣的事看作婦人的天職：有錢的人家固然可以僱人代做，但是中人以下的人家，這是做不到的；因此往往有可造就的女子人才竟被家庭事務埋沒了，不能有機會發展她的個性的才能。歐美提倡廢家庭制度的人，大多數是自食其力的美術家和文人。這一派人所以反對家庭，正因為家庭的負擔有礙於他們才性的自由發展。還有那避孕的行為，也是為此。先生說他們的流弊可以「把一切文明事業盡行推翻」，未免太過了。

二、先生說「婦女解放是解放人格，不是解放性慾。」學者的提倡共妻制度（如柏拉圖所說），難道是解放性慾嗎？還有那種有意識的自由戀愛，據我所見，都是尊重性慾的制裁的。無制裁的性慾，不配稱戀愛，更不配稱自由戀愛。

三、先生論兒童歸公家教養一段，理由很不充足。這種主張從柏拉圖以來，大概有三種理由：甲、公家教養兒童，可用專門好手，功效可以勝過平常私家的教養，因為有無量數的父母都是不配教養子女的；乙、兒女乃是社會的分子，並不是你我的私產，所以教養兒童並不全是先生所說「自己應盡的義務」；丙、依分工互助的道理，有些願意教養兒童的人便去替公家教養兒童，有些不願意或不配教養兒童的人便去做旁的事業。先生說，「既說平等，為什麼又要一種人來替你盡那不願意教養兒童的義務呢？」他們並不說人人能力、才性都平等（這種平等說是絕對不能成立

的），他們也不要勉強別人做不願意的事；他們只要各人分工互助，各人做自己願意做的事。

四、先生又說共妻主義的大罪惡在於「拿極少數人的偏見來破壞人類精神生活上萬不可缺的家庭制度」。這話固然有理，但是我們革新家不應該一筆抹殺「極少數人的偏見」；我們應該承認這些極少數人有自由實驗他所主張的權力。

五、先生說「共妻主義實際上是把婦女當作機械牛馬」。這話未免冤枉共妻主義的人了。我手頭沒有近代主張共妻的書，我且引柏拉圖的《共和國》中論公妻的一節為證（Rcpublic, 458-459）：

假定你做了（這個理想國的）立法官，既然選出了那些最好的男子，就該選出一些最好的女子，要揀那些最配得上這些男子的，使他們男女同居公共的房子，同在一塊用餐。他們都不許有自己的東西；他們同作健身的運動，同在一處養育長大。他們自然會被一種天性的必要（Necessity）牽引起來互相結合。我用「必要」一個字，不太強嗎？

（答）不太強。你所謂「必要」，自然不是幾何學上的必要；這種必要只有有情的男女才知道的。

這種必要對於一般人類的效能比幾何學上的必要還大的多咧。

是的。但是這種事的進行須要有秩序。在這個樂國裡面，淫亂是該禁止的。

（答）應該如此。

你的主張是要使配偶成為最高潔神聖的，要使這種最有益的配偶成為最高潔神聖的嗎？

（答）正是。

　　這就可見古代的共妻論已不會把婦女當作機械牛馬一樣看待。近世個性發展，女權伸張，遠勝古代，要是共妻主義把婦女看作機械牛馬，還能自成一說嗎？至於先生把自由戀愛解作「兩方同意性慾關係即隨便可以結合，不受何等制限」，這也不很公平。世間固然有一種「放縱的異性生活」裝上自由戀愛的美名。但是有主義的自由戀愛也不能一筆抹殺。古今正式主張自由戀愛的人，大概總有一種個性的人生觀，絕不是主張性慾自由的。最著名的先例是 William Godwin 和 Mary Wollstoncraft 的關係。Godwin 最有名的著作 *Political Justice* 是主張自由戀愛最早的一部書。他後來遇見那位女界的怪傑 Mary Wollstoncraft，居然實行他們理想中的戀愛生活。Godwin 書中曾說自由戀愛未必就有「淫亂」的危險，因為人類的通性總會趨向一個伴侶，不愛雜交；再加上朋友的交情，自然會把粗鄙的情慾變高尚了。即使讓一步，承認自由戀愛容易解散，這也未必一定是最壞的事。論者只該問這一樁離散是有理無理，不該問離散是難是易。最近北京有一家夫婦不和睦，丈夫對他妻子常用野蠻無理的行為，後來他妻子跑回母家去了，不料母家的人說她是棄婦，瞧不起她，她受不過這種嘲笑，只好含羞忍辱回她夫家去受她丈夫的虐待！這種婚姻可算得不容易離散了，難道比容易解散的自由戀愛更好嗎？自由戀愛的離散未必全由於性慾的厭倦，也許是因為人格上有不能再同居的理由。他們既然是人格的結合 —— 有主張的自由戀愛應該是人格的結合！—— 如今覺得繼續同居有妨礙於彼此的人格，自然可以由兩方自由解散了。

　　以上答先生的第五層，完全是學理的討論；因為先生提到共妻和自由戀愛兩種主張，故我也略說幾句。我要正式聲明，我並不是主張這兩種制度的；不過我是一個研究思想史的人，所以對於無論那一種學說，總想尋出它的根據理由，我絕不肯「籠統」排斥它。

原題〈論貞操問題 —— 答藍志先〉

打破處女迷信

蕭先生原書：……學生有一最親密的朋友，他的姐姐在前幾年曾被土匪擄去，後來又送還他家。我那朋友常以此事為他家「奇恥大辱」，所以他心中常覺不平安；並且因為同學知道此事，他在同學中常像是不好意思似的。學生見這位朋友心中常不平安，也就常將此事放在心中思想：按著中國的舊思想，我這位朋友的姐姐就應當為人輕看，一生受人的侮慢，受人的笑罵。但不知按著新思想，這樣的女人應居如何的地位？

學生要問的就是：

一、一個女子被人汙辱，不是她自願的，這女子是不是應當自殺？

二、若這樣的女子不自殺，她的貞操是不是算有缺欠？她的人格的尊嚴是不是被滅殺？她應當受人的輕看不？

三、一個男子若娶一個曾被汙辱的女子，他的人格是不是被滅殺？應否受輕看？

一、女子為強暴所汙，不必自殺。

我們男子夜行，遇著強盜，他用手槍指著你，叫你把銀錢戒指拿下來送給他。你手無寸鐵，只好依著他吩咐。這算不得懦怯。女子被汙，平心想來，與此無異。都只是一種「害之中取小」。不過世人不肯平心著想，故妄信「餓死事極小，失節事極大」的謬說。

二、這個失身的女子的貞操並沒有損失。

平心而論，她損失了什麼？不過是生理上，肢體上，一點變態罷了！正如我們無意中砍傷了一隻手指，或是被毒蛇咬了一口，或是被汽車碰傷

了一根骨頭。社會上的人應該憐惜她，不應該輕視她。

三、娶一個被汙的女子，與娶一個「處女」，究竟有什麼區別？

若有人敢打破這種「處女迷信」，我們應該敬重他。

原題〈論女子為強暴所汙……答肖宜森〉

自立的婦人

　　去年冬季，我的朋友陶孟和先生請我吃晚飯。席上的遠客，是一位美國女子，代表幾家報館，去到俄國做特別調查員的。同席的是一對英國夫婦，和兩對中國夫婦，我在這個「中西男女合璧」的席上，心中發生一個比較的觀察。那兩位中國婦人和那位英國婦人，比了那位美國女士，學問上，智識上，不見得有什麼大區別。但我總覺得那位美國女子和她們絕不相同。我便問我自己道，她和她們不相同之處在哪一點呢？依我看來，這個不同之點，在於她們的「人生觀」有根本的差別。那三位夫人的「人生觀」是一種「良妻賢母」的人生觀。這位美國女子的，是一種「超於良妻賢母」的人生觀。我在席上，估量這位女子，大概不過三十歲上下，卻帶著一種蒼老的狀態，倔強的精神。她的一言一動，似乎都表示這種「超於良妻賢母的人生觀」，似乎都會說道：「做一個良妻賢母，何嘗不好？但我是堂堂地一個人，有許多該盡的責任，有許多可做的事業。何必定須做人家的良妻賢母，才算盡我的天職，才算做我的事業呢？」這就是「超於良妻賢母」的人生觀。我看這一個女子單身走幾萬里的路，不怕辛苦，不怕危險，要想到大亂的俄國去調查俄國革命後內亂的實在情形： —— 這種精神，便是那超於「良妻賢母」的人生觀的一種表示；便是美國婦女精神的一種代表。

　　這種「超於良妻賢母的人生觀」，換言之，便是「自立」的觀念。我並不說美國的婦人個個都不屑做良妻賢母；也並不說她們個個都想去俄國調查革命情形。我但說依我所觀察，美國的婦女，無論在何等境遇，無論做何等事業，無論已嫁未嫁，大概都存一個「自立」的心。別國的婦女大概以「良妻賢母」為目的，美國的婦女大概以「自立」為目的。「自立」的意

義，只是要發展個人的才性，可以不倚賴人，自己能獨立生活，自己能替社會作事。中國古代傳下來的心理，以為「婦人主中饋」，「男子治外，女子主內」；婦人稱丈夫為「外子」，丈夫稱妻子為「內助」。這種區別，是現代美國婦女所絕對不承認的。她們以為男女同是「人類」，都該努力做一個自由獨立的「人」，沒有什麼內外的區別的。我的母校康南耳大學，幾年前新添森林學一科，便有一個女子要求學習此科。這一科是要有實地測量的，所以到了暑假期內，有六星期的野外測量，白天上山測量，晚間睡在帳篷裡，是很苦的事。這位女子也跟著去做，毫不退縮，後來居然畢業了。這是一條例。列位去年看報，定知有一位美國史天孫女士在中國試演飛行機。去年在美國有一個男子飛行家，名叫 Carlstrom 從 Chicago 飛起，飛了四百五十二英里（約一千五百里），不曾中止，當時稱為第一個遠道飛行家。不到十幾天，有一個女子，名叫 Ruth Law，偏不服氣，便駕了她自己的飛行機，一氣飛了六百六十八英里，便勝過那個男飛行家的成績了。這又是一個例。我舉這兩個例，以表美國婦女不認男外女內的區別。男女同有在社會上謀自由獨立的生活的天職。這便是美國婦女的一種特別精神。

這種精神的養成，全靠教育。美國的公立小學全是「男女共同教育」。每年約有八百萬男孩子和八百萬女孩子受這種共同教育，所發生的效果，有許多好處。女子因為常同男子在一處做事，自然脫去許多柔弱的習慣。男子因為常與女子在一堂，自然也脫去許多野蠻無禮的行為（如穢口罵人之類）。最大的好處，在於養成青年男女自治的能力。中國的習慣，男女隔絕太甚了，所以偶然男女相見，沒有鑑別的眼光，沒有自治的能力，最容易陷入煩惱的境地，最容易發生不道德的行為。美國的少年男女，從小受同等的教育（有幾種學科稍不同），同在一個課堂讀書，同在一個操場打球，有時同來同去，所以男女之間，只覺得都是同學，都

是朋友，都是「人」，所以漸漸的把男女的界限都消滅了，把男女的形跡也都忘記了。這種「忘形」的男女交際，是增進青年男女自治能力的唯一方法。

以上所說是小學教育。美國的高級教育，起初只限於男子。到了十九世紀中葉以後，女子的高級教育才漸漸發達。女子高級教育可分兩種：一是女子大學，一是男女共同的大學，單收女子的高級學校如今也還不少。最著名的，如：

一、Vassar College 在 Poughkeepsie, N.Y. 有一千二百人。

二、Wellesley College 在 Wellesley, Mass. 有一千五百人。

三、Bryn Mawr College 在 Bryn Mawr, Pa. 有五百人。

四、Smith College 在 Northampton, Mass. 有二千人。

五、Badcliffe College 在 Cambridge, Mass. 有七百人。

六、Barilard College 在紐約，有八百人。

這種專收女子的大學，起初多用女子教授，現今也有許多男教授了。這種女子大學，往往有極幽雅的校址，極美麗的校舍，極完全的設備。去年有一位中國女學生，陳衡哲女士，做了一篇小說，名叫〈一日〉，寫 Vassar College 的生活，極有趣味。這篇小說登在去年的《留美學生季報》第二號。諸位若要知道美國女子大學的內部生活，不可不讀它。

第二種便是男女共同的大學。美國各邦的「邦立大學」，都是男女同校的。那些有名的私立大學，如 Cornell，Chicago，Leland Stanford，也都是男女同校。有幾個守舊的大學，如 Yale，Columbia，JohnsHopkins，本科不收女子，卻許女子進他們的大學院（即畢業院）。這種男女共校的大學生活，有許多好處。第一，這種大學的學科比那些女子大學，種類自然更豐富了，因此可以擴張女子高級教育的範圍。第二，可使成年的男

女，有正當的交際，共同的生活，養成自治的能力和待人處世的經驗。第三，男學生有了相當的女朋友，可以增進個人的道德，可以減少許多不名譽的行為。第四，在男女同班的學科，平均看來，女子的成績總在男子之上：—— 這種比較的觀察，一方面可以消除男子輕視女子的心理；一方面可以增長女子自重的觀念，更可以消滅女子仰望男子和依順男子的心理。

據一九一五年的調查，美國的女子高級教育，約如下表：

大學本科，男：141,836 人；女：19,763 人

大學院，男：10,571 人；女：5,098 人

專門職業科（如路礦牙醫），男：38,128 人；女：775 人

初看這表，似乎男女還不能平等。我們要知道女子高級教育是最近七八十年才發生的，七八十年內做到如此地步，可算得非常神速了。中美和西美有許多大學中，女子人數或和男子相等（如 Wisconsin），或竟比男子還多（如 Northwestern），可見將來未必不能做到高等男女教育完全平等的地位。

美國的婦女教育既然如此發達，婦女的職業自然也發達了。「職業」二字，在這裡單指得酬報的工作。母親替兒子縫補衣裳，妻子替丈夫備飯，都不算「職業」。美國婦女的職業，可用下表表示：

一九○○年統計，男：23,754 人；女：5,319 人，居全數 18%。

一九一○年統計，男：30,091,564；女：8,075,772 人，居全數 21%。

這些職業之中，那些下等的職業，如下女之類，大概都是黑人或新入境的歐洲僑民。土生的婦女所做的職業，大抵皆係稍上等的。教育一業，婦女最多。今舉一九一五年的報告如下：

小學校，男教員：114,851 人；女教員：465,207 人

中學私立，男教員：5,776 人；女教員：8,250 人

中學公立，男教員：26,950 人；女教員：35,569 人

師範私立，男教員：167 人；女教員：249 人

師範公立，男教員：1,573 人；女教員：2,916 人

大學及專門學校，男教員：26,636 人；女教員：5,931 人

照上表看來，美國全國四分之三的教員都是婦女；即此一端，便可見美國婦女在社會上的勢力了。

據一九一○年的統計，美國共有四千四百萬婦女。這八百萬有職業的婦人，還不到全數的五分之一。那些其餘的婦女，雖然不出去做獨立的生活，卻並不是坐吃分利的，也並不是沒有左右社會的勢力的。我在美國住了七年，覺得美國沒有一椿大事發生，中間沒有婦女的勢力的；沒有一種有價值的運動，中間沒有無數熱心婦女出錢、出力維持進行的。最大的運動，如「禁酒運動」、「婦女選舉權運動」、「反對幼童作苦工運動」，……幾乎全靠婦女的功勞，才有今日那麼發達。此外如宗教的事業，慈善的事業，文學的事業，美術音樂的事業，……最熱心提倡贊助的人都是婦女占最大多數。

美國婦女的政治活動，並不限於女子選舉一個問題。有許多婦女極反對婦女選舉權的，卻極熱心去幫助「禁酒」及「反對幼童普工」種種運動。一九一二年大選舉時，共和黨分裂，羅斯福自組一個進步黨。那時有許多婦女，都極力幫助這新政黨鼓吹運動，所以進步黨成立的第一年，就能把那成立六十年的共和黨打得一敗塗地。前年（一九一六）大選舉時，從前幫助羅斯福的那些婦女之中，如 Jane Addams 之流，因為怨恨羅斯福破壞進步黨，故又都轉過來幫助威爾遜。威爾遜這一次的大勝，雖有許多原

因，但他得婦女的勢力也就不少。最可怪的是這一次選舉時，威爾遜對於女子選舉權的主張，本使美國婦女失望；然而那些明達的婦女卻不因此便起反對威爾遜的心，這便可見她們政治知識的程度了。

美國婦女所做最重要的公眾活動，大概屬於社會改良的一方面居多。現在美國實行社會改良的事業，最重要的要算「貧民區域居留地」（Social Settlement）。這種運動的大旨，要在下等社會的區域外，設立模範的居宅，興辦演說，遊戲，音樂，補習課程，醫藥，看護等事，要使那些下等貧民有些榜樣的生活，有用的知識，正當的娛樂。這些「居留地」的運動起於英國，現在美國的各地都有這種「居留地」。提倡和辦理的人，大概都是大學畢業的男女學生，其中婦女更多、更熱心。美國有兩處這樣的「居留地」，是天下聞名的。一處在 Chicago，名叫 Hull House，創辦的人就是上文所說的 Jane Addams，這位女士辦這「居留地」，辦了三十多年，也不知道造就了幾多貧民子女，救濟了幾多下等貧家。前幾年有一個《獨立週報》，發起一種選舉，請讀那報的人投票公舉美國十大偉人。選出的十大偉人之中，有一個便是這位 Jane Addams 女士。這也可想見那位女士的聲價了。還有那一處「居留地」，在紐約城，名叫 Henry Street Settlement，是一位 Lilian Wald 女士辦的。這所「居留地」初起的宗旨，在於派出許多看護婦，親到那些極貧苦的下等人家，做那些不要錢的看病，施藥，接生等事。後來範圍漸漸擴充，如今這「居留地」裡面，有學堂，有會場，有小戲園，有遊戲場。那條亨利街本是極下等的貧民區域，自從有了這所「居留地」，真像地獄裡有了一座天堂了。以上所說兩所「居留地」，不過是兩個最著名的榜樣，略可表現美國婦女所做改良社會的實行事業。我在美國常看見有許多富家的女子，拋棄了種種貴婦人的快活生涯，到那些「居留地」去居住。那種精神，不由讚嘆崇拜。

以上所說各種活動中的美國婦女，固然也有許多是沽名釣譽的人，但

是其中大多數婦女的目的，只是上文所說「自立」兩個字。她們的意思，似乎可分三層。第一，她們以為難道婦女便不配做這種有用的事業嗎？第二，她們以為正因她們是婦女，所以最該做這種需要細心耐性的事業。第三，她們以為做這種實心實力的好事，是抬高女子地位聲望的唯一妙法：即如上文所舉那位 Jane Addams，做了三十年的社會事業，便被國人公認為十大偉人之一；這種榮譽豈是沈佩貞一流人那種舉動所能得到的嗎？所以我們可說美國婦女的社會事業，不但可以表示個人的「自立」精神，並且可以表示美國女界擴張女權的實行方法。

以上所說，不過略舉幾項美國婦女家庭以外的活動。如今且說她們家庭以內的生活。

美國男女結婚，都由男女自己擇配。但在一定年限以下，若無父母的允許，婚約即無法律的效力。今將美國四十八邦法律所規定不須父母允許之結婚年限如下：

男子可自由結婚年限，三十九邦規定：二十一歲；五邦規定：十八歲；一邦規定：十四歲；三邦無法定的年限；

女子可自由結婚年限，三十四邦規定：十八歲；八邦規定：二十一歲；二邦規定：十六歲；一邦規定：十二歲；三邦無法定的年限。

自由結婚第一重要的條件，在於男女都須要有點處世的閱歷，選擇的眼光，方才可以不至受人欺騙，或受感情的欺騙，以致陷入痛苦的境遇，種下終身的悔恨。所以須要有法律規定的年限，以保護少年的男女。

據一九一〇年的統計，有下列的現象（此表單指白種人而言）：

已婚的男子有 16,196,452 人；已婚的女子有 15,791,087 人

未婚的男子有 11,291,985 人；未婚的女子有 8,070,918 人

離婚的男子有：138,832 人；離婚的女子有 151,116 人

這表中，有兩件事須要說明。第一是不婚不嫁的男女何以這樣多？第二是離婚的夫妻何以這樣多？（美國女子多於男子，故上表前兩項皆女子多於男子。）

第一，不婚不嫁的原因約有幾種：

一、 生計一方面，美國男子非到了可以養家的地位，絕不肯娶妻。但是個人謀生還不難；要籌一家的衣食，要預備兒女的教育，便不容易了。因此有家室的便少了。

二、 知識一方面，女子的程度高了，往往瞧不起平常的男子；若要尋恰好相當的智識上的伴侶，卻又「可遇而不可求」。所以有許多女子往往寧可終身不嫁，不情願嫁平常的丈夫。

三、 從男子一方面設想，他覺得那些知識程度太高的女子，只配在大學裡當教授，未必很配在家庭裡做夫人；所以有許多人決意不敢娶那些「博士派」（Ph. D. Type）的女子做妻子。這雖是男子的謬見，卻也是女子不嫁一種小原因。

四、 美國不嫁的女子，在社會上，在家庭中，並沒有什麼不便，也不致損失什麼權利。她一樣的享受財產權，一樣的在社會上往來，一樣的替社會盡力。她既不怕人家笑她白頭「老處女」（Old maiduens），也不用慮著死後無人祭祖！

五、 美國的女子，平均看來，大概不大喜歡做當家生活。她並不是不會做，我所見許多已嫁的女子，都是很會當家的。有一位心理學大家 Hugo Muensterberg 說得好：「受過大學教育的美國女子，管理家務何嘗不周到，但她總覺得寧可到病院裡去看護病人！」

六、 最重要的原因，還是我上文所說那種「自立」的精神，那種「超於良妻賢母」的人生觀。有許多女子，早已選定一種終身的事業，或是

著作，或是「貧民區域居留地」，或是學音樂，或是學畫，都可用全副精神、全副才力去做。若要嫁了丈夫，便不能繼續去做了；若要生下兒女，更沒有作這種「終身事業」的希望了。所以這些女子，寧可做白頭的老處女，不情願拋棄她們的「終身事業」。

以上六種都是不婚不嫁的原因。

第二，離婚的原因我們常聽見人說，美國離婚的案怎樣多，便推想到美國的風俗怎樣不好。其實錯了。第一，美國的離婚人數，約當男人全數千分之三，女子全數千分之四，這並不算過多。第二，須知離婚有幾等幾樣的離婚，不可一筆抹煞。如中國近年的新進官僚，休了無過犯的妻子，好去娶國務總理的女兒：這種離婚，是該罵的。又如近來的留學生，吸了一點文明空氣，回國後第一件事便是離婚，卻不想想自己的文明空氣是機會送來的，是多少金錢買來的；他的妻子要是有了這種機會，也會吸點文明空氣，不致於受他的奚落了！這種不近人情的離婚，也是該罵的。美國的離婚，雖然也有些該罵的，但大多數都有可以原諒的理由。因為美國的結婚，總算是自由結婚；而自由結婚的根本觀念就是要夫婦相敬相愛，先有精神上的契合，然後可以有形體上的結婚。不料結婚之後，方才發現從前的錯誤，方才知道他兩人絕不能有精神上的愛情。既不能有精神上的愛情，若還依舊同居，不但違背自由結婚的原理，並且必至於墮落各人的人格，絕沒有良好的結果，更沒有家庭幸福可說了。所以離婚案之多，未必全由於風俗的敗壞，也未必不由於個人人格的尊貴。我們觀風問俗的人，不可把我們的眼光，胡亂批評別國禮俗。

我所聞所見的美國女子之中，很有許多不嫁的女子。那些鼎鼎大名的 Jane Addams、Lilian Wald 一流人，自不用說了。有的終身做老處女，在家享受安閒自由的清福。有的終身做教育事業，覺得個個男女小學生都是她的兒女一般，比那小小的家庭好得多了。如今單舉一個女朋友作例。

這位女士是一個有名的大學教授的女兒，學問很好，到了二十幾歲上，忽然把頭髮都剪短了，把從前許多的華麗衣裙都不要了。從此以後，她只穿極樸素的衣裳，披著一頭短髮，離了家鄉，去到紐約專學美術。她的母親是很守舊的，勸了她幾年，終勸不回頭。她拋棄了世家的家庭清福，專心研究一種新畫法；又不肯多用家中的錢，所以每日自己備餐，自己掃地。她那種新畫法，研究了多少年。起初很少人賞識，前年，她的新畫在一處展覽，居然有人出重價買去。將來她那種畫法，或者竟能自成一家也未可知。但是無論如何，她這種人格，真可算得「自立」兩個字的具體的榜樣了。

這是說不嫁的女子。如今且說幾種已嫁的婦女的家庭。

第一種是同具高等學問，相敬相愛，極圓滿的家庭。如大哲學家 John Deway 的夫人，幫助她丈夫辦一個「實驗學校」，把她丈夫的教育學說實地試驗了十年，後來他們的大女兒也研究教育學，替她父親去考察各地的新教育運動。又如生物學家 Comstock 的夫人，也是生物學名家，夫婦同在大學教授，各人著的書都極有價值。又如經濟學家 Alvin Johnson 的夫人，是一個哲學家，專門研究 Aristotle 的學說，很有成績。這種學問平等的夫婦，圓滿的家庭，便在美國也就不可多得了。

第二種是平常中等人家，夫妻同艱苦，同安樂的家庭。我在 Ithaca 時，有一天晚上，在一位大學教授家吃晚飯。我先向主人主婦說明，我因有一處演說，所以飯後怕不能多坐。主人問我演什麼題目，我說是「中國的婚姻制度」。主人說，「今晚沒有他客，你何不就在這裡先試演一次？」我便取出演說稿挑出幾段，讀給他們聽。內中有一節講中國夫妻，結婚之前，雖然沒有愛情，但是成了夫婦之後，有了共同的生活，有福同享、有難同當，這種同艱苦的生活也未嘗不可發生一種濃厚的愛情。我說到這裡，看見主人抬起頭來望著主婦，兩人似乎都很為感動。後來他們告訴我

說，他們都是苦學生出身，結婚以來雖無子女，卻同受了許多艱苦。近來境況稍寬裕了，正在建築一所精緻的小屋，她丈夫是建築工程科教授，自己打圖樣，他夫人天天去監督工程。這種共同生活，可使夫婦愛情特別濃厚。家庭幸福特別圓滿。

又一次，我在一個人家過年。這家夫婦兩人，也沒有兒女，卻極相敬愛，同嘗艱苦。那丈夫是一位化學技師，因他夫人自己洗衣服，便想出心思替她造了一個洗衣機器。他夫人指著對我說，「這便是我的丈夫今年送我的聖誕節禮了。」這位夫人身體很高，在廚房做事，不很方便，因此她丈夫便自己動手，把廚房裡的桌腳添高了一尺。這種瑣屑小事，可以想見那種同安樂，同艱苦的家庭生活了。

第三種是夫婦各有特別性質，各有特別生活，卻又都能相安相得的家庭。我且舉一個例，有一個朋友，在紐約一家洋海轉運公司內做經理，天天上公司去辦事。他的夫人是一個「社交婦人」（Society Woman），善於應酬，懂得幾國的文學，又研究美術音樂。每月他開一兩次茶會，到的人，有文學家，也有畫師，也有音樂家，也有新聞記者，也有很奢華的「社交婦人」，也有衣飾古怪，披著頭髮的「新婦女」（The New Women）。這位主婦四面招呼，面面都到。來的人從不得見男主人，男主人也從來不與聞這種集會。但他們夫婦卻極相投相愛，絕不因此生何等間隔。這是一種「和而不同」的家庭。

第四種是「新婦女」的家庭。「新婦女」是一個新名詞，所指的是一種新派的婦女，言論非常激烈，行為往往趨於極端。不信宗教，不依禮法，卻又思想極高，道德極高。內中固然也有許多假裝的「新婦女」，口不應心，所行與所說大相反悖的。但內中實在有些極有思想，極有道德的婦女。我在 Ithaca 時，有一位男同學，學的是城市風景工程，卻極喜歡研究文學，做得極好的詩文，後來我到紐約不上一個月，忽然收到一個女子來

信，自言是我這位同學的妻子，因為平日聽她丈夫說起我，故很想見我。我自然去見她，談起來，才知道她是一個「新婦人」，學問思想，都極高尚。她丈夫那時還在 Cornell 大學的大學院研究高等學問。這位女子在 Columbia 大學做一個打字的書記，自己謀生，每星期五六夜去學高等音樂。他們夫婦隔開二百多英里，每月會見一次，她丈夫繼續學他的風景工程，他夫人繼續學她的音樂。他們每日寫一封信，雖不相見，卻真和朝夕相見一樣。這種家庭，幾乎沒有「家庭」可說；但我和他們做了幾年的朋友，覺得他們那種生活，最足代表我所說的「自立」的精神。他們雖結了婚，成了夫婦，卻依舊做他們的「自立」生活。這種人在美國雖屬少數，但很可表示美國婦女最近的一種趨向了。

結論以上所說「美國的婦女」，不過隨我個人見聞所及，略舉幾端，既沒有「邏輯」的次序，又不能詳盡。聽者讀者，心中必定以為我講「美國的婦女」，單舉她們的好處，不提起她們的弱點，未免太偏了。這種批評，我極承認。但我平日的主張，以為我們觀風問俗的人，第一個大目的，在於懂得人家的好處。我們所該學的，也只是人家的長處。我們今日還不配批評人家的短處。不如單注意觀察人家的長處在什麼地方。那些外國傳教的人，回到他們本國去捐錢，到處演說我們中國怎樣的野蠻不開化。他們錢雖捐到了，卻養成一種賤視中國人的心理，這是我所最痛恨的。我因為痛恨這種單摘人家短處的教士，所以我在美國演說中國文化，也只提出我們的長處；如今我在中國演說美國文化，也只注重他們的特別長處。

如今所講美國婦女特別精神，只在她們的自立心，只在她們那種「超於良妻賢母人生觀」。這種觀念是我們中國婦女所最缺乏的觀念，我們中國的姐妹們若能把這種「自立」的精神來補助我們的「倚賴」性質，若能把那種「超於良妻賢母人生觀」來補助我們的「良妻賢母」觀念，定可使中

國女界有一點「新鮮空氣」，定可使中國產出一些真能「自立」的女子。這種「自立」的精神，帶有一種傳染的性質。女子「自立」的精神，特別帶有傳染的性質。將來這種「自立」的風氣，像那傳染鼠疫的微生物一般，越傳越遠，漸漸的造成無數「自立」的男女，人人都覺得自己是堂堂地一個「人」，有該盡的義務，有可做的事業。有了這些「自立」的男女，自然產生良善的社會。良善的社會絕不是如今這些互相倚賴，不能「自立」的男女所能造成的。所以我所說那種「自立」精神，初看去，似乎完全是極端的個人主義，其實是善良社會絕不可少的條件。這就是我提出這個問題的微意了。

民國七年九月原題〈美國的婦人 ── 在北京女子師範學校演講〉

自立的婦人

不老 —— 跋梁漱溟先生致陳獨秀書

一、梁先生原信節錄

仲甫先生：

　　方才收到《新青年》六卷一號，看見你同陶孟和先生論我父親自殺的事各一篇，我很感謝。為什麼呢？因為凡是一件惹人注目的事，社會上對於它一定有許多思量感慨。當這用思興感的時候，必不可無一種明確的議論來指導它們到一條正確的路上去，免得流於錯誤而不自覺。所以我很感謝你們作這種明確的議論。我今大寫這信有兩個意思：一個是我讀孟和的論斷似乎還欠明晰，要有所申論；一個是凡人的精神狀況差不多都與他的思想有關係，要眾人留意⋯⋯

　　諸君在今日被一般人指而目之為新思想家，哪裡知道二十年前我父親也是受人指而目之為新思想家的呀。那時候人都毀罵郭筠仙（嵩濤）信洋人講洋務。我父親同他不相識，獨排眾論，極以他為然。又常親近那最老的外交家許靜山先生，去訪問世界大勢，討論什麼親俄、親英的問題。自己在日記上說：「倘我本身不能出洋留學，一定節省出錢來叫我兒子出洋。萬事可省，此事不可不辦。」大家總該曉得向來小孩子開蒙念書，照規矩是《百家姓》、《千字文》、《四書五經》。我父親竟不如此，叫那先生拿「地球韻言」來教我。我八歲時候有一位陳先生開了一個「中西小學堂」，便叫我去那裡學起 A、B、C、D 來。到現在二十歲了，那人人都會背的《論語》、《孟子》，我不但不會背，還是沒有念呢！請看二十年後的今日，還在那裡壓派著小學生讀經，稍為革廢之論，即為大家所不容。沒有過人的精神，能行之於二十年前嗎？我父親有兄弟交彭翼仲先生，是北京城報界

開天闢地的人，創辦《啟蒙畫報》、《京話日報》、《中華報》等等。（《啟蒙畫報》上邊拿些淺近科學知識講給人聽，排斥迷信，恐怕是北京人與賽先生相遇的第一次呢！）北京人都叫它「洋報」，沒人過問，賠累不堪，幾次絕望。我父親典當了錢接濟他，前後千金。在那借錢摺子上自己批道：「我們為開化社會，就是把這錢賠乾淨了也甘心。」我父親又拿魯國漆室女倚門而嘆的故事編了一齣新戲叫做「女子愛國。」其事距今有十四五年了，算是北京新戲的開創頭一回。戲裡邊便是把當時認為新思想的種種改革的主張，夾七夾八的去灌輸給聽戲的人。平日言談舉動，在一般親戚朋友看去，都有一種生硬新異的感覺，抱一種老大不贊成的意思。當時的事且不再敘，去占《新青年》的篇幅了。然而到了晚年，就是這五六年，除了合於從前自己主張的外，自己常很激烈的表示反對新人物、新主張（於政治為尤然）。甚至把從前所主張的，如申張民權、排斥迷信之類，有返回去的傾向。不但我父親如此，我的父執彭先生本是勇往不過的革新家，那一種破釜沉舟的氣概，恐怕現在的革新家未必能及，到現在他的思想也是陳舊的很，甚至也有那返回去的傾向。當年我們兩家雖都是南方籍貫，因為一連幾代作官不曾回南，已經成了北京人。空氣是異常腐敗的。何以竟能發揚蹈厲去作革新的先鋒？到現在的機會，要比起從前，那便利何止百倍，反而不能助成他們的新思想，卻墨守成規起來，又何故呢？這便是我說的精神狀況的關係了。當四十歲時，人的精神充裕，那一副過人的精神便顯起效用來，於甚少的機會中追求出機會，攝取了知識，構成了思想，發動了志氣，所以有那一番積極的作為。在那時代便是維新家了。到六十歲時，精神安能如昔？知識的攝取力先減了，思想的構成力也退了，所有的思想都是以前的遺留，沒有那方興未艾的創造，而外界的變遷卻一日千里起來，於是乎就落後為舊人物了。因為所差的不過是精神的活潑，不過是創造的智慧，所以雖不是現在的新思想家，卻還是從前的新思想家；雖

沒有今人的思想，卻不像尋常人的沒思想。況且我父親雖然到了老年，因為有一種舊式道德家的訓練，那顏色還是很好，目光極具有神，肌肉不瘠，步履甚健，樣樣都比我們年輕人還強。精神縱不如昔，還是過人。那神志的清明，志氣的剛強，情感的真摯，真所謂老當益壯的了。對於外界政治上、社會上種種不好的現象，他如何肯糊塗過去！使本著那所有的思想終日早起晏息的去作事，並且成了這自殺的舉動。其間知識上的錯誤自是有的。然而不算事。假使拿他早年本有的精神，遇著現在新學家同等的機會，那思想舉動正未知如何呢！因此我又聯想到何以這麼大的中國，卻只有一個《新青年》雜誌，可以驗國人的精神狀況了！諸君所反覆說之不已的，不過是很簡單的一點意思，何以一般人就大驚小怪起來，又有一般人就覺得趣味無窮起來？想來這般人的思想構成力太缺了！然則這國民的「精神的養成」，恐怕是第一大事了。我說精神狀況與思想關係是要留意的一樁事，就是這個。

梁漱溟

二、跋

　　漱溟先生這封信，討論他父親巨川先生自殺的事，使人讀了都很感動。他前面說的一段，因陶先生已去歐洲，我們且不討論。後面一段論「精神狀況與思想有關係」一個問題，使我們知道巨川先生精神生活的變遷，使我們對於他老先生不能不發生一種誠懇的敬愛心。這段文章，乃是近來傳記中有數的文字。若是將來的孝子賢孫替父母祖宗做傳時，都能有這種誠懇的態度，寫實的文體，解釋的見地，中國文學也許發生一些很有文學價值的傳記。

　　我讀這一段時，覺得內中有一節很可給我們少年人和壯年人做一種永久的教訓，所以我把它提出來抄在下面：「當四十歲時，人的精神充裕，

那一副過人的精神便顯起效用來，於甚少的機會中追求出機會，攝取了知識，構成了思想，發動了志氣，所以有那一番積極的作為。在那時代便是維新家了。到六十歲時，精神安能如昔？知識的攝取力先減了，思想的構成力也退了，所有的思想都是以前的遺留，沒有那方興未艾的創造，而外界的變遷卻一日千里起來，於是乎就落後成為舊人物了。」

我們少年人讀了這一段，應該問自己道：「我們到了六七十歲時，還能保存那創造的精神，做那時代的新人物嗎？」這個問題還不是根本問題。我們應該進一步，問自己道：「我們該用什麼法子方才可使我們的精神到老還是進取創造的呢？我們應該怎麼預備做一個白頭的新人物呢？」

從這個問題上著想，我覺得漱溟先生對於他父親平生事實的解釋還不免有一點「倒果為因」的地方。他說，「到了六十歲時，精神安能如昔？知識的攝取力先減了，思想的構成力也退了。」這似乎是說因為精神先衰了，所以不能攝取新知識，不能構成新思想。但他下文又說巨川先生老年的精神還是過人，「真所謂老當益壯」。這可見巨川先生致死的原因不在精神先衰，乃在知識思想不能調劑補助他的精神。二十年前的知識思想，絕不夠培養他那二十年後「老當益壯」的舊精神，所以有一種內部的衝突，所以竟致自殺。

我們從這個上面可得一個教訓：我們應該早點預備下一些「精神不老丹」，方才可望做一個白頭的新人物。這個「精神不老丹」是什麼呢？我說是永遠可求得新知識、新思想的門徑。這種門徑不外兩條：一、養成一種歡迎新思想的習慣，使新知識、新思潮可以源源進來；二、極力提倡思想自由和言論自由，養成一種自由的空氣，布下新思潮的種子，預備我們到了七八十歲時，也還有許多簇新的知識思想可以收穫來做我們的精神培養品。

今日的新青年！請看看二十年前的革命家！

不朽 —— 我的宗教

不朽有種種說法，但是總括看來，只有兩種說法是真有區別的。一種是把「不朽」解作靈魂不滅的意思。一種就是《春秋左傳》上說的「三不朽」。

（一）神不滅論。宗教家往往說靈魂不滅，死後須受末日的裁判：做好事的享受天國天堂的快樂，做惡事的要受地獄的苦痛。這種說法，「幾千年來不但受了無數愚夫愚婦的迷信，居然還受了許多學者的信仰。但是古今來也有許多學者對於靈魂是否可離形體而存在的問題，不能不發生疑問。最重要的如南北朝人范縝的《神滅論》說：「形者神之質，神者形之用。……神之於質，猶利之於刀；形之於用，猶刀之於利。……舍利無刀，舍刀無利。未聞刀沒而利存，豈容形亡而神在？」宋朝的司馬光也說：「形既朽滅，神亦飄散，雖有剉燒舂磨，亦無所施。」但是司馬光說的「形既朽滅，神亦飄散」，還不免把形與神看作兩件事，不如范縝說的更透切。范縝說人的神靈即是形體的作用，形體便是神靈的形質。正如刀子是形質，刀子的利鈍是作用；有刀子方才有利鈍，沒有刀子便沒有利鈍。人有形體方才有作用：這個作用，我們叫做「靈魂」。若沒有形體，便沒有作用了，便沒有靈魂了。范縝這篇《神滅論》出來的時候，惹起了無數人的反對。梁武帝叫了七十幾個名士作論駁他，都沒有什麼真有價值的議論。其中只有沈約的《難神滅論》說：「利若遍施四方，則利體無處復立；利之為用正存一邊毫毛處耳。神之與形，舉體若合，又安得同乎？若以此譬為盡耶，則不盡；若謂本不盡耶，則不可以為譬也。」這一段是說刀是無機體，人是有機體，故不能彼此相比。這話固然有理，但終不能推翻「神者形之用」的議論。近世唯物派的學者也說，人的靈魂並不是什麼無形體，獨立

存在的物事，不過是神經作用的總名；靈魂的種種作用，都即是腦部各部分的機能作用；若有某部被損傷，某種作用即時廢止；人幼年時腦部不曾完全發達，神靈作用也不能完全，老年人腦部漸漸衰耗，神靈作用也漸漸衰耗。這種議論的大旨，與范縝所說「神者形之用」正相同。但是有許多人總捨不得把靈魂打消了，所以咬住說靈魂另是一種神祕玄妙的物事，並不是神經的作用。這個「神祕玄妙」的物事究竟是什麼，他們也說不出來，只覺得總應該有這麼一件物事。既是「神祕玄妙」，自然不能用科學試驗來證明它，也不能用科學試驗來駁倒它。既然如此，我們只好用實驗主義（Pragmatism）的方法，看這種學說的實際效果如何，以為評判的標準。依此標準看來，信神不滅論的固然也有好人，信神滅論的也未必全是壞人。即如司馬光、范縝、赫胥黎一類的人，說不信靈魂不滅的話，何嘗沒有高尚的道德？更進一層說，有些人因為迷信天堂，天國，地獄，末日裁判，方才修德行善，這種修行全是自私自利的，也算不得真正道德。總而言之，靈魂滅不滅的問題，於人生行為上實在沒有什麼重大影響；既沒有實際的影響，簡直可說是不成問題了。

　　（二）三不朽說《左傳》說的三種不朽是：(1) 立德的不朽，(2) 立功的不朽，(3) 立言的不朽。「德」便是個人人格的價值，像墨翟、耶穌一類的人，一生刻意孤行，精誠勇猛，使當時的人敬愛信仰，使千百年後的人想念崇拜，這便是立德的不朽。「功」便是事業，像哥倫布發現美洲，像華盛頓造成美洲共和國，替當時的人開一新天地，替歷史開一新紀元，替天下後世的人種下無量幸福的種子，這便是立功的不朽。「言」便是語言著作，像那《詩經》三百篇的許多無名詩人，又像陶潛、杜甫、莎士比亞、易卜生一類的文學家，又像柏拉圖、盧梭、彌兒一類的文學家，又像牛頓、達爾文一類的科學家，或是做了幾首好詩，使千百年後的人歡喜感嘆；或是做了幾本好戲，使當時的人鼓舞感動，使後世的人發憤興起；或

是創出一種新哲學，或是發明了一種新學說，或在當時發生思想的革命，或在後世影響無窮，這便是立言的不朽。總而言之，這種不朽說，不問人死後靈魂能不能存在，只問他的人格，他的事業，他的著作有沒有永遠存在的價值。即如基督教徒說，耶穌是上帝的兒子，祂的靈魂永遠存在，我們正不用駁這種無憑據的神話，只說耶穌的人格，事業和教訓都可以不朽，又何必說那些無謂的神話呢？又如孔教會的人到了孔丘的生日，一定要舉行祭孔的典禮，還有些人學那「朝山進香」的法子，要趕到曲阜孔林去對孔丘的神靈表示敬意！其實孔丘的不朽，全在他的人格與教訓，不在他那「在天之靈」。大總統多行兩次丁祭，孔教會多走兩次「朝山進香」，就可以使孔丘特別不朽了嗎？更進一步說，像那《三百篇》裡的詩人，也沒有姓名，也沒有事實，但是他們都可說是立言的不朽。為什麼呢？因為不朽全靠一個人的真價值，並不靠姓名事實的流傳，也不靠靈魂的存在。試看古今來的多少大發明家，那發明火的，發明養蠶的，發明絲的，發明織布的，發明水車的，發明舂米的、水碓的，發明規矩的，發明秤的，……雖然姓名不傳，事實湮沒，但他們的功業永遠存在，他們也就都不朽了。這種不朽比那個人的小小靈魂的存在，可不是更可寶貴，更可羨慕嗎？況且那靈魂的有無還在不可知之中，這三種不朽——德、功、言——可是實在的。這三種不朽可不是比那靈魂的不滅更靠得住嗎？

以上兩種不朽論，依我個人看來，不消說得，那「三不朽說」是比那「神不滅說」好得多了。但是那「三不朽說」還有三層缺點，不可不知。第一，照平常的解說看來，那些真能不朽的人只不過那極少數有道德，有功業，有著述的人。還有那無量平常人難道就沒有不朽的希望嗎？世界上能有幾個墨翟、耶穌，幾個哥倫布、華盛頓，幾個杜甫、陶潛，幾個牛頓、達爾文呢？這豈不成了一種「寡頭」的不朽論嗎？第二，這種不朽論單從積極一方面著想，但沒有消極的裁制。那種靈魂的不朽論既說有天國的快

樂，又說有地獄的苦楚，是積極消極兩方面都顧著的。如今單說立德可以不朽，不立德又怎樣呢？立功可以不朽，有罪惡又怎樣呢？第三，這種不朽論所說的「德，功，言」三件，範圍都很含糊。究竟怎樣的人格方才可算是「德」呢？怎樣的事業方才可算是「功」呢？怎樣的著作方才可算是「言」呢？我且舉下個例。哥倫布發現美洲，固然可算得立了不朽之功，但是他船上的水手火頭又怎樣呢？他那只船的造船工人又怎樣呢？他船上用的羅盤器械的製造工人又怎樣呢？他所讀的書的著作者又怎樣呢？……舉這一條例，已可見「三不朽」的界限含糊不清了。

因為要補足這三層缺點，所以我想提出第三種不朽論來請大家討論。我一時想不起別的好名字，姑且稱它做「社會的不朽論」。

（三）社會的不朽論。社會的生命，無論是看縱剖面，是看橫截面，都像一種有機的組織。從縱剖面看來，社會的歷史是不斷的；前人影響後人，後人又影響更後人；沒有我們的祖宗和那無數的古人，又那裡有今日的我和你？沒有今日的我和你，又那裡有將來的後人？沒有那無量數的個人，便沒有歷史，但是沒有歷史，那無數的個人也絕不是那個樣子的個人，總而言之，個人造成歷史，歷史造成個人。從橫截面看來，社會的生活是交互影響的，個人造成社會，社會造成個人，社會的生活全靠個人分工合作的生活，但個人的生活，無論如何不同，都脫不了社會的影響；若沒有那樣這樣的社會，絕不會有這樣那樣的我和你；若沒有無數的我和你，社會也絕不是這個樣子。來勃尼慈（Leibnitz）說得好：「這個世界乃是一片大充實，其中一切物質都是接連著的。一個大充實裡面有一點變動，全部的物質都要受影響，影響的程度與物體距離的遠近成正比例。世界也是如此。每一個人不但直接受他身邊親近的人的影響，並且間接又間接的受距離很遠的人的影響。所以世間的交互影響，無論距離遠近，都受得著的。所以世界上的人，每人受著全世界一切動作的影響。如果他有周

知萬物的智慧，他可以在每人的身上看出世間一切施為，無論過去未來都可看得出，在這一個現在裡面便有無窮時間空間的影子。」

從這個交互影響的社會觀和世界觀上面，便生出我所說的「社會的不朽論」來。我這「社會的不朽論」的大旨是：我這個「小我」不是獨立存在的，是和無量數小我有直接或間接的交互關係的；是和社會的全體和世界的全體都有互為影響的關係的；是和社會世界的過去和未來都有因果關係的。種種從前的因，種種現在無數「小我」和無數他種勢力所造成的因，都成了我這個「小我」的一部分。我這個「小我」，加上了種種從前的因，又加上了種種現在的因，傳遞下去，又要造成無數將來的「小我」。這種種過去的「小我」，和種種現在的「小我」，和種種將來無窮的「小我」，一代傳一代，一點加一滴；一線相傳，連綿不斷；一水奔流，滔滔不絕：——這便是一個「大我」。「小我」是會消滅的，「大我」是永遠不滅的。「小我」是有死的，「大我」是永遠不死，永遠不朽的。「小我」雖然會死，但是每一個「小我」的一切作為，一切功德罪惡，一切語言行事，無論大小，無論是非，無論善惡——都永遠留存在那個「大我」之中。那個「大我」，便是古往今來一切「小我」的紀功碑，彰善祠，罪狀判決書，孝子慈孫百世不能改的惡諡法。這個「大我」是永遠不朽的，故一切「小我」的事業，人格，一舉一動，一言一笑，一個念頭，一場功勞，一樁罪過，也都永遠不朽。這便是社會的不朽，「大我」的不朽。

那邊「一座低低的土牆，遮著一個彈三弦的人」。那三弦的聲浪，在空間起了無數波瀾；那被衝動的空氣質點，直接間接衝動無數旁的空氣質點；這種波瀾，由近而遠，至於無窮空間；由現在而將來，由此剎那以至於無量剎那，至於無窮時間：——這已是不滅不朽了。那時間，那「低低的土牆」外邊來了一位詩人，聽見那三弦的聲音，忽然起了一個念頭；由這一個念頭，就成了一首好詩；這首好詩傳誦了許多；人人讀了這詩，各

起種種念頭；由這種種念頭，更發生無量數的念頭，更發生無數的動作，以至於無窮。然而那「低低的土牆」裡面那個彈三弦的人又如何知道他所發生的影響呢？

一個生肺病的人在路上偶然吐了一口痰。那口痰被太陽曬乾了，化為微塵，被風吹起空中，東西飄散，漸吹漸遠，至於無窮時間，至於無窮空間。偶然一部分的病菌被體弱的人呼吸進去，便發生肺病，由他一身傳染一家，更由一家傳染無數人家。如此輾轉傳染，至於無窮空間，至於無窮時間。然而那先前吐痰的人的骨頭早已腐爛了，他又如何知道他所種的惡果呢？

一千五六百年前有一個人叫做范縝，說了幾句話道：「神之於形，猶利之於刀；未聞刀沒而利存，豈容形亡而神在？」這幾句話在當時受了無數人的攻擊。到了宋朝有個司馬光把這幾句話記在他的《資治通鑑》裡。一千五六百年之後，有一個十一歲的小孩子 —— 就是我 —— 看《通鑑》到這幾句話，心裡受了一大感動，後來便影響了他半生的思想行事。然而那說話的范縝早已死了一千五六百年了！

兩千六七百年前，在印度地方有一個窮人病死了，沒人收屍，屍首暴露在路上，已腐爛了。那邊來了一輛車，車上坐著一個王太子，看見了這個腐爛發臭的死人，心中起了一念；由這一念，輾轉發生無數念。後來那位王太子把王位也拋了，富貴也拋了，父母妻子也拋了，獨自去尋思一個解脫生老病死的方法。後來這位王子便成了一個教主，創了一種哲學的宗教，感化了無數人。他的影響勢力至今還在；將來即使他的宗教全滅了，他的影響勢力終久還存在，以至於無窮。這可是那腐爛發臭的路斃所曾夢想到的嗎？

以上不過是略舉幾件事，說明上文說的「社會的不朽」，「大我的不朽」。這種不朽論，總而言之，只是說個人的一切功德罪惡，一切言語行

事，無論大小好壞 —— 都留下一些影響在那個「大我」之中 —— 都與這永遠不朽的「大我」一同永遠不朽。

上文我批評那「三不朽論」的三層缺點：（一）只限於極少數的人，（二）沒有消極的裁制，（三）所說「功，德，言」的範圍太含糊了。如今所說「社會的不朽」，其實只是把那「三不朽論」的範圍更推廣了。既然不論事業功德的大小，一切都可不朽，那第一、第三兩層短處都沒有了。冠絕古今的道德功業固可以不朽，那極平常的「庸言庸行」，油鹽柴米的瑣屑，愚夫愚婦的細事，一言一笑的微細，也都永遠不朽。那發現美洲的哥倫布固可以不朽，那些和他同行的水手火頭，造船的工人，造羅盤器械的工人，供給他糧食、衣服、銀錢的人，他所讀的書的著作家，生他的父母，生他父母的父母祖宗，以及生育訓練那些工人、商人的父母祖宗，以及他以前和同時的社會，……都永遠不朽。社會是有機的組織，那英雄偉人可以不朽，那挑水的，燒飯的，甚至於浴堂裡替你擦背的，甚至於每天替你家掏糞倒馬桶的，也都永遠不朽。至於那第二層缺點，也可免去。如今說立德不朽，行惡也不朽；立功不朽，犯罪也不朽：「流芳百世」不朽，「遺臭萬年」也不朽；功德蓋世固是不朽的善因，吐一口痰也有不朽的惡果。我的朋友李守常先生說得好：「稍一失腳，必致遺留層層罪惡種子於未來無量的人 —— 即未來無量的我 —— 永不能消除，永不能懺悔。」這就是消極的裁制了。

中國儒家的宗教提出一個父母的觀念，和一個祖先的觀念，來做人生一切行為的裁制力。所以說，「一出言而不敢忘父母，一舉足而不敢忘父母。」父母死後，又用喪禮、祭禮等等見神見鬼的方法，時刻提醒這種人生行為的裁制力。所以又說，「齋明盛服，以承祭祀，洋洋乎如在其上，如在其左右。」又說，「齋三日，則見其所為齋者；祭之日，入室，優然必有見乎其位；周還出戶，肅然必有聞乎其容聲；出戶而聽，愾然必有聞

乎其嘆息之聲。」這都是「神道設教」，見神見鬼的手段。這種宗教的手段在今日是不中用了。還有那種「默示」的宗教，神權的宗教，崇拜偶像的宗教，在我們心裡也不能發生效力，不能裁制我們一生的行為。以我個人看來，這種「社會的不朽」觀念很可以做我的宗教了。我的宗教的教旨是：我這個現在的「小我」，對於那永遠不朽的「大我」的無窮過去，須負重大的責任。對於那永遠不朽的「大我」的無窮未來，也須負重大的責任。我須要時時想著，我應該如何努力利用現在的「小我」，方才可以不辜負了那「大我」的無窮過去，方才可以不遺害那「大我」的無窮未來？

（跋）這篇文章的主意是民國七年年底當我的母親喪事裡想到的。那時只寫成一部分，到八年二月十九日方才寫定付印。後來俞頌華先生在報紙上指出我論社會是有機體一段很有語病，我覺得他的批評很有理，故九年二月間我用英文發表這篇文章時，我就把那一段完全改過了。十年五月，又改定中文原稿，並記作文與修改的緣起於此。

喪禮

去年北京通俗講演所請我演講「喪禮改良」，演講日期定在十一月二十七日。不料到了十一月二十四日，我接到家裡的電報，說我的母親死了。我的演講還沒有開講，就輪著我自己實行「喪禮改良」了！

我們於二十五日趕回南。將動身的時候，有兩個學生來見我，他們說：「我們今天過來，一則是送先生起身；二則呢，適之先生向來提倡改良禮俗，現在不幸遭大喪，我們很盼望先生能把舊禮大大的改革一番。」

我謝了他們的好意，就上車走了。

我出京之先，想到家鄉印刷不便，故先把訃帖付印。訃帖如下式：先母馮太夫人於中華民國七年十一月二十三日病歿於安徽績溪上川本宅。敬此訃聞。胡適謹告。

這個訃帖革除了三種陋俗：一是「不孝＿＿＿等罪孽深重，不自殞滅，禍延顯妣，」一派的鬼話。這種鬼話含有兒子有罪連帶父母的報應觀念，在今日已不能成立；況且現在的人心裡本不信這種野蠻的功罪見解，不過因為習慣如此，不能不用，那就是無意識的行為。二是「孤哀子＿＿＿等泣血稽顙」的套語。我們在民國禮制之下，已不「稽顙」，更不「泣血」，又何必自欺欺人呢？三是「孤哀子」後面排著那一大群的「降服子」、「齊衰期服孫」、「期」、「大功」、「小功」，⋯⋯等等親族，和「抆淚稽首」、「拭淚頓首」，⋯⋯等等有「譜」的虛文。這一大群人為什麼要在訃聞上占一個位置呢？因為這是古代宗法社會遺傳下來的風俗如此。現在我們既然不承認大家族的惡風俗，自然用不著列入這許多名字了。還有那從「泣血稽顙」到「拭淚頓首」一大串的階級，又是因為什麼呢？這是儒家「親親之殺」的流毒。因為親疏有等級，故在紙上寫一個「哭」字也要依著分等級的「譜」。

我們絕對不承認哭喪是有「譜」的，故把這些有譜的虛文一概刪去了。

我在京時，家裡電報問「應否先殮」，我覆電說「先殮」。我們到家時，已殮了七日了，衣衾棺材都已辦好，不能有什麼更動。我們徽州的風俗，人家有喪事，家族親眷都要送錫箔，白紙，香燭；講究的人家還要送「盤緞」，紙衣帽，紙箱擔等件。錫箔和白紙是家家送的，太多了，燒也燒不完，往往等喪事完了，由喪家打折扣賣給店家。這種糜費，真是無道理。我到家之後，先發一個通告給各處有往來交誼的人家。通告上說：本宅喪事，擬於舊日陋俗略有所改良，倘蒙賜弔，只領香一炷或輓聯之類。此外如錫箔，素紙，冥器，盤緞等物，概不敢領，請勿見賜。伏乞鑒原。

這個通告隨著訃帖送去，果然發生效力，竟沒有一家送那些東西來的。

和尚，道士，自然是不用的了。他們怨我，自不必說。還有幾個投機的人，預算我家親眷很多，定做冥器盤緞的一定不少，故他們在我們村上新開一個紙紮鋪，專做我家的生意。不料我把這東西都廢除了，這個新紙紮鋪只好關門。

我到家之後，從各位長輩親戚處訪問事實——因為我去國日久，事實很模糊了——做了一篇〈先母行述〉。我們既不「寢苫」，又不「枕塊」，自然不用「苫塊昏迷，語無倫次」等等誑語了。「棘人」兩字，本來不通，(《詩·檜風·素冠》一篇本不是指三年之喪的，乃是懷人的詩，故有「聊與子同歸」、「聊與子如一」的話；素冠素衣也不過是與《曹風》「麻衣如雪」同類的話，未必專指喪服；「棘人」兩字，棘訓急，訓瘠，也不過是「勞人」的意思；這一首很好的相思詩，被幾個腐儒解作一篇喪禮論，真是可恨！)故也不用了。我做這篇〈行述〉，抱定一個說老實話的宗旨，故不免得罪了許多人。但是得罪了許多人，便是我說老實話的證據。文人做死人的傳記，既怕得罪死人，又怕得罪活人，故不能不說謊，說謊便是

大不敬。

訃聞出去之後，便是受弔。弔時平常的規矩是：外面擊鼓，裡面啟靈幃，主人男婦舉哀，弔客去了，哀便止了。這是作偽的醜態。古人「哀至則哭」，哭豈是為弔客哭的嗎？因為人家要用哭來假裝「孝」，故有大戶人家弔客多了，不能不出錢僱人來代哭，我是一個窮書生，那有錢來僱人代我們哭？所以我受弔的時候，靈幃是開著的，主人在幃裡答謝弔客，外面有子侄輩招待客人；哀至即哭，哭不必做出種種假聲音，不能哭時，便不哭了，絕不為弔客做出舉哀的假樣子。

再說祭禮。我們徽州是朱子、江慎修、戴東原、胡培翬的故鄉，代代有禮學專家，故祭禮最講究。我做小孩的時候，也不知看了多少次的大祭小祭。祭禮很繁，每一個條，總得要兩三個鐘頭；祠堂裡春分冬至的大祭，要四五點鐘。我少時聽見秀才先生們說，他們半夜祭春分冬至，跪著讀祖宗譜，一個人一本，讀「某某府君，某某孺人」，燈光又不明，天氣又冷，石板的地又冰又硬，足足要跪兩點鐘！他們為了祭包和胙肉，不能不來鬼混念一遍。這還算是宗法社會上一種很有意味的儀節，最怪的，是人家死了人，一定要請一班秀才先生來做「禮生」，代主人做祭。祭完了，每個禮生可得幾尺白布，一條白腰帶，還可吃一桌「九碗」或「八大八小」。大戶人家，停靈日子長，天天總要熱鬧，故天天須有一個祭。或是自己家祭，或是親戚家「送祭」。家祭是今天長子祭，明天少子祭，後天長孫祭……。送祭是那些有錢的親眷，遠道不能來，故送錢來托主人代辦祭菜，代請禮生。總而言之，哪裡是祭？不過是做熱鬧，裝面子，擺架子！ —— 哪裡是祭！

我起初想把祭禮一概廢了，全改為「奠」。我的外婆七十多歲了，她眼見一個兒子、兩個女兒死在她生前，心裡實在悲傷，所以她聽見我要把祭全廢了，便叫人來說，「什麼事都可依你，兩三個祭是不可少的。」我仔

細一想，只好依她，但是祭禮是不能不改的。我改的祭禮有兩種：

一、本族公祭儀節：（族人親自做禮生）序立，就位，參靈，三鞠躬，三獻，讀祭文（祭文中列來祭的人名，故不可少。）

二、親戚公祭。我不要親戚「送祭」。我把要來祭的親戚邀在一塊，公推主祭者一人，贊禮二人，餘人陪祭，一概不請外人作禮生。同時一奠，不用「三獻禮」。向來可分七八天的祭，改了新禮，十五分鐘就完了。儀節如下：序立，主祭者就位，陪祭者分別就位，參靈，三鞠躬，讀祭文，辭靈禮成，謝奠。

我以為我這第二種祭禮，很可以供一般人的採用。祭禮的根據在於深信死人的「靈」還能受享。我們既不信死者能受享，便應該把古代供獻死者飲食的祭禮，改為生人對死者表示敬意的祭禮。死者有知無知，另是一個問題。但生人對死者表示敬意，是在情理之中的行為，正不必問死者能不能領會我們的敬意。有人說，「古禮供獻酒食。也是表示敬意，也不必問死者能不能飲食」。這卻有個區別。古人深信死者之靈真能享用飲食，故先有「降神」，後有「三獻」，後有「侑食」，還有「望燎」，還有「舉哀」，都是見神見鬼的做作，便帶著古宗教的迷信，不單是表示生人的敬意了。

再論出殯。出殯的時候，「銘旌」先行，表示誰家的喪事；次是靈柩，次是主人隨柩行，次是送殯者。送殯者之外，沒有別樣排場執事。主人不必舉哀，哀至則哭，哭不必出聲，主人穿麻衣，不戴帽，不執哭喪杖，不用草索束腰，但用白布腰帶。為什麼要穿麻衣呢？我本來想用民國服制，用乙種禮服，袖上蒙黑紗。後來因為來送殯的男人、女人都穿白衣，主人不能獨穿黑，只好用麻衣，束白腰帶。為什麼不戴帽呢？因為既不用那種俗禮的高梁孝子冠，一時尋不出相當的帽子，故不如用表示敬意的脫帽

法。為什麼不用杖呢？因為古人居父母的喪要自己哀毀，要做到「扶而後能起，杖而後能行」的半死樣子，故不能不用杖。我們既不能做到那種半死樣子，又何必拿那根杖來裝門面呢？

我們是聚族而居的，人死了，該送神主入祠。俗禮先有「題主」或「點主」之法，把「神主牌」先請人寫好，留著「主」字上的一點，再去請一位闊人來，求他用硃筆蘸了雞冠血，把「主」字上一點點上。這就是「點主」。點主是喪事裡一件最重要的事，因為它是一件最可裝面子擺架子的事。你們回想當年袁世凱死後，他的兒子、孫子們請徐世昌點主的故事，就可曉得這事的重要了。

那時家裡人來問我要請誰點主。我說，用不著點主了。為什麼呢？因為古禮但有「請善書者書主」（朱子《家禮》與《溫公書儀》同）。這是恐怕自己不會寫好字，故請一位寫好字的寫牌，是鄭重其事的意思。後來的人，要借死人來擺架子，故請頂闊的人來題主。但是闊人未必會寫字。也許請的是一位督軍，連字都不認得。所以主人家先把牌子上的字寫好，單留「主」字上的一點，請「大賓」的大筆一點。如此辦法，就是不識字的大師，也會題主了！我不配藉我母親來替我擺架子，不如行古禮吧。所以我請我的老友近仁，把牌位連那「主」字上的一點一齊寫好。出殯之後把神主送進宗祠，就完了事。

未出殯之前，有人來說，他有一穴好地，葬下去可以包我做到總長。我說，我也看過一些堪輿書，但不曾見那部書上有「總長」二字，還是請他留下那塊好地自己用吧。我自己出去，尋了一塊墳地，就是在先父鐵花先生的墳的附近。鄉下的人以為我這個「外國翰林」看的風水，一定是極好的地，所以我的母親葬下之後，不到十天，就有人抬了一口棺材，擺在我母親墳下的田裡。人來對我說，前面的棺材擋住了後面的「氣」。我說，氣是四方八面都可進來的，沒有東西可擋得住，由他擋去吧。

以上記喪事完了。

再論我的喪服。我在北京接到凶電的時候，那有仔細思想的心情？故糊糊塗塗的依著習慣做去，把緞子的皮袍脫了，換上布棉袍，布帽，帽上還換了白結子，又買了一雙白鞋。時表上的鍊子是金的 —— 鍍金的 —— 故留在北京。眼鏡腳也是金的，但是來不及換了，我又不能離開眼鏡，只好戴了走。裡面的棉襖是綢的，但是來不及改做布的，只好穿了走，好在穿在裡面，人看不見！我的馬褂袖上還加了一條黑紗。這都是我臨走的一天，糊糊塗塗的時候，依著習慣做的事。到了路上，我自己回想，很覺慚愧。何以慚愧呢？因為我這時候用的喪服制度，乃是一種沒有道理的大雜湊。白帽結，布袍，布帽，白鞋，是中國從前的舊禮。袖上蒙黑紗是民國元年定的新制，既蒙了黑紗，何必又穿白呢？我為什麼不穿皮袍呢？為什麼不敢穿綢緞呢？為什麼不敢戴金色的東西呢？綢緞的衣服上蒙上黑紗，不仍舊是民國的喪服嗎？金的不用了，難道用了銀的就更「孝」了嗎？

我問了幾個「為什麼」？自己竟不能回答。我心裡自然想著孔子「食夫稻，衣夫錦，於汝安乎」的話，但是我又問：我為什麼要聽孔子的話？為什麼我們現在「食稻」（吃飯）心已安了？為什麼「衣錦」便不安呢？仔細想來，我還是脫不了舊風俗的無形的勢力 —— 我還是怕人說話！

但是那時我在路上，趕路要緊，也沒有心思去想這些「細事小節」。到家之後，更忙了，便也不曾想到服制上去。喪事裡的喪服，上文已說過了。喪事完了之後，我仍舊是布袍，布帽，白帽結，白棉鞋，袖上蒙了一塊黑紗。穿慣了，我更不覺得這種不中不西半新半舊的喪服有什麼可怪的了。習慣的勢力真可怕！

今年四月底，我到上海歡迎杜威先生，過了幾天，便是五月七日的上海國民大會。那一天的天氣非常的熱，諸位大概總還有人記得。我到公共體育場去時，身上穿著布的夾袍，布的夾褲還是絨布裡子的，上面套著線

緞的馬褂。我要聽聽上海一班演說家，故擠到臺前，身上已是汗流遍體。我脫下馬褂，聽完演說，跟著大隊去遊街，從西門一直走到大東門，走得我一身衣服從裡衣濕透到夾袍子。我回到一家同鄉店家，邀了一位同鄉帶我去買衣服更換，因為我從北京來，不預備久住，故不曾帶得單衣服。習慣的勢力還在，我自然到石路上小衣店裡去尋布衫子，羽紗馬褂，布套褲之類。我們尋來尋去，尋不出合用的衣褲，因為我一身濕汗，急於要換衣服，但是布衣服不曾下水是不能穿的。我們走完一條石路，仍舊是空手。我忽然問我自己道：「我為什麼一定要買布的衣服？因為我有服在身，穿了綢衣，人家要說話。我為什麼怕人家說我的閒話？」我問到這裡，自己不能回答。我打定主意，去買綢衣服，買了一件原當的府綢長衫，一件實地紗馬褂，一雙紗套褲，再借了一身襯衣褲，方才把衣服換了。初換的時候，我心裡還想在袖上蒙上一條黑紗。後來我又想：我為什麼一定要蒙黑紗呢！因為我喪期沒有完。我又想：我為什麼一定要守這三年的服制呢？我既不是孔教徒，又向來不贊成儒家的喪制，為什麼不敢實行短喪呢？我問到這裡，又不能回答了，所以決定主意，實行短喪，袖上就不蒙黑紗了。

我從五月七日起，已不穿喪服了。前後共穿了五個月零十幾天的喪服。人家問我行的是什麼禮？我說是古禮。人家又問，哪一代的古禮？我說是《易傳》說的太古時代「喪期，無數」的古禮。我以為「喪期無數」最為有理。人情各不相同，父母的善惡各不相同，兒子的哀情和敬意也不相同。〈檀弓〉上說：子夏既除喪而見，予之琴，和之不和，彈之而不成聲，作而曰，「哀未忘也，先王制禮而弗敢過也。」子張既除喪而見，予之琴，和之而和，彈之而成聲，作而曰，「先王制禮，不敢不至焉。」

這可見人對父母的哀情各不相同，子張、宰我嫌三年之喪太長了，子夏、閔子騫又嫌三年太短了。最好的辦法是「喪期無數」，長的可以幾

年，短的可以三月，或三日，或竟無服。不但時期無定，還應該打破古代
一定等差的喪服制度。我以為服制不必限於自己的親屬；親屬值得紀念
的，不妨為他紀念成服；朋友可以紀念的，也不妨為他穿服；不值得紀念
的，無論在幾服之內，盡可不必為他穿服。

我的母親是我生平最敬愛的一個人，我對她的紀念，自然不止五六個
月，何以我一定要實行短喪的制度呢？我的理由不止一端：

第一，我覺得三年的喪服在今日沒有保存的理由。顧亭林說，「三代
聖王教化之事，其僅存於今日者，惟服制而已。」（《日知錄》卷十五）這
話說得真正可憐！現在居喪的人，可以飲酒食肉，可以干政籌邊，可以
嫖賭納妾，可以作種種「不孝」的事，卻偏要苦苦保存這三年穿素的「服
制」！不能實行三年之「喪」，卻偏要保存三年的「喪服」！這真是孟子說的
「放飯流歠而問無齒決，是之謂不知務」了！

第二，真正的紀念父母，方法很多，何必單單保存這三年服制？現行
的服制，乃是古喪禮的皮毛，乃是今人裝門面，自欺欺人的形式，我因為
不願意用這種自欺欺人的服制，來做紀念我母親的方法，所以我決意實
行短喪。我因為不承認「穿孝」就算「孝」，不承認「孝」是拿來穿在身上
的，所以我決意實行短喪。

第三，現在的人居父母之喪，自稱為「守制」，寫自己的名字要加上
一個小「制」字，請問這種制是誰人定的制？是古人遺傳下來的制呢？還
是現在國家法律規定的制呢？民國法律並不曾規定喪期。若說是古代遺
制，則從斬衰三年到小功，總，都是「制」，何以三年之喪單稱為「制」
呢？況且古代的遺制到了今日，應該經過一番評判的研究，看哪種遺制是
否可以存在，不應該因為它是古制就糊糊塗塗的服從它。我因為尊重良心
的自由，不願意盲從無意識的古制，故決意實行短喪。

第四，現行的服制實際上有許多行不通的地方。若說素色是喪服，現

在的風尚喜歡素色衣裳，素色久已不成為喪服的記號了。若說布衣是喪服，綢緞不是喪服，那麼，除了絲織的材料之外，許多外國的有光的織料是否算是布衣？有光的洋貨織料可以穿得，何以本國的絲織物獨不可穿？蠶絲織的綢緞既不能穿，何以羊毛織的呢貨又可以穿得？還有羊皮既可以穿得，何以狐皮便穿不得？銀器既可以戴得，金器和鍍金器何以又戴不得？—— 諸如此類，可以證明現在的服制全憑社會的習慣隨意亂定，沒有理由可說，沒有標準可尋；顛倒雜亂，一無是處。經濟上的困難且丟開不說，就說這心理上的麻煩不安，也很夠受了。我也曾想採用一種近人情，有道理，有一貫標準的喪服，竟尋不出來，空弄得精神上受無數困難慚愧。因此，我索性主張把服喪的期限縮短，在這短喪期內，無論穿何種織料的衣服 —— 無論布的，綢緞的，呢的，絨的，紗的 —— 只要蒙上黑紗，依民國的新禮制，便算是喪服了。

以上記我實行短喪的原委和理由。

我把我自己經過的喪禮改革，詳細記了出來，並不是說我所改的都是不錯的，也並不敢勸國內的人都依著我這樣做。我的意思，不過是想表示我個人從一次生平最痛苦的經驗裡面得來的一些見解、一些感想；不過想指點出現在喪禮的種種應改革的地方和將來改革的大概趨勢。我現在且把我對於喪禮的一點普通見解總括寫出來，做一個結論。

結論

　　人類社會的進化，大概分兩條路子：一邊是由簡單的變為複雜的，如文字的增添之類；一邊是由繁複的變為簡易的，如禮儀的變簡之類。近來的人，聽得一個「由簡而繁，由渾而畫」的公式，以為進化的祕訣全在於此了。卻不知由簡而繁固然是進化的一種，由繁而簡也是進化的一條大路。即如文字因是逐漸增多，但文法卻逐漸變簡。拿英文和希臘拉丁文比較，便是文法變簡的進化。漢文也有逐漸變簡的痕跡。古代的代名詞，「吾」、「我」有別，「爾」、「汝」有別，「彼」、「之」有別。現代變為「我」、「你」、「他」、「我們」、「你們」、「他們」，使主次賓次變為一律，使多數單數的變化也歸一律。這不是一大進化嗎？古代的字，如馬兩歲叫做「駒」，三歲叫做「駣」，八歲叫做「（左馬右八）」；又馬高六尺為「驕」，七尺為「騋」。這都是很不規則的變化，現在都變簡易了。

　　我舉這幾個例，來證明由繁而簡也是進化。再舉禮儀的變遷，更可以證明這個道理。我們試請一位孔教會的信徒，叫他把一部《儀禮》來實行，他做得到嗎？何以做不到呢？因為古人生活簡單，那些一半祭司、一半貴族的士大夫，很可以玩那「一獻之禮賓主百拜」的把戲兒。後來生活複雜了，誰也沒有工夫來幹這揖讓周旋的無謂繁文。因此，自古以來，禮儀一天簡單一天，雖有極頑固的復古家，勢不能恢復那「禮儀三百，威儀三千」的盛世規模。故社會生活變複雜了，是一進化。同時禮儀變簡單了，也是一進化。由我們現在的生活，要想回到茹毛飲血，穴居野處的生活，固是不可能；但是由我們現在簡單禮節，要想回到那揖讓周旋、賓主百拜的禮節，也是不可能。

　　懂得這個道理，方才可以談禮俗改良，方才可以談喪禮改良。

簡單說來，我對於喪禮問題的意見是：

一、現在的喪禮比古禮簡單多了，這是自然的趨勢，不能說是退化。將來社會的生活更複雜，喪禮應該變得更簡單。

二、現在喪禮的壞處，並不在不行古禮，乃在不曾把古代遺留下來的許多虛偽儀式刪除乾淨。例如不行「寢苦枕塊」的禮，並不是壞處；但自稱「苦塊昏迷」，便是虛偽的壞處。又如古禮，兒子居喪，用種種自己刻苦的儀式，「水漿不入於口者三日，杖而後能起」，所以必須用杖。現在的人不行這種野蠻的風俗，本是一大進步，並不是一種壞處；但做「孝子」的仍舊拿著哭喪棒，這便是作偽了。

三、現在的喪禮還有一種大壞處，就是一方面雖然廢去古代的繁重禮節，一方面又添上了許多迷信的、虛偽的野蠻風俗。例如地獄天堂、輪迴果報等等迷信，在喪禮上便發生了和尚念經超渡亡人，棺材頭點「隨身燈」，做法事「破地獄」、「破血盆湖」，……等等迷信的風俗。

四、現在我們講改良喪禮，當從兩方面下手。一方面應該把古喪禮遺下的種種虛偽儀式刪除乾淨，一方面應該把後世加入的種種野蠻迷信的儀式刪除乾淨。這兩方面破壞工夫做到了，方才可以有一種近於人情，適合於現代生活狀況的喪禮。

五、我們若要實行這兩層破壞的工夫，應該用什麼做去取的標準呢？我仔細想來，沒有絕對的標準，只有一個活動的標準，就是「為什麼」三個字。我們每做一件事，每行一種禮，總得問自己：我為什麼要做這件事？為什麼要行那種禮？（例如我上面所舉「點主」一件事）能夠每事要尋一個「為什麼」，自然不肯行那些說不出為什麼要行的種種陋俗了。凡事不問為什麼要這樣做，便是無意識的習慣行為。那是下等動物的行為，是可恥的行為！

原題〈我對於喪禮的改革〉

人生大策略：中國不亡，是無天理！胡適談「病入膏肓」的國家

作　　者：胡適

發 行 人：黃振庭

出 版 者：崧燁文化事業有限公司

發 行 者：崧燁文化事業有限公司

E-mail：sonbookservice@gmail.com

粉 絲 頁：https://www.facebook.com/
　　　　　sonbookss/

網　　址：https://sonbook.net/

地　　址：台北市中正區重慶南路一段六十一號八
　　　　　樓 815 室

Rm. 815, 8F., No.61, Sec. 1, Chongqing S. Rd.,
Zhongzheng Dist., Taipei City 100, Taiwan

電　　話：(02)2370-3310

傳　　真：(02)2388-1990

印　　刷：京峯數位服務有限公司

律師顧問：廣華律師事務所 張珮琦律師

定　　價：360 元

發行日期：2023 年 08 月第一版

◎本書以 POD 印製

Design Assets from Freepik.com

國家圖書館出版品預行編目資料

人生大策略：中國不亡，是無天理！胡適談「病入膏肓」的國家 / 胡適 著 . -- 第一版 . -- 臺北市：崧燁文化事業有限公司 , 2023.08

面；　公分

POD 版

ISBN 978-626-357-489-2(平裝)

1.CST: 人生觀 2.CST: 修身

191.9　　112010220

電子書購買

臉書